몰입의 **경영**

칙센트미하이
몰입의 경영

미하이 칙센트미하이 | 심현식 옮김

민음인

GOOD BUSINESS
by Mihaly Csikszentmihalyi

Copyright © 2003 by Mihaly Csikszentmihalyi
All rights reserved.

Korean Translation Copyright © 2006, 2013 by Minumin

This Korean edition is published by arrangement with
Mihaly Csikszentmihalyi c/o Brockman, Inc.

이 책의 한국어 판 저작권은 Brockman, Inc.와 독점 계약한 ㈜민음인에 있습니다.
저작권법에 의해 한국 내에서 보호를 받는 저작물이므로 무단 전재와 무단 복제를 금합니다.

차례

제1장	우량 기업으로 가는 길	7
제2장	행복을 창출하는 기업	37
제3장	몰입에서 맛보는 행복	65
제4장	몰입 속에서 성장하기	109
제5장	직장에서는 왜 몰입이 나타나지 않는가	143
제6장	직장에서 몰입을 구축하는 법	183
제7장	비전을 지닌 기업과 경영인	239
제8장	삶에서 몰입을 창조하기	277
제9장	비즈니스의 미래	315

제1장

우량 기업으로 가는 길

> 우리가 돈벌이를 하는 방식이나
> 직업, 노동에 따른 보상 체계는 우리 삶에 엄청난 영향을 미친다.
> 우리 삶을 흥미롭고 보람된 것으로 만들 수도 있고
> 때로는 단조롭고 초조한 것으로 만들 수도 있다.
> 경영자와 근로자는 직장 생활의 질을 어떻게 높일 것인가.

우리의 인생은 어떤 직업을 선택하느냐에 따라 상당 부분 좌우된다. 현재 직업 때문에 골머리를 앓고 있는가? 당신의 직업이 자아 실현을 방해하지는 않는가? 안타깝게도 이런 질문들에 대해 "그렇다."라고 대답하는 사람들이 꽤 있다. 하지만 이런 식으로 되어서는 곤란하다. 일은 인생에서 가장 즐겁고 보람을 주는 요소 중 하나가 될 수 있다. 일이란 게 이런 즐거움과 보람을 줄 수 있을 것인지의 여부는 인간이 집단적으로 어떤 태도를 취하는가에 따라 달라진다. 기업이 근로 여건이나 공동체의 안정성, 온전한 환경 유지 등을 희생하면서까지 오로지 기업주의 욕심만 채우는 데 급급하다면, 머지않아 우리는 물론 후손들의 삶의 질까지 현재 수준보다 훨씬 나빠질 게 자명한 일이다.

금세기 초부터 경제계에 일파만파로 파문을 일으킨 온갖 스캔들에도 불구하고, 아직도 양심적인 경영인들이 상당수 존재한다는 사실은 참으로 다행스러운 일이다. 대다수의 사람들은 이들 경영인들이 인간 생활의 조건을 파괴하기보다는 향상시킬 것이라 기대한다. 한편 양심적인 지도자들은 사람들이 이런 기대를 갖고 있기 때문에 자신들이 현재의 명예와 지위를 누리고 있음을 이해하고 있다. 이 책은 이러한 비즈니스 리더들의 가치와 목표, 활동 방식에 대해 전반적으로 다루고 있다. 따라서 성공을 구가하면서도 인간 본위의 기업을 경영해 나가는 방법에 대한 지침을 제공하고 있다.

이 책은 주로 대기업을 이끌고 있는 경영인들의 경험을 주요 근간으로 하면서도, 실질적으로는 경비원에서 관리자에 이르기까지 지위 고하를 막론하고 직장 생활의 질을 높이는 방법을 제시해 주고 있다. 일을 비롯한 금전적인 보상의 추구 행위가 제자리를 찾아 보다 의미 있는 삶이 이루어질 수 있도록 하기 위한 적절한 텍스트를 제공하는 것이야말로 이 책이 추구하는 방향이다. 우리가 인터뷰를 실시한 인물들은 업계에서 성공을 거두었을 뿐 아니라 성공 그 이상의 것을 소중히 여긴 인물들이었기에 동료들로부터 인정을 받아 인터뷰 대상으로 선정되었다. 이들은 모두 이기적인 이득만이 자신들의 유일한 동기 요인이 아니었음을 이런저런 방식으로 보여 준 사람들이다. 이 지도자들의 지혜는 물질적, 정신적 의미에서 공히 기업 경영의 유익한 청사진을 제공해 준다.

온 나라가 악덕 CEO들의 실체를 파헤치느라 들썩이고 있는 작금의 상황에서, 경영인들은 너 나 할 것 없이 자신의 본색을 숨기기 위해 경건한 언어를 구사하기에 급급하고 있다. 한때 대기업으로 군림하던 엔론 사는 붕괴를 겪으면서 전 세계적으로 무책임한 경영의 대명사가 되어버렸다. 그 후 엔론의 임원 가운데 한 사람이었던 제프 스킬링은 자신이 하던 일을 '신의 일(God's work)'로 묘사한 바 있다. 사실을 허위 날조하거나 새롭게 만들어 내던 일을 빗대어 말한 것이었다. 당시 엔론 CEO였던 케네스 레이는 사건이 터지기 전에 이렇게 선언한 적이 있었다.

> 나는 고도로 도덕적이고 윤리적인 환경, 즉 만인이 천부적인 잠재 능력을 발휘할 수 있도록 허용하거나 권유하는 환경을 조성하는 것이야말로 인생에서 가장 보람된 일 가운데 하나라는 강한 신념을 지닌 인물이며 과거에도 그렇게 해 왔다.

그의 이야기는 액면 그대로 볼 때 무척 가치 있고 고귀하다. 하지만 실천이 따르지 않는다면 아무런 쓸모가 없는 것이다. 말만 번지르르하게 구사하며 자신의 속셈을 감추려는 지도급 인사들과는 달리 이 책에서 모범 사례로 제시한 인물들은 개개인이 잠재 능력을 발휘할 수 있도록 윤리적인 환경을 조성하기 위해 실제로 무던히 노력했던 사람들이다. 그렇다고 해서 이들이 항상 자신이 밝힌 좋은 의도들을 모두 그대로 실천했다는 의미는 아니다. 하지만 이들의 말과 사상, 모범적인 모습은 기업 경영이 대부분의 사람들이 깨닫는 것보다 훨씬 더 보람된 일이 될 수 있음을 극명하게 보여 준다. 따라서 이 책은 모범 사례로 제시된 이들 CEO에 주안점을 두면서 훌륭한 지도자나 경영자, 훌륭한 근로자가 된다는 것의 진정한 의미는 과연 무엇인지 논의하고자 한다.

서점을 방문해 보면 능력 있는 경영자나 성공하는 지도자가 되는 법에 관한 훌륭한 조언을 담은 책들이 가득하다. 이런 책들은 종종 독자에게 마키아벨리의 냉소적인 지혜나 칭기즈칸의 무자비한 저돌성, 또는 훈족 지도자 아틸라의 잔혹함을 권력과 승리를 쟁취하기 위한 모범적인 행동 모델로 제시하곤 한다. 그러나 이 책은 그런 책들보다 좀 더 온건한 야망을 목표로 하고 있다. 우선 이 책은 사업적 성공과 더불어 좀 더 광범위한 사회적 목표에 대한 헌신적 자세를 보이는 경영인들을 대상으로 하고 있다. 또한 이들이 자신의 업무를 어떤 방식으로 처리하는지, 이들에게 의욕과 동기를 불어넣는 야망에는 어떤 것이 있으며 이러한 이상들을 추구하는 과정에서 이들은 어떤 기업들을 일구고자 하는지 상세히 다루고자 한다.

이런 문제들을 왜 고려해야 하는지 묻는다면 그 답은 단순 명료하다. 오늘날 경영인들은 우리 사회에 가장 중요한 영향을 미치는 인물들로 손꼽히기 때문이다. 이들 모두 기업의 수익을 창출하도록 훈련을 받은 반면, 사회에서 요구되는 새로운 지도자 역할에 따른 여타의 책임에 대해서는 망각하고 있는 사람들이 상당수에 이른다. 이 책에서 비전을 가진 지도자들은 자신들의 임무는 무엇이며 어떻게 하면 이를 완수할 수 있는지 자신의 생각을 피력할 것이다. 우리는 이들의 철학과 실천적 적용을 면밀히 살펴보고자 한다. 또한 이 과정에서 기업의 지도자, 관리자, 직원이 총체적인 인간 행복이나 의미 있고 즐거운 삶의 형성과 건전한 사회의 발전에 공헌하는 법을 배울 수 있다는 점에 특히 초점을 맞추고자 한다.

일견 이런 목표들은 인간이 도저히 성취할 수 없는 것처럼 보이거나 경영 관련 서적이 다룰 수 있는 범위를 벗어난 것처럼 보일지도 모른다. 하지만 우리가 돈벌이를 하는 방식이나 우리의 직업, 노동에 따른 보상 체계 등은 우리의 삶에 엄청난 영향을 미친다. 그것은 때로는 우리네 삶을 흥미롭고 보람된 것으로 만들 수도 있고, 때로는 단조롭고 초조한 것으로 만들 수도 있다. 바로 이런 이유 하나만으로도 직장의 근로 현장에서 책임을 맡고 있는 사람이라면 누구나 다음과 같은 문제를 진지하게 고려해 보아야 한다. '나는 어떻게 하면 인류 복지에 이바지할 수 있을까?' 하는 문제 말이다. 칭기즈칸이나 마키아벨리는 이런 문제에 대해 관심조차 가지지 않았을 게 분명하다. 그러나 사회적으로 해악을 끼치는 이런 인물들을 행동 모델로 삼는다면 경영인들은 자신의 잠재 능력을 온전히 발휘하지 못하게 된다. 물론 직장 내에서 한결같이 자신의 야망만을 염두에 둔 채 최고 경영자의 자리를 향한 집념을 불태우며 앞으로 나아가는 인물도 있게 마련이다. 하지만 과연 이것이 우리 사회가 요구하는 진정한 리더십일까? 사실상 비즈니스 세계에서도 인류 행복에 기여하는 기업을 진정으로 소중히 여기는 사람들이 얼마든지 존재한다. 이 책이 이런 이들에게 아무쪼록 조금이나마 도움을 주었으면 하는 것이 나의 바람이다.

우리는 우선 과거에 성공한 지도자란 과연 어떤 인물을 의미했는지 염두에 두고 생각해 보아야 할 것이다. 그렇게 해야만 미래가 지닌 수많은 가능성을 제대로 이해할 수 있기 때문이다.

우리는 인간이기 때문에 희망 없이는 생존할 수 없다. 만약 신경계에 존재하는 생물학적 욕구들을 제외하고 우리에게 아무런 존재 이유가 없다고 한다면, 인류는 곧 동물적인 생존 수준으로 전락하고 말 것이다. 오로지 식욕과 성욕, 편안함만이 이 세계를 지배한다. 이와는 대조적으로 일부 위대한 세계 문명이 이룩한 경이적인 문화는 두 가지 판이하게 다른 선결 요건들로 인해 가능했음을 명심하라. 첫째는 적절한 수준의 자원과 이들 자원을 활용할 수 있는 기술의 존재였다. 자원과 기술로 인해 물질적 풍요가 가능해졌다. 둘째는 인간들이 스스로 세운 목표들이었다. 목표 설정은 인류로 하여금 삶에서 인력으로 도저히 피할 수 없는 온갖 역경과 비극을 극복할 수 있도록 도움을 주었다. 만약 이 두 가지 요건 중에서 하나라도 결여된다면 인류의 삶은 저마다 이기심을 채우려는 난투극 수준으로 전락할 것이며, 두 가지 요건이 모두 없는 경우에는 그야말로 도저히 어찌할 수 없는 절망적인 상태에 빠지게 될 것이다.

역사적으로 볼 때 사회의 발전 정도에 따라 특정 계급에 속한 인물들이 나타나며, 이들은 인류의 물질적 환경을 개선시키겠다는 약속과 함께 삶의 에너지를 분출시킬 수 있도록 일단의 목표를 제시한다. 만약 이런 신흥 계급이 다른 사람들로부터 신뢰를 얻을 수 있는 그럴듯한 주장을 내세우면 사회의 새로운 지도자들로 떠오를 가능성이 높아진다. 많은 사람들이 이들을 따르는 데 동의할 것이기 때문이다. 수천 년 동안 원시 부족에서 이런 지도자 역할을 담당했던 전형적인 계급은 부족에서 가장 사냥을 잘하는 전사들이었다. 이 전사들은 추종자들에게 자신들이 사냥에서 잡은 먹을거리를 제공해 주었고, 앞으로도 사냥을 통해 풍족한 삶을 누릴 수 있을 것이라는 희망을 불어넣어 주었다. 그러나 식량 생산 기술과 전쟁 기술의 발전에 따라 군대를 이끄는 장군이나 군왕들이 성직자나 신하들을 이끌고 사회의 새로운 지도자 역할을 담당하게 되었다. 어떤 시기에는 성직자와 귀족들이 장군이나 군왕과 함께 권력을 동시에 거머쥐기도 했는데, 귀족들은 대개의 경우 엄청난 토지를 보유한 거대 지주들이었다. 이런 시대가 막을 내리자 상인들과 제조업자들이 사회 계급 피라미드의 최고위에 오르게 되었다.

오늘날에 이르러서는 두 부류의 인물이 사회 공동체의 물질적, 정신적 욕구를 충족시키는 가장 확실한 위치를 점하게 되었다. 이 가운데 첫 번째 부류에 속하는 사람들은 바로 과학자들이다. 과학자들은 인간의 생명 연장과 보다 건강한 삶을 통한 희망의 메시지를 약속한다. 인류의 야망을 태양계 전체로 확장시킬 뿐 아니라 생물계와 비생물계에 대한 궁극적인 지배 가능성을 비전으로 제시한다. 두 번째이자 좀 더 거대한 부류에 속하는 인물들은 다름 아닌 기업인들이다. 이들은 우리네 삶을 좀 더 풍요롭고 윤택하며 편안하고 흥미롭게 만들겠노라고 약속한다. 시장의 다양한 힘들을 이용하여 생산과 소비를 가장 효율적으로 실현시킴으로써 이를 가능케 하겠다는 것이다. 새로운 지식 노동자인 과학자와 기업인은 과거에 귀족과 성직자에게 주어졌던 명예를 획득하게 되었다. 이들 부류에 속하지 않는 사람들은 과학자와 기업인에게 부와 권력을 흔쾌히 부여한다. 사회 전체가 과학자나 기업인의 노력으로부터 궁극적인 혜택을 얻게 되리라는 믿음 때문이다. 이런 믿음은 과연 잘못된 것일까?

이런 질문에 객관적이고 정확한 해답을 제시하기란 무척 어려운 일이다. 하지만 과학(그 시녀인 기술을 포함하여)과 기업 활동이 실로 인간의 생활 여건을 그 어느 때보다 윤택하게 했다는 점에는 대부분의 사람들이 동의하리라 생각한다. 이러한 물질적 축복이 영원히 유지될 것인지, 혹은 향후 수십 년간 유지될 수 있을 것인지 하는 실질적인 문제는 잠시 접어 두기로 하자. 희소 천연 자원의 필연적인 고갈에서부터 점차 각박해져만 가는 생활 방식으로 인한 수많은 스트레스, 사회 내부 및 사회 간 빈부 차이, 계층에 따른 불평등한 자원 분배로 인한 긴장 관계 등 앞으로 해결해야 할 엄청난 문제들이 우리의 앞길에 산재해 있다. 마약 중독, 폭력과 우울증 등 사회적, 물질적 발전에 따른 병폐들을 일단 접어 두기로 하자. 이런 병폐들은 과학 기술이 고도로 발달한 사회에서 전염병처럼 급속도로 번지고 있지 않는가. 하지만 일단은 과학과 기업의 경영자들로 인해 물질적으로 좀 더 향상된 사회가 되었다는 사실을 인정하기로 하자.

그럼에도 불구하고 바람직한 삶에 필요한 두 번째 요건이 충족되지 않는다는 문제점은 여전히 남아 있게 된다. 성공한 지도자들이라면 마땅히 추종자들에게 불어넣어야 할 희망은 도대체 어떻게 된 것일까? 이 분야에서만큼은 그 성과가 모호한 편이다. 기본적으로 과학과 기업 활동 두 가지는 모두 경험적 · 실용적 · 가치 중립적 방법론을 따르고 있다. 과학자나 경영인들 중에는 자신의 일에 대해 거의 종교적이다 싶을 정도로 경건한 태도를 취하는 이들도 있는 것이 사실이다. 하지만 이런 사람들마저 기존의 일부 정신적 또는 도덕적 전통에 그 바탕을 둘 따름이며, 자신들의 직업과 관련된 특정한 신념이나 사상에 기본을 두지는 않는 게 보통이다. 과학은 진리를 밝혀 주기는 하지만 과학적 진리는 인류에게 위안을 주기보다는 쓰디쓴 현실을 가르쳐주는 경우가 오히려 빈번한 듯하다. 기업 활동 역시 능률과 수익을 약속하지만, 이런 능률과 수익을 가져다주었다 한들 인생에 기쁨과 의미를 제공하는 데 과연 얼마나 기여할 것인가?

대다수 과학자들과 경영인들은 사회의 정신적 욕구를 충족시키는 일은 자신들의 책임이 아니라고 주장하려 들 것이다. 이런 일은 오히려 성직자나 심지어 정치 지도자에게 넘기는 게 차라리 나을지도 모른다. 그렇지만 대부분의 사람들 입장에서 볼 때 전통적인 종교나 정치 정당들은 세계인들을 이끌 만한 호소력 있는 비전을 상실하고 만 상태다. 따라서 누군가 역량 있는 사람이 이런 역할을 담당하겠다고 자원해서 나서지 않는다면, 허풍쟁이나 정치적 선동가에게 우리 자신을 내맡길 위험에 놓여 있는 것이다. 강한 국력과 풍요를 누리던 수많은 사회가 이미 이와 비슷한 운명을 겪었던 것처럼 말이다.

우리는 역사의 패턴을 면밀히 살펴봄으로써 많은 도움을 얻을 수 있다. 과거의 예를 통해서 교훈을 얻을 수 있을 뿐 아니라, 선조들이 범한 실수를 다시 저지를 위험성을 피할 수 있기 때문이다. 과거에 사회의 지도급 엘리트는 대중의 삶을 개선시켜 줄 것을 약속하며 지배 세력으로 부상하는 게 보통이었다. 이런 지도자들이 기울이는 노력 중에서 적어도 일부는 다른 사람들에게 이득을 주기 위해 외부로 향해 있었던 것이 사실임에 분명하다. 이를테면 초기 기독교는 로마제국 치하에서 억압받던 수많은 군중들이 삶의 의미와 인간으로서의 존엄성을 찾을 수 있도록 도움을 주었던 것이다. 하지만 기독교가 거둔 이런 성공에도 불구하고, 자신의 편안함과 권력을 추구하려는 이기적인 동기에 이끌려 기독교로 몰려드는 성직자들의 수가 점차 많아지게 되었다. 그 결과, 자신들이 속한 공동체에 열정을 쏟아붓기보다는 오히려 스스로의 이익을 위해 이를 활용하게 되었다. 중세 소작농들의 허름한 가옥들이 수세기가 흘러가는 동안 내내 어둡고 지저분한 환경에 놓여져 있었던 반면, 종교계의 고위 성직자들이 거주하는 궁전 같은 사택들은 계속 화려해져만 갔다. 결국, 진정한 희망의 메시지를 가지고 있던 지도자들은 교회의 위계 질서로부터 스스로를 분리해 나갔다. 처음에는 성 버나드나 성 프랜시스 같은 혁신적인 영적 지도자들이 교회 내부로부터 탈피하는가 싶더니, 훗날에는 루터와 칼뱅처럼 아예 반대 세력으로 나선 경우도 생겨나게 되었다.

전 세계 대부분의 사회에서 이와 유사한 희망과 환멸의 순환 과정이 반복되어 왔다. 영국 수상이었던 애스퀴스 경은 "모든 문명은 귀족 계급이 만들어 낸 작품이다."라고 말한 바 있다. 윈스턴 처칠은 이에 대해 다음과 같이 반박했다. "귀족 계급을 위해 이들 문명들이 진땀을 흘리며 열심히 노력했다고 말하는 편이 좀 더 정확한 표현이다." 두 사람의 이야기 모두 나름대로 일리가 있다. 다만 문명의 순환에서 각기 다른 과정을 가리키고 있을 따름이다. 애스퀴스는 문명의 짧은 여명기를 묘사했던 것이며, 처칠은 좀 더 길었던 그 후의 기간을 가리켰던 것이다.

우리 시대에도 이와 비슷한 유사성이 뚜렷하게 나타난다. 과거 약 1세기 동안 경영인들은 사회적·정치적 규제로부터 아무런 구속을 받지 않는 자유 시장 경제 체제가 누구에게든 삶의 질을 향상시켜 줄 것이라는 설득력 있는 주장을 전개해 왔다. 그 결과, 우리는 생산과 소비라는 경제학의 양대 주축이야말로 번영과 복지의 시금석이라는 정신적 세계관을 가지게 되었다. 행여 소비 수준이 1퍼센트 정도 되는 극히 일부라도 떨어진다면 마치 불경기의 전조인 양 투자가들은 황급히 몸을 숨긴다. 2001년에 9·11 테러가 발생하자 정치·경제 지도자들로부터 가장 흔히 들을 수 있었던 반응은 바로 "어서 바깥으로 뛰어나가 상품을 구매하라. 적들이 당신의 생활 양식을 위협하도록 허용하지 마라."라는 것이었다. 이런 세계관은 손쉬운 해결책을 제공해 줄 뿐 아니라 공급 체계의 상부에 속해 있어 혜택을 얻을 수 있는 사람들에게는 편한 방법이기는 하다. 하지만 소비를 가장 중요한 목표로 삼는 생활 방식이 그만한 보상을 받을 수 있겠는가?

20세기의 상당 기간 동안 자본주의 이론은 비슷한 수준의 막강한 적수와 부딪쳐 왔다. 그것은 사회주의 국가들을 중심으로 해서 제기된 사회주의 사상이었다. 사회주의 사회에서는 중앙에서 결정하는 우선순위나 필요에 따라 생산과 소비가 결정되었다. 그러나 사회주의식 해결책은 치명적인 약점을 지니고 있었다. 사회주의가 붕괴된 원인의 일부는 이들이 공약으로 내걸었던 물질적 혜택을 공급하지 못했던 것이며, 일부는 사회주의 정치 조직이 교회나 귀족 계급 또는 중상주의 시대 엘리트보다 지도자들의 탐욕에 대해 훨씬 취약했다는 사실이었다.

자본주의 사상은 이제 세계 무대에 홀로 남게 되었다. 자본주의 비전을 널리 제창하는 사람들은 과연 특권에 따르는 책임을 제대로 이해하고 받아들일 것인가? 아니면 과거 사회를 지배하던 수많은 지도 계급이 그랬던 것처럼 자신들의 권력은 정당하게 획득된 것이라 믿어 버리지나 않을까? 따라서 자기들이 얻는 보너스나 스톡 옵션에 자금줄이 되어 주느라 구슬땀을 흘리는 빈곤층에 아무런 책임이나 의무가 없다고 생각하지나 않을까?

우리는 자칫 냉소적인 관점을 취하며, 인간 본성이 원래 그런 것이므로 탐욕이란 것은 변함없이 인간 세상을 지배할 것이라는 섣부른 결론을 내리기 십상이다. 오늘날의 재계 지도급 인사들도 개인적인 부를 계속 축적해 나갈지도 모른다. 그러다가 결국 사회 내부적으로 소득 격차가 심화되어 현 사회 구조로는 도저히 감당할 수 없을 정도로 심각한 지경에 이를지도 모른다. 혹은 범세계적인 불만과 좌절로 인해 마르크스의 암울한 예측이 적중할지도 모른다.(다만 마르크스는 국제적인 프롤레타리아가 자본주의 국가들을 맹렬히 공격하다가, 이들마저 결국 19세기에 자본주의 계급들이 각 국가에서 차지했던 바로 그 역할을 그대로 담당하게 될 줄이야 예측하지 못했으리라.) 하지만 역사적 기록이 우리에게 아무리 실망을 안겨 주더라도 사실상 인간 본성이 탐욕에만 그 기반을 두고 있는 것은 아니다. 역사에서 그 어느 시기에든 자신만의 이익이 아니라 그 이상의 것에 관심을 두는 사람들이 존재해 왔다. 이들은 공동의 이익 향상에 헌신하면서 보람을 찾는다. 이기심과 이타심 사이에 벌어진 투쟁은 역사의 그 어느 시기를 막론하고 계속되어 왔다.

오늘날 수많은 경영인들은 공동체의 복지에 책임을 지는 것을 자신들의 직업적 임무 중 하나로 여기고 있다. 이들은 스스로를 즉각적인 이익 창출이 유일한 존재 목적인 돈벌이 기계로 규정하지 않는다.

동료들과 나는 비전을 가진 이들 지도자들을 향해 관심을 돌렸다. 이들로부터 다른 기업인들은 물론 이 시대를 함께 살아가는 모든 이들을 위해 교훈이 될 만한 것들을 얻기 위해서이다. 이들은 자신의 사명이 무엇이라 생각할까? 이들은 자신과 다른 사람들의 삶을 개선시키기 위해 무슨 일을 하는가? 이들이 제시하는 본보기 속에서 우리 사회 전체를 위한 희망의 메시지가 존재하는가?

오래가는 기업의 경영자

최근에 나는 야외 레저용품 제조업체인 파타고니아 사의 창립자 이본 쉬나르를 만난 적이 있다. 그의 사무실은 파스텔 색조의 멋들어진 벽토 건물에 있었다. 또한 이 건물은 여러 종류의 나무가 빽빽이 들어선 조용하고 외진 곳에 있었다. 들어서니 외부로 노출된 건물의 들보에서 양치류 식물들이 늘어져 있었고, 오래된 활엽수들과 유리 장식 등으로 단순하면서도 평온한 분위기가 감돌고 있었다. 반바지에 샌들을 신은 이 회사 직원들은 마치 자기네 집 부엌과 침실 사이를 왔다갔다하듯이 편안한 차림으로 구내를 돌아다니고 있었다. 이리저리 꼬여 있는 등나무 가닥들 사이로 따사로운 햇살이 비치고 있었고, 서쪽으로 한 블록 떨어진 곳에서부터는 드넓은 바다가 평화롭게 펼쳐지고 있었다. 바다 저 멀리 수평선에는 해협제도가 아스라이 보이고 있었다. 이따금씩 어린 아이들의 깔깔거리는 웃음소리가 들려왔다. 바로 아래층에 있는 직원 자녀용 보육 센터에서 들려오는 소리였다. 나는 거의 100년이나 된 버려진 산업용 건물을 활용해 멋진 근무 환경을 만들었다며 쉬나르에게 찬사를 보냈다.

"네, 그렇죠." 그는 대답했다. "하지만 3년 만에 기업을 상장시킨 뒤 현금을 챙기고 물러나려는 생각을 한다면 이런 환경을 절대로 만들지 못합니다. 우리는 이 회사가 앞으로 100년 후에도 건재하도록 하겠다는 신념으로 근무하고 있습니다."

쉬나르가 추진하는 이런 계획은 인간 본성의 근본적인 측면을 잘 대변해 주고 있다. 우리는 삶에서 어느 정도 안정을 필요로 한다. 하지만 단순히 다음날 아침이면 해가 솟아오르고 봄이 오면 새가 찾아온다는 사실을 아는 것만으로는 불충분하다. 혼란과 엔트로피에도 불구하고 우리의 관계 속에 일정한 질서와 영속성이 존재하며, 우리 인생이 헛되이 낭비되지 않고 시간의 사막 속에 무엇인가 자취가 남겨질 것이라는 신념을 가져야만 한다. 요컨대 나라는 존재가 뭔가 쓸모 있는 역할을 담당하며 가치를 지닌다는 확신을 가져야만 한다는 것이다. 과거 한때에는 일상의 삶에서 가족이 중요한 초점이 되던 시기가 있었다. 그러다가 수세기 동안 교회가 이런 역할을 새롭게 담당하게 되었고, 마찬가지로 각 지역의 공동체들도 그 나름대로의 역할을 수행하게 되었다. 이후에는 공장과 은행은 물론, 오랜 전통을 자랑하는 상점 등 개별 기업들이 사회적 책임과 계몽의 등대 역할을 담당한 바 있다. 오늘날에 이르자 경영인들이 영리에만 관심을 가져서는 회사 내에 긍정적인 분위기를 조성할 수 없게 되었다. 삶에 뭔가 의미를 주고 직원들 자신 및 자녀들의 미래에 희망을 주는 비전을 제시해야만 한다. 우리 사회는 5분 관리자니 1분 관리자니 하는 지도자들을 양성하는 요령을 습득하게 되었다. 하지만 더 나은 미래를 창조하는 데 도움을 줄 임원이 되기 위한 자질이 무엇인지 자문해 보는 것이 보다 유익할 것이다. 그 무엇보다도 우리는 '100년 관리자'들을 기업의 총수로 앉혀야 할 필요가 있다.

이번에는 저 멀리 이탈리아 밀라노의 라 스칼라 극장에서 조금 떨어진 격조 높은 아파트로 옮겨 가서 엔리코 란도네가 자신의 직업에 대해서 들려주는 이야기에 귀를 기울여 보자. 그는 십대 청소년 시절부터 이탈리아의 유명 보험 회사인 아시쿠라치오니 제네랄리 사에서 근무해 왔다. 당시에 그는 아버지가 세상을 떠난 뒤 홀로 어머니와 동생들을 먹여 살려야 하는 딱한 처지에 있었다. 그런데 그는 예순아홉에 이 회사 250년 역사상 최연소 대표이사 사장직을 맡은 이후, 여든의 고령에 접어든 현재까지 계속해서 이 중책을 담당해 오고 있다. 로마의 주요 광장 가운데 하나인 베네치아 광장에 서서 과거에 무솔리니가 세계를 위협하던 당시의 발코니를 바라본다면, 아시쿠라치오니 제네랄리 보험사의 건물은 바로 당신의 등 뒤에 위치하게 된다. 베네치아에서는 성 마르코 성당을 마주보고 있지만, 이탈리아의 다른 도시에서 이 보험사 건물들은 유서 깊은 궁전 안에 있거나 도시의 중심에 자리 잡고 있다. "우리 보험사가 발행하는 모든 보험 증권은 금이나 부동산으로 보증이 되어 있습니다." 란도네는 자신이 교회나 정부, 또는 이 세상의 다른 어떤 기관이나 조직보다 존경해 마지않는 제네랄리 사에 대해 이렇게 자랑스럽게 이야기한다. "2만 여 명에 달하는 우리 보험사 전 직원이 엄청난 신뢰를 얻고 있는 회사에서 일하고 있다는 데 대단한 자부심을 느끼고 있습니다."

오늘날 인류의 삶을 편안하고 안전하게 해 줄 책임과 권한을 지닌 주체는 대체로 기업들이라고 할 수 있다. 그러나 실제로 이런 임무를 과감하게 담당하고 있는 기업들이 과연 얼마나 될까? 오로지 재정적인 문제를 둘러싸고 모든 의사 결정이 이루어지는 경영은 비극적인 결과를 초래한다. 하지만 경영 대학원에서 실제로 이런 내용을 배운 MBA 출신들이 과연 몇 명이나 될까? 기업이 해체되거나 새로운 형태로 변화하는 과정에서 직원을 해고하고 사회적 약속을 저버리는 작금의 상황에서, 이런 책임을 진지하게 받아들이는 소수의 사람들마저 점차 줄어들고 있는 듯하다. 그러나 자신의 소임은 눈앞의 5분이나 1년 또는 10년 정도의 기간 동안 기업을 경영하는 것이 아님을 인식하는 경영인들도 일부 존재한다. 이들은 엔리코 란도네처럼 한평생, 아니 그 이상을 위해 헌신적으로 일하고 있다. 여러 측면에서 볼 때 우리의 미래는 바로 이런 비전을 가진 지도자들에게 달려 있는 것이다.

이본 쉬나르는 산의 매력에 흠뻑 빠져 여러 지역을 돌아다니며 일하는 순회 제철공으로 사회에 첫발을 내딛었다. 그는 보기만 해도 아찔한 험준한 준령의 등산로에서 가급적 많은 시간을 보내려고 애썼고, 가장 눈에 잘 띄는 루트를 골라가며 체계적인 등반을 즐겼다. 급기야 그는 산악인 사이에서 전설적인 존재가 되기에 이르렀다. 자유분방했던 1960년대에는 산꼭대기의 호숫가에서 잠을 잔다든지 깎아지른 듯한 요세미티의 암벽에 새로운 등산로를 개척한다든지 하는 일은 돈 한 푼 벌지 못하더라도 정말로 멋진 생활로 여겨졌다. 쉬나르는 당시를 이렇게 회고한다.

당시에 저는 한평생 하고 싶은 일이 무엇인지 아직 결정하지 못한 상태였습니다. 저는 처음에 기술자로 사회에 진출했습니다. 제가 가진 재주라고는 산을 잘 타는 것밖에 없었습니다. 그러다가 우연히 등산 용품에 대해 깊은 관심을 가지게 되었죠. 당시에는 유럽산 등산 장비를 구입하기가 무척 어려웠죠. 따라서 제가 사용할 등산 장비를 직접 만들기로 마음먹었죠.

그는 뛰어난 금속 가공 기술 덕분에 다른 사람들이 만드는 것보다 품질이 좋은 철제 등산 용품을 만들어 낼 수 있었다. 그는 야영지에서 하켄(일종의 등산용 쐐기못)이나 스냅 링 등을 낡아빠진 트럭 적재함에서 꺼내 판매하기 시작했다. 그는 불과 몇 년 사이에 등산 용품 판매 사업으로 짭짤한 재미를 보게 되었다.

하지만 이러한 성공은 오히려 그의 마음을 심란하게 하는 결과를 초래했다. 등산이 인기를 끌게 됨에 따라 장엄하고 멋진 암벽이 등반 용품 사용으로 인해 흠집이 생기기 시작한 것이다. 일부 등반용품 제작자들은 이런 현상이 등산을 위해 어쩔 수 없이 치러야 하는 대가로 돌리며, 아랑곳하지 않고 등반 용품 제작을 계속했다. 하지만 쉬나르는 자신이 그토록 사랑하는 산들을 훼손하는 데 기여하고 있다는 사실을 깨닫자, 사업의 진로를 바꾸기로 결심했다. 그는 새로운 등반 방식을 개발해 냈다. 이미 암벽에 존재하는 틈새를 이용해 등반 용구를 걸거나 끼워넣고, 사용 후에는 다시 제거함으로써 암벽에 상처를 내지 않는 새로운 방식이었다. 결국 그는 철제 등반 용구 제작 사업에서 완전히 손을 뗀 뒤 의류 제조를 시작했다. 내구성이 탁월해서 제철공들이 만족스럽게 입을 수 있는 그런 종류의 옷이었다.

우리가 처음으로 만든 반바지는 가죽 봉제 기계로 꿰매야 할 정도였습니다. 꽤 무게가 나가는 캔버스지를 사용했거든요. 반바지를 꿰매던 여직공이 캔버스지 옷감을 테이블 위에 세웠는데도 옷감이 서 있을 정도로 단단했던 겁니다. 그래서 탄생한 것이 '일어서 있는 반바지'란 의미의 '스탠드업 쇼트'였습니다. 요컨대 우리는 옷을 생산하는 제철공이었던 셈이지요.

하지만 등반 용품에서 의류로 제품 분야를 변경했음에도 이 회사가 추구하는 방향에는 변함이 없었다. "우리는 어떤 제품을 생산하든 우리가 만드는 것이라면 세계 최고가 되어야 한다는 철학을 가지고 있습니다." 쉬나르의 말이다. "최고 중의 하나라는 의미가 아니라, 말 그대로 최고가 되어야 한다는 것이지요. 어떤 제품이든지 말입니다. 그 제품이 바지든 셔츠든 아니면 그 무엇이든 마찬가지랍니다."

장수 기업을 만들고자 한다면 자기가 하는 일의 가치를 확신해야 한다. 만약 어떤 기업이 동종 업계에서 최고를 지향하지 않는다면, 2류 직원을 끌어들이게 될 것이고 이 회사는 곧 사람들의 기억 속에서 사라지게 될 것이다.

독일 남부 콘스탄츠 호수의 경관이 내려다보이는 산길을 걷고 있던 엘리자베트 노엘레노이만은 알렌스바흐 연구소 건물들이 내려다보이는 지점에서 발걸음을 멈추었다. 이 연구소는 4백 년이나 된 허름한 농장 한복판 근처에 그녀가 설립한 여론 조사 기관이다. 그녀는 나무에 가려져 잘 보이지 않는 타일 지붕을 가리키면서 이렇게 말했다. "내 한평생 가장 중요한 일이 한 가지 있다면, 그것은 제가 세상을 떠난 이후에도 이곳에서 여론 조사가 계속 이루어지도록 하는 일이지요."

엘리자베트는 민주적인 정부가 제대로 기능하도록 하려면 국민의 생각과 열망을 알려야 한다는 확고한 믿음을 지니고 있다. 따라서 여론 조사, 특히 그녀가 설립한 알렌스바흐 연구소의 철저한 프로 정신을 바탕으로 이루어진 여론 조사는 자유를 지키는 굳건한 보루라 할 수 있다. 그녀는 50여 년 전 제2차 세계대전 직후에 첫 번째 남편과 함께 연구소를 설립했다. 남편이 세상을 떠난 후 그녀는 연구소를 홀로 운영해 나갔다. 그녀의 여론 조사 결과는 매우 정확했기에 곧 강력한 정치적 도구로 부상하게 되었다. 제2차 세계대전 직후의 불안한 정치 상황에서 그녀는 종종 위협을 당했다. 때로는 급진 사상을 지닌 폭도들에게 보수 세력의 이익을 옹호하는 단체를 이끈다는 비난을 공공연히 받기도 했다. 마음에 상처를 입기도 하고 화가 나기도 했지만 엘리자베트는 자신이 하는 일이 무척 중요한 것이라는 신념을 잃지 않았다. 그녀는 심리적으로 전혀 동요하지 않았으며 여론 조사 기법에 완벽을 기하기 위해 무던히 애를 썼다.

기업을 공개하여 주식 시장에 상장하는 것의 원래 목적은 자본주의가 지닌 혜택을 널리 확대하자는 데 있다. 그러나 실상을 들여다보면 특정 기업의 주식을 소유한 주주들과 해당 기업과의 관계에는 아무런 인간적 유대가 없는 듯하다. 우리는 특정 기업이 무엇을 제조하는지에 대해 별다른 관심을 갖지 않는다. 그 기업이 생산해 내는 제품이 값싼 무기류이든 독성이 강한 살충제이든 아니면 얼빠진 오락거리이든 별로 상관하지 않는다. 그뿐 아니라 제품을 어떻게 마케팅하며 고객들을 어떻게 대하는지, 또는 그 회사의 기업 활동이 이루어지는 지역 공동체에 어떤 영향을 미치는지 아무런 신경도 쓰지 않는다. 수익을 제대로 창출하기만 한다면 그 기업의 경영방식을 인정해 버리고 만다. 그러다가 행여 CEO가 경영을 잘못해서 1분기라도 매출 실적이 내려가면 서둘러 다른 기업에 투자하는 데 주저하지 않는다. 사정이 이렇다 보니 젊은 경영인들은 분기 실적 보고의 위력이 거의 전지전능한 수준에 육박한다는 사실을 금세 깨닫게 된다. 따라서 혹시라도 또다시 분기 실적이 내려갈까 봐 안절부절못하며 살아가게 되는 것이다.

20세기 초, 미국 인디애나폴리스에서 남동쪽으로 약 40마일 떨어진 중서부의 작은 도시에서 한 은행가가 '말이 끌지 않는' 마차를 한 대 구입했다. 마차를 구입하면서 실력이 뛰어난 엔지니어를 운전수로 고용하게 되었다. 이 엔지니어는 디젤 엔진의 전망이 상당히 밝다고 설명하면서 은행가를 설득했다. 이리하여 두 사람은 디젤 엔진의 개발에 착수했다. 두 사람은 작은 공장을 설립하고 은행가는 가문의 재산 중에서 점점 더 많은 금액을 이 사업에 투입했다. 20년 간 수익이 들어올 기미조차 보이지 않았다. 그러다가 점차 사업이 활기를 띠기 시작했고, 급기야 오늘날에는 인디애나 주 콜럼버스 시에서 커민스가 제조한 디젤 엔진을 도처에서 볼 수 있게 되었다. 북미 대륙을 종횡으로 관통하는 많은 기관차들 역시 커민스 엔진을 달게 되었던 것이다. 커민스 엔진 사업은 지금까지 결코 만만치 않았다. 거의 매년 새로운 위기가 나타나며 이 회사의 존립에 위협을 가해 왔다. 가령 경쟁업체에서 더 품질이 좋은 제품을 출시한다든지, 자금 경색이나 유류 파동을 겪는다든지, 배기 가스 규제에 관한 새로운 법안이 제정된다든지 하는 여러 위기가 나타났던 것이다. 시장에서 기업 가치를 낮게 평가 받아 다른 기업에 인수 합병될 위험에 놓여졌을 때는 기업주의 가족들이 경영권을 확보하기 위해 주식을 대거 매입해 위기를 모면하기도 했었다.

커민스 사를 3대째 경영하고 있는 J. 어윈 밀러는 다음과 같이 설명한다.

우리가 이 일을 지금까지 계속하고 있는 이유가 있습니다. 우리가 속한 공동체에 의무감을 갖고 있기 때문입니다. 사실, 인건비가 더 저렴한 다른 지역으로 회사를 옮길 수도 있었어요. 하지만 회사를 철석같이 믿고 있는 수천 명의 직원들이 있지 않습니까? 우리가 너무나 잘 알고 있는 이들의 생활 기반을 붕괴시키면서까지 좀 더 돈을 벌어들인들 무슨 대단한 의미가 있겠습니까?

밀러는 매일 아침 출근길에 세상에서 가장 아름다운 몇몇 현대식 건물들을 지나간다. 그의 회사는 교회나 학교, 소방서 등 새로운 건물들이 들어설 때마다 건축사 비용을 대신 지불해 주겠다고 시 당국과 정식 계약을 맺었다. 현재 콜럼버스 시에는 유명 건축가인 에로 사리넨이 세운 교회와 I. M. 페이가 세운 도서관이 있다. 또한 매년 수천 명의 관광객이 미국의 뉴욕 시는 물론, 해외 각지로부터 몰려들어 광활한 옥수수 밭에 우뚝 세워진 장엄한 현대식 건물들을 감상한다. 이 회사는 지금까지 거의 100년에 이르는 오랜 기간 동안 명맥을 유지해 왔다. 하지만 수익 창출과 사업 확장에 혈안이 되어 있는 오늘날의 상황에서 과연 얼마나 오랫동안 더 버틸 수 있을까 의구심이 든다.

기업인이라면 누구나 알고 있는 사실이지만, 기업의 존립은 결코 확실히 보장될 수 없는 것이다. 기업들은 매년, 아니 매월 다양한 위험 요인들에 당면하게 된다. 그 기업이 수익 창출만을 목표로 하고 있더라도 이 점은 마찬가지다. 사정이 이럴진대 하물며 단순한 영리 추구 이외의 다른 목표들까지 성취하려는 기업들에게는 얼마나 상황이 어렵겠는가. 쉬나르가 산의 아름다운 장관을 더 이상 훼손시키지 않기 위해 파타고니아 사의 생산 제품을 등반 용구에서 의류로 전환했음은 이미 설명한 바 있다. 그는 당시 생산 제품의 주원료로 면을 사용했다. 그런데 그는 전 세계 살충제의 25퍼센트가 공업적인 방법으로 면을 재배하는 데 사용된다는 사실을 점차 깨닫게 되었다. 다시 말하면 면으로 된 티셔츠 한 벌을 생산하는 데 살충제의 원재료가 되는 2갤런 이상의 기름이 필요하다는 것이다. 면 납품업체 한 군데를 방문했을 때 이 사실을 알게 된 쉬나르는 다시 한 번 양심의 위기를 맞게 되었다.

센트럴 밸리를 통과할 때 커다란 웅덩이들이 눈에 띄었습니다. 알고 보니 목화밭에서 물이 흘러들어 와 생긴 웅덩이들이었죠. 그런데 총기류를 소지한 남자 몇 명이 새들이 혹시 날아들까 봐 이곳을 지키고 있었습니다. 행여 새들이 이 웅덩이에 뛰어드는 사태를 막기 위해서였지요. 이 장면을 목격한 저는 이 지역의 농부들과 이야기를 나누다가 이것 때문에 암 발병률이 일반적인 경우보다 10배나 된다는 사실을 알게 되었습니다. 저는 당장 결심했습니다. "이제부턴 절대로 인공 재배된 면은 사용하지 않을 테다. 암, 그렇고 말고!" 이 경험은 마치 어느 날 아침에 일어났더니 제가 지뢰 제조업을 하고 있다는 사실을 깨닫게 되었고, 게다가 사람들이 그 지뢰를 가지고 어떤 흉악한 일을 꾸미는지 목격하게 되었다고나 할까, 그런 느낌이었습니다. 이런 상황에서는 어떤 방향으로든 양자택일을 해야 할 판이었습니다. 이런 사실을 알고도 눈을 딱 감고 밀어붙이든지, 아니면 당장에 이 일을 그만두는 것이었습니다. 저는 바로 그때 이런 결론을 내렸습니다. "아무렴, 그렇지! 당장에 우리 사업을 접도록 합시다. 더 늦기 전에 이곳 문을 당장 닫도록 하겠소."

그러나 비전을 가진 지도자들이라면 모두 그렇듯이 오기와 인내로 철저히 무장한 쉬나르는 결국 공장을 닫지는 않았다. 그 대신, 그는 자기네 공장에서만큼은 천연 재배된 면만을 사용하기 시작했던 것이다. 물론 천연 재배된 면이 가격은 비쌌지만 어쩔 수 없었다. 쉬나르가 경영하는 파타고니아 사에서 천연 면을 원하게 되자 면화를 천연 재배하는 농가들이 늘어났다. 더욱이 그 후 몇 년 간 나이키, 갭, 리바이스 트라우스 등 부분적이나마 파타고니아 사의 선례를 따르는 기업들이 점차 늘어나게 되었다. 유기 농법으로 재배되는 천연 면 섬유는 아직 전체 면 생산량의 극히 일부에 불과하긴 하지만 수요 및 사용이 증가하고 있는 추세다. 이런 점을 고려해 보면 더욱 중요한 목표가 존재할 때 기업체라고 해서 반드시 편의와 탐욕의 원칙만을 굴종적으로 추구할 필요가 없다는 사실을 깨닫게 된다.

하지만 굳이 경영인이 아니더라도 자신의 일에 대한 확신을 갖거나 장기적인 안목에서 생각하는 것이 가능하다. 이것은 소수 엘리트만의 화려한 전유물이거나 특권이 아니다. 간이 식당에서 일하는 요리사나 우편물 발송 담당자 등 말단 직원이라 할지라도 자신의 소임을 헌신적으로 성취해 낸다면 출세나 성공 가능성이 그만큼 훨씬 더 높아진다. 더욱 중요한 사실은 자신이 하는 일을 즐기며 일에 임할 때 행복감에 젖게 된다는 것이다. 그저 영리만 추구하려는 것보다는 오히려 이런 것들이 모든 인간 행동의 가치를 측정하는 진정한 척도가 된다 할 것이다. 물론 기업 활동도 예외 없이 이런 인간 행동에 포함된다.

성공한 기업들마저 평균 30년 정도 지나면 문을 닫게 되는 현실에 비추어볼 때 장기적인 관점을 갖는다는 게 어쩌면 시대 착오적인 발상인지도 모르겠다. 또한 오늘날과 같은 후기산업사회, 포스트모더니즘 시대에는 안정보다는 오히려 변화가 상품적 가치를 좀 더 많이 지닌 것은 아닐까? 안정이라는 것은 혹시 구태의연한 경직성의 상징이라 할 수 있지 않을까? 그런데 실상을 제대로 보면, 기업체가 시간이 지나면서 경직되어 갈 것을 우려할 필요는 거의 없다. 제 아무리 좋은 의도를 가지고 출발한 기업이라 하더라도, 대부분의 경우에는 변화를 겪거나, 다른 업체에 매각되거나 문을 닫게 마련이기 때문이다. 20세기 초만 하더라도 자동차 제조업체가 수백 개에 달했음에도 현재에는 결국 세 개 회사만이 살아남았다는 사실을 상기해 보라. 이와 동일한 운명이 신경제의 첨단을 걷고 있다는 수백 개 신생 기업들에게도 도래할 것으로 보인다.

슘페터는 오래전에 '창조적 파괴'는 생산성으로 가기 위한 길이라고 천명한 바 있다. 주주들을 위한 기업 가치를 창출하는 면에 있어서 그의 말도 일리가 있을지 모른다. 그러나 건전한 회사 발전이라는 좀 더 폭넓은 관점으로 본다면 창조적 파괴 행위는 장기적인 가치를 고려하여 적정하게 조절해야 할 것이다. 게다가 '파괴'라는 것이 기업을 매각하고 직원들을 아무런 쓸모없는 겨처럼 바람에 흩뿌리는 행위라면, 그 용어를 어떤 측면에서 보든지 결코 '창조적'이라 할 수 없다. 오히려 탐욕에 봉사하기 위해 임시방편으로 사용하는 전술에 불과하다. 엔트로피로 몰고 가는 이런 힘들을 우리가 막아내기 위해서는 장기적인 시각을 지닌 지도자들이 필요하다.

다음 장에서는 행복에 관한 내용을 다룰 것이다. 특히 기업 활동이 총체적인 인류 복지를 향상시키기 위해 할 수 있는 일이 무엇인지 알아볼 것이다. 사실상 경영인들은 이런 과제를 지금까지 무시하면서 지내왔음에도 이것이 정당화되어 왔다. 그도 그럴 것이 기업 역시 강압과 착취를 일삼았던 귀족 계급에 저항하는 다수파에 속해 있었기 때문이다. 하지만 기업이 사회의 지도급 기관으로 부상함에 따라, 기업들은 새로운 권한과 함께 가장 원초적인 문제에 해답을 제시해야 할 과제를 짊어지게 되었다. 즉, 기업 활동이 사람들의 삶을 보다 행복하게 만들 수 있을까 하는 문제다.

우리 모두가 이미 예상하고 있고 한편으로 최근의 조사를 통해 확인된 바와 같이, 이 문제에 대한 해답은 결코 물질적 유인에만 의존할 수 없는 것이다. 금전과 안전, 편안함 등은 우리를 행복하게 하는 데 필요할지 모르지만 결코 충분조건이 되지는 못한다. 사람들은 자신의 능력을 충분히 활용하고 잠재 능력을 계발할 수 있다는 느낌을 받아야 한다. 또한 일상적인 삶 속에서 스트레스를 받거나 따분하지 않아야 하며, 오히려 충만한 기쁨을 얻을 만한 경험이 존재한다는 느낌을 받아야 한다. 제3장에서는 어떻게 하면 몰입을 경험할 수 있는지 그 방법을 제시했다. 여기에서 '몰입'이란 자신의 삶에 완전히 동화되어 몰아지경에 이르는 주관적인 경험을 두고 내가 제시한 개념이다.

그러나 좋은 삶이란 기쁨을 얻을 만한 경험들을 단순히 모두 합치는 것만으로 이루어지지는 않는다. 이외에도 이런 경험들은 의미 있는 패턴을 형성해야 할 뿐 아니라 성장 곡선을 그리며 정서적·인지적·사회적 복잡성의 발전을 이룩해야 한다. 제4장은 이런 발전 과정에는 어떤 단계가 존재하는지 제시하고 있으며, 몰입과 복잡성이 원활하게 이루어질 수 있는 환경을 제공함에 있어서 경영인들이 어떤 역할을 수행할 수 있는지 제안한다.

공교롭게도, 대부분의 기업들은 직원들이 행복해질 수 있도록 설계되어 있지 않다. 제5장에서는 기업 내부에서 몰입이 일어나는 것을 방해하는 가장 빈번한 장애 요소가 무엇인지 기술한다. 이 책의 자료 수집을 위해 우리가 인터뷰를 실시한 지도자들은 이런 방해 요인들 가운데 저마다 한두 개씩 지적했다. 제5장에서는 이렇게 제시된 방해 요인들을 취합하여 면밀히 살펴보기로 하겠다. 100년 이상 가는 우량 기업을 만들어 내려는 관리자들이 반드시 경계해야 할 점들을 잘 망라하고 있다.

이 책의 제6장에서는 비전을 지닌 이들 지도자들의 전문 지식을 다시 한 번 활용하여, 기업 내부에서 몰입 가능성을 극대화할 수 있는 여건을 어떻게 마련했는지 보여주도록 하겠다. 직장에서 일이 즐거워지면 당연히 직원들의 사기와 생산성은 높아지게 마련이다. 특히 가장 중요한 사실은 직원들의 복지 역시 향상된다는 것이다.

이 책의 제6장까지는 행복을 제대로 이해할 수 있도록 기반을 제시할 뿐 아니라 직장 내에서 행복이 어떻게 억압 또는 향상될 수 있는지 설명해 준다. 또한 제3부의 나머지 세 장에서는 인생에 궁극적인 의미를 부여하는 것은 무엇이며, 이런 문제의 해결에 있어서 지도자들의 역할은 무엇인지 좀 더 심도 있게 살펴볼 것이다. 제7장은 직장 생활과 사생활에서 모두 오랫동안 지속될 수 있는 비전은 영혼으로부터 그 힘을 얻는다고 주장한다. 여기에서 '영혼(soul)'이란 개인 또는 조직이 자신 이외의 목적에 헌신할 때 쏟아 붓는 에너지를 말한다. 우리가 연구 대상으로 삼은 지도자들은 그 누구를 막론하고 공통적으로 가지고 있는 특징이 하나 있다. 그것은 CEO라는 지위가 요구하는 법적인 책임을 훨씬 뛰어넘는 원대한 목표들로부터 힘을 얻고 인도를 받는다는 점이다. 이 같은 사실은 우리가 본 연구를 개시했던 당초만 하더라도 전혀 예상치 못했던 것이다.

이 책의 전체적인 논지와 결론은 제9장에 잘 정리되어 있다. 이 시점에 이르면 삶의 질을 향상시키는 기업을 운영하기 위해서는 어떤 요소들이 필요한지 깨달음의 경지에 이를 것이다. 다시 말해, 기업을 둘러싼 모든 관계자들에게 만족을 줄 수 있는 그런 삶의 질을 말하는 것이다. 연구 결과에서 알 수 있듯이, 상당수의 CEO와 관리자들이 이런 지식을 실천하는 법을 발견했을 뿐 아니라 실제로 매일같이 실천에 옮기고 있다. 하지만 좀 더 많은 지도자들이 이런 모범 사례를 따라하고 싶어도 주변의 이런저런 압력이 워낙 강하다 보니 실천하지 못하는 경우도 비일비재하다. 그 중에서도 가장 중요한 원인을 꼽으라고 한다면 무자비할 정도로 높은 수익 실적에 대한 기대감일 것이다. 이런 압력이 어찌나 강한지 주식 시장에 상장된 기업의 경영인들의 발목을 잡고 있을 정도라고 해도 과언이 아니다. 행여나 수익 확대라는 단 한 가지 목표로부터 조금만 한눈을 팔면 소송을 당할 것이라는 두려움이 이들을 압박하기 때문이다. 그렇다면 누가 그들에 대해 소송을 제기한다는 말인가? 그것은 다름 아닌 독자 여러분이나 나와 같은 사람들이다. 대부분의 사람들이 분기마다 높은 실적을 기대할 뿐 해당 기업의 다른 측면에는 아무런 관심도 가지지 않는다면, 결국 우량 기업이란 결코 존재할 수 없는 것이다. 아마도 이 책을 읽고 나면 그 이유를 파악하는 데 도움을 얻을 수 있을 것이다.

제2장
행복을 창출하는 기업

> 직원이 행복감을 느끼는 기업은
> 생산성이 높을 뿐 아니라 이직률이 낮다.
> 일반적으로 행복을 창출하기 위해서 개인은
> 자신의 잠재 능력을 완전히 발휘할 수 있어야 한다.

철학자들은 오래전부터 행복이야말로 인간 존재의 궁극적인 목적이라고 생각해 왔다. 아리스토텔레스는 이를 '최고선(最高善)'이라 불렀다. 이는 인간이 금전이나 권력 등이 삶을 행복하게 해 줄 것이라 믿으면서도 행복 그 자체를 바란다는 점에서 일리가 있다. 실제로 행복이란 무엇이며 행복이란 것이 과연 존재하는지에 대해 수백 년 동안 논의가 진행되어 왔다. 하지만 이 문제에 대한 명확한 해답은 아직 나오지 못했다. 어쩌면 '행복'이란 것은 더 이상 바랄 게 없는, 도저히 도달할 수 없는 그런 경지를 가리키는 단순한 용어라 볼 수도 있겠다. 완전한 행복의 상태란 환상에 불과할지도 모르지만, 사람들은 이따금 다른 사람들보다 좀 더 만족해하거나 기분이 좋은 상태를 경험할 수도 있다. 이는 너 나 할 것 없이 모든 사람이 알고 있는 사실이다. 이런 순간들의 추구야말로 개인의 최고선을 구성하는 요소인 것이다.

행복과 기업 활동이 서로 관련이 있다고 한다면 현실 세계에서 직관적으로 알고 있는 사실에 위배되는 주장이라 생각할지도 모르겠다. 사람들은 대부분 일이라는 것이 기껏해야 먹고 살기 위해 어쩔 수 없이 해야 하는 필요악이며, 최악의 경우에는 부담으로 작용한다고 보기 때문이다. 그럼에도 불구하고 이 두 가지는 서로 불가분의 관계에 놓여 있다. 근본적으로 기업 활동은 인류 복지를 향상시키기 위해 존재한다. 오래전부터 상인들은 발트해 연안 지역으로부터 호박(琥珀)을 가져다가 지중해 연안 지역으로 내다 팔거나, 아프리카 해안에서 소금을 채취해 아프리카 내륙 지방에 판매하기도 했다. 때로는 극동 지방의 여러 섬들로부터 향신료를 구해 세계 곳곳을 누비며 판매 활동을 벌였다. 오늘날에는 자동차 신형 모델들이 해마다 출시되고 판매되고 있는 실정이다. 과거부터 현재에 이르기까지 재화의 생산과 교환이 명맥을 유지하고 있는 것은 사람들이 이런 활동을 통해 삶의 질을 향상시킬 수 있다고 믿기 때문이다. 고객들은 행복을 가져다주는 재화나 용역에 대해서라면 흔쾌히 돈을 지불한다. 문제는 실제로 무엇이 사람들을 행복으로 이어 주는가 하는 것이다. 철학자들은 행복으로 가는 유일한 길이란 없다는 사실을 오래전에 깨달았다. 어떤 한 개인에게 환희를 가져다주는 것이라 할지라도 다른 사람에게는 아무런 느낌도 주지 못할 수 있기 때문이다.

거의 백 년이란 세월 동안 이런 문제는 아무런 관심을 끌지 못했다. 그러다가 드디어 지난 몇 년 사이에 심리학자들은 오랫동안 풀리지 않아 온 이 난제를 해결해 보고야 말겠다는 용기를 내게 되었다. 그 결과 전혀 예상하지 못한 몇 가지 결과들이 나타났다. 예를 들자면 일반적인 상식과는 달리 금전이나 재물 등은 최소한의 역치(신경이나 근육 등 생체에 반응을 일으키는 데 필요한 최소 자극값)를 일단 넘어서면 인간의 행복을 증가시키지 않는 것으로 보인다는 사실이 밝혀졌다. 다시 말해 극빈자의 입장에서는 돈이 좀 더 많아진다면 더 행복해지겠지만, 이미 어느 정도 유복하다면 돈이 더 많아진다 해도 행복에는 별다른 도움이 되지 않는다는 뜻이다. 다른 연구 결과에 따르면 시력을 잃어 장님이 된다든지 신체적으로 불구가 되는 등 인생에서 큰 슬픔을 겪는 사람들 역시 처음 몇 개월 동안은 엄청난 상심을 경험하지만 그 이후에는 예전의 행복 수준으로 돌아온다고 한다. 정반대로, 기대하지도 않던 거금을 손에 쥐게 된 사람의 경우에도 마찬가지이다. 거액의 복권에 당첨된 사람은 처음 몇 개월 동안은 기분이 훨씬 좋아지지만 그 후 얼마 지나지 않아 예전의 행복 수준으로 돌아오거나, 아니면 오히려 그 이전 수준보다 더 떨어지기도 하는 것이다. 인간의 유전적 요인을 중시하는 일부 심리학자들에 따르면, 이런 연구 결과들은 사람들에게 저마다 타고난 행복의 '고정 수준'이 존재함을 암시한다고 한다. 이것은 외부 요인이나 사건에 대체로 영향을 받지 않는 일정 수준의 행복지수인 것이다.

 친구들이 많다거나 안정적인 결혼 생활을 하는 등 강한 인적 유대를 가진 경우에는 행복과의 상관관계가 높다. 종교적 공동체에 속해 있는 경우에도 이와 비슷한 결과가 나타난다. 외향적이고 낙천적인 성격을 가지고 있다면 행복감을 느끼는 데 더욱 도움이 된다. 일자리를 가지고 있는 경우, 특히 자신의 마음에 쏙 드는 일자리를 가진 경우에도 마찬가지이다. 또한 네델란드나 스위스, 뉴질랜드 등 안정되고 민주적인 국가의 국민들이 다른 국가의 국민들보다 더 행복한 편이다. 1994년 남아프리카에 자유 선거가 도입되자 주민, 특히 흑인들의 행복감이 상당히 높아졌다. 그러나 얼마 지나지 않아 이들의 행복감은 이전 수준으로 되돌아왔다.

그렇다면 이런 조사 결과가 기업 활동과 무슨 관련이 있는가? 그 대답은 극히 단순하다. 가치 있는 재화나 용역은 고객들이 자신을 좀 더 행복하게 해 줄 것이라고 인식하는 것들이다. 실제로 고객들을 행복하게 하든 그렇지 않든 상관이 없다. 사업 기회는 고객의 이러한 갈망을 해소하기 위한 새로운 방법들을 발견하는 데 있다. 아무리 정교한 최첨단 과학기술이 동원되었다 하더라도 고객의 행복에 기여하지 않으면 별다른 가치를 지니지 못한다. 가령 벨 연구소에서 개발된 최초의 전자 트랜지스터는 당초에 별다른 시장 가치가 없다고 여겨졌기 때문에 제품 특허권이 불과 수천 달러의 헐값에 소니 사에 팔렸다. 소니는 휴대용 라디오에 트랜지스터를 장착하겠다는 아이디어를 가지고 특허권을 샀다. 소니는 사람들이 일반적으로 음악을 들을 때에 평상시보다 행복감에 젖는다는 생각에 착안했다. 따라서 만약 사람들이 가는 곳마다 음악을 편하게 들을 수 있다면 행복감이 높아질 것이라는 확신을 가졌다. 이리하여 행복에 대한 욕구에 기반을 두고 첨단 전자공학 기술을 활용한 새로운 시장을 창출했던 것이다. 이와 유사한 시나리오들이 수없이 반복되어 왔다. 예를 들어, 자동차는 처음에 일종의 장난감 정도로 생각되었고 비행기는 하늘을 날아보고 싶다는 인간의 욕구를 충족시켰을 따름이었다. 유용한 기능이 개발되고 추가된 것은 나중의 일이었다. PC의 경우에도 처음에는 시간 절감 때문에 소비자들로부터 인기를 끌었던 것이 아니다. 오히려 컴퓨터를 이용해 온갖 흥미진진한 게임을 즐길 수 있다는 이유 때문에 인기를 끌었던 것이다. 과학기술의 발전은 무지개 저 끝에 걸려 있는 미지의 행복으로 우리를 데려다 줄 것이라는 희망 때문에 더욱 활발해진다. 이러한 사실은 우리가 일반적으로 인정하는 수준을 넘어선다.

그러나 사람에 따라 행복의 조건이 각양각색이라는 점을 고려해 볼 때 과연 이러한 다양성을 제대로 파악할 수 있는 방법이 있을까? 심리학자인 에이브러햄 매슬로가 주장한 바와 같이, 사람에게 가장 기본적인 욕구는 의식주 등 생존을 가능케 하는 것들이다. 세계 곳곳에는 다음 끼니를 어떻게 때울지가 불확실한 사람들이 아직도 많다. 이들에게는 허기를 채우는 것 자체가 어느 정도의 행복감을 가져다준다고 할 수 있겠다. 그러나 다행히도 생존을 걱정할 필요가 없는 사람들에게는 음식이나 따뜻한 옷가지가 좀 더 많아진다고 하더라도 별로 나아질 것이 없다. 심지어는 일곱 개의 대리석 침실이 딸린 1만 5000평방피트의 넓은 저택이 있다 하더라도 한낱 텅 빈 공간처럼 느껴질 수도 있는 것이다.

이 단계에 접어들면 인간은 안전에 좀 더 많은 관심을 쏟게 된다. 현재 자신이 가지고 있는 것을 지킨다든지 미래의 위험을 모면해 본다든지 하는 데 관심을 갖는다는 말이다. 따라서 사람들은 더 강력한 군대나 든든한 경찰과 소방대원을 원하게 된다. 나아가 법률의 공정성이라든지 화폐 가치의 안정성 등을 바라기도 한다. 하지만 이런 안전에 대한 욕구마저 충족되면 과연 행복을 느끼게 될 것인가? 아마도 그렇지 않을 것이다. 오히려 우리의 관심은 사랑한다든지 사랑을 받는다든지, 아니면 공동체나 집단에 소속되고자 하는 새로운 욕구에 눈을 돌리기 시작할 것이다. 이른바 사회적 욕구 단계에 접어들면 우리는 옷이나 화장품 등 다른 사람들로부터 사랑과 관심을 받게 할 만한 재화나 용역을 찾기 시작한다. 아니면 해변에서 매력적인 모델들과 즐거운 한때를 보낼 수 있는 상품인 양 광고되고 있는 청량음료를 찾기도 한다. 어떤 경우에는 교회나 클럽 또는 특정 목표를 지닌 단체에 가입하기도 한다.

이 단계에 접어든 사람들 중에는 비교적 행복하고 만족스러운 삶을 살아가고 있는 이들도 상당수 존재한다. 하지만 다른 사람들에게는 사랑이나 소속감마저도 충분한 만족감을 제공하지 못하는 경우도 있다. 행복의 나라로 손짓하는 그 다음 관문은 바로 자기 존중 또는 자부심의 욕구이다. 어떤 이들은 존경받는 직업에서 자부심을 추구하고 어떤 이들은 자신에게 주어진 과제를 훌륭하게 완수함으로써 자부심을 추구하며 또 다른 이들은 화목하고 훌륭한 가정을 통해 자부심을 추구한다. 또 어떤 이들은 권력, 명예, 명성 또는 적어도 이들의 상징이 될 수 있는 것들을 통해 자부심을 추구한다. 예를 들어 자신만이 단독으로 사용하는 주소나 값비싼 고급 자동차, 또는 사회적으로 성공했다는 사실을 여실히 보여 주는 생활 방식 등이 바로 이런 것들이다. 스스로에게 만족감을 느끼는 것은 상당한 성과라고 할 수 있다. 그러나 이것이 과연 종착점이 될 수 있을까? 이것이 전부란 말인가? 이번에도 대답은 두 가지이다. 어떤 사람들에게는 그렇고 다른 어떤 사람들에게는 그렇지 않다는 것이다. 이들에게는 또 한 가지의 선택이 남아 있다는 것이다. 매슬로는 이것을 '자아 실현'이라고 부른다.

우리는 모두 저마다 다른 여러 가지 적성을 타고 났다. 이러한 적성들 가운데 대부분은 우리 스스로도 제대로 파악하지 못한다. 행복의 최고 단계인 자아 실현은 개인에 내재하는 모든 잠재능력을 발휘할 수 있는 것을 의미한다. 이것은 마치 진화를 통해 우리의 신경계 내부에 일종의 안전 장치가 생긴 것 같다. 자신에게 주어진 삶을 100퍼센트 영위할 때에만 비로소 완전한 행복을 경험하도록 허락한, 그런 안전 장치를 말한다. 여기에서 삶을 100퍼센트 영위한다는 것은 우리에게 주어진 신체적·정신적 장치를 빠짐없이 완전하게 사용한다는 것이다. 이 메커니즘 때문에 우리는 이전 단계의 모든 욕구들이 충족된 다음에는 자신의 재능을 완벽하게 활용하고 싶어 한다. 이렇게 함으로써 현상 유지뿐 아니라 변화와 성장이 가능해지는 것이다.

능력을 최대한 발휘할 때 가장 큰 행복을 느끼는 것은 비단 인간만이 아니다. 모든 생명체는 자아 실현을 지향해 나간다. 양떼를 지키도록 훈련받은 개들은 양떼와 함께 있을 때 가장 만족스러워한다. 이럴 때면 개의 행동 전체가 판이하게 달라진다. 집중력이 높아지고 빈틈없는 경계 태세를 유지할 뿐 아니라 자부심이 넘쳐 보이며, 움직임도 활발하고 목적 의식이 있는 것처럼 행동한다. 사냥개 역시 사냥감을 쫓고 있을 때 비슷한 태도를 보인다. 하다못해 테니스 공을 쫓아가서 물어 올 때도 마찬가지 반응을 보인다. 집을 지키도록 훈련받은 개들은 침입자처럼 보이는 사람에게 짖을 때 자신의 존재를 가장 확실히 표현하는 듯하다. 이것은 마치 위대한 시인 단테 알리기에리가 약 700년 전에 기술했던 바와 같다.

모든 존재하는 것은 존재하고자 하는 열망을 가진다. 우리는 행동하면서 자신의 존재를 펼쳐 나간다. 이럼으로써 즐거움은 자연스럽게 생겨난다. 간절히 열망하는 것은 언제나 기쁨을 가져다주기 때문이다.

기업 활동은 이런 모든 형태의 행복에 기여하는 재화나 용역을 얼마나 제공하는가에 따라 성공의 정도가 결정된다. 가령 자동차를 판매하는 한 기업체가 있다고 가정하자. 이들이 판매하는 자동차는 재활용이 불가능한 자원은 최소한도로 사용하며 고객의 생계 유지에 도움을 줄 수도 있다. 그런데 어떤 자동차는 주인에게 안전과 안정감을 제공하기도 하고 소속감을 주기도 하며 자부심을 높여 주기도 한다. 심지어 어떤 자동차는 운전자로 하여금 자신의 독특한 미적 감각이나 운전 실력, 생활 방식 등을 표현하게 함으로써 자아 실현의 느낌을 제공하기도 한다. 이것은 시장에 출시되는 상품의 종류와 상관없이 동일하게 적용된다. 음식, 서적, 항공 여행에서 은행 이용에 이르기까지 모두 마찬가지인 것이다. 모든 재화나 용역의 시장 가치는 행복을 얼마나 가져다줄 것인가 하는 기대치에 달렸다.

행복과 기업 활동 간에 존재하는 또 하나의 중요한 연결 고리는 개인이 생산과 유통에만 종사할 수는 없다는 사실이다. 소규모 식료품점이나 수공예품 전문점에서부터 수만 명의 직원을 거느린 거대 기업에 이르기까지, 기업 규모와 상관없이 수많은 사람들이 한데 어우러져 다양한 일을 해낸다. 직원들이 행복감을 느끼는 기업이나 조직은 생산성과 사기가 더욱 높을 뿐 아니라 이직률이 낮다. 따라서 기업의 번영을 원하는 경영인이라면 누구든지 어떻게 하면 직원들이 행복감을 느끼는지 이해해야 하며, 가급적 그 지식을 효과적으로 활용해야 한다.

우량 기업과 불량 기업

이런 관점에서 볼 때 '우량 기업'이란 반드시 수익 창출에만 급급하지 않는다. 인류 행복에 진정으로 공헌하는 기업 활동을 전개하는 기업이야말로 우량 기업인 것이다. 반면, '불량 기업'이란 인류 행복에 공헌하지 못하는 기업을 지칭한다. 양자의 정확한 구분은 쉽지 않다. 거의 모든 재화나 용역은 적어도 일부 개인에게는 이전보다 더 큰 행복감을 주기 때문이다. 그러나 비교적 가치 있는 공헌을 하는 상품과, 그렇지 않고 우량 상품을 모방하면서도 실제적이고 영속적인 만족감을 제공하지 못하는 상품은 구별할 필요가 있다.

사람들은 누구나 행복감을 높이리라는 기대를 품고 상품을 구입하지만 상당수는 그럴듯한 외양에 속아 구입하기도 한다. 이것은 영국 철학자 존 로크가 기술한 것과 같다.

> 행복과 불행의 문제에서 사람들은 좋은 것보다 오히려 나쁜 것을 선호하게 되는 경우가 잦은 편이다. 자신을 불행하게 만들었다고 스스로 인정하는 것들은 알고 보면 스스로 선택한 것들이다.

존 로크는 그 이유로 사람들이 '우리의 욕망을 충족시켜 줄 것으로 생각되는 사물의 거짓된 외양'에 이끌려 실수를 범하기 때문이라고 했다.

거짓이나 속임수는 동물의 왕국에서 생존을 위해 사용되는 기본적인 전략 중 하나이다. 속임수에 끊임없이 걸려드는 것은 비단 인간들만이 아니다. 곰은 꿀 때문에 덫에 걸려들기도 한다. 코요테들은 발정기에 있는 암컷들을 이용해 개들을 보금자리로부터 멀리 유인한다. 수캐들이 코요테 암컷의 암내를 쫓아가기 때문이다. 나방들은 불꽃을 보면 유혹을 이기지 못하고 날아들어 결국 불에 타 죽고 만다. 사람은 탁월한 지능으로 다른 사람의 욕구를 자극함으로써 수익을 얻으려고 온갖 속임수를 개발해 냈다. 동물만큼 심할 정도는 아니지만 기만성에 있어서는 그에 못지않은 수준이다.

가장 분명하게 드러나는 기만 행위로는 사기성 주장들을 예로 들 수 있다. 가령 약효가 없는 약품을 판매한다든지, 물이 나오지 않는 땅을 물이 나온다며 팔아 치우는 행위 등이 있겠다. 또한 공정 거래를 해치는 결탁 행위를 하거나 뇌물을 제공하는 등 불법 행위를 자행하려는 유혹이 항상 존재한다. 이런 행위들이 '불량' 기업 활동에 속한다는 사실은 누구나 알고 있으니 따로 설명할 필요는 없을 듯하다. 인간에게 해롭지만 쉽게 식별이 되지 않는 제품으로는 사용자에게 일시적인 행복감을 제공하는 것들이 있다. 이들 제품 가운데 일부는 담배, 술, 도박 등 합법적인 것도 있는 반면, 다양한 종류의 마약 제품들은 법으로 금지되어 있다. 이런 '제품'을 소량만 적절히 사용하는 경우에는 삶의 질이 향상될 수 있을지도 모르지만, 일단 중독성이 생기면 결국 사용자의 행복을 완전히 박탈하게 된다.

또 다른 종류의 불량 기업 활동으로는 인류 복지에 거의 공헌하지 못하는 새로운 욕망을 자극하는 것을 들 수 있다. 오늘날 중산층 성인 남녀의 근무 시간은 점차 길어지고 있는 실정이다. 스트레스가 만연한 생활은 좀 더 멋진 새 자동차, 좀 더 넓은 집, 좀 더 고급스런 휴가 여행 등 멋진 인생을 나타내는 상징들을 갈망하기 때문에 생겨난 결과이다. 아울러, 이런 요소들은 사람들로 하여금 건전한 개인으로 성장하고 자신의 존엄성을 깨닫거나 다른 사람들과 친밀한 관계를 형성할 수 있는 기회들을 빼앗아간다.

이보다 훨씬 광범위하게 퍼져 있는 '불량 기업 활동'의 형태도 존재한다. 사람들을 유인하여 합법적이기는 하지만 지킬 수 없는 허황된 약속에 기반을 둔 사업 계획에 투자하도록 하는 경우가 바로 그것이다. 가령 금세기 초에 폭발적인 인기를 얻다가 금세 시들어버린 수많은 신생 첨단 기업들을 예로 들을 수 있다. 아르테미스 벤처스의 크리스틴 코머퍼드 린치는 이 문제에 관해 강력한 어조로 의견을 밝힌다.

저는 수단과 방법을 가리지 않고 단기간에 고수익을 올리는 사업에 대해서는 어떤 방법이나 형태로든 참여하고 싶은 생각이 없습니다. 그보다는 기업을 제대로 세우는 사람이 되고 싶습니다. 개념을 앞세우고 실천하지 않는 사람들을 받아들이고 싶지 않거든요. 절대로 그럴 생각이 없습니다. 그런 기회주의자가 되고 싶지 않습니다. 주식 가치가 곤두박질하면 패가망신하기 전에 서둘러 발을 빼려는 그런 부류는 싫습니다. 그런데 현실을 보면 그런 일이 비일비재하게 일어나고 있습니다. 옳지 않은 일이지요.

이런 행태는 다른 사람들을 모두 희생시키더라도 자신만은 부자가 되겠다는 심보에서 나오는 게 아니겠습니까. 결코 바람직하지 않은 일입니다.

경제 발전을 위해서는 이런 '창조적 파괴'가 필요하다는 주장도 있을 법하다. 슘페터가 말한 바와 같이 창조적 파괴는 경제의 원동력이기 때문이라는 식이다. 그러나 신의와 성실을 바탕으로 사업을 시작했지만 실패를 맛본 기업들과, 처음부터 악의적인 계획하에 실패를 경험한 기업들은 구별되어야 한다.

자유 시장 경제에는 아무런 단점이 없다는 생각은 성숙하지 못한 믿음이다. 교회나 정부 조직, 의학이나 교육 등 인간이 만든 모든 것에는 끊임없는 주의를 기울여야 한다. 개인적인 영리 추구는 건전한 것이지만, 이런 진정한 욕구가 이를 철저하게 악용하려는 기생적인 요소로부터 침해를 당하지 않게 하기 위해서 조심해야 한다. 자유 시장 경제 체제는 인간이 지금까지 만들어 낸 경제 체제 가운데 가장 우수한 것인지도 모른다. 다만 실제로 사용자에게 이득을 제공해 주는지의 여부와 무관하게, 일단 충분한 수요가 존재하면 공급자들이 어떤 제품이든 제공하려 든다는 단점을 안고 있다. 수많은 기업들이 이런 식으로 소유물이 많아지면 삶의 질이 향상된다는 대중의 믿음을 이용하여 결과적으로 우리 사회에 물질주의가 팽배하게 하는 데 일조하게 되는 것이다.

물질주의 자체가 바람직하지 못하다는 의미가 아니다. 물건을 소유하거나 사용함으로써 실제로 어느 정도는 좀 더 행복해질 수 있기 때문이다. 누구나 어느 정도 물질주의자로서의 속성을 지니고 있으며,

만약 그렇지 않다면 인간이라 할 수 없을 것이다. 그러나 최근의 조사 결과에 따르면, 물질적 소유에 대한 집착이 지나치면 건강에 해롭다고 한다. 물질적인 가치에 높은 점수를 주는 사람들은 대체로 다른 사람들에 비해 우울증에 시달리거나 친구도 적을뿐더러 안정된 인간관계를 맺지 못한다. 삶에 대한 흥미나 호기심도 적을 뿐 아니라 쉽게 따분함을 느끼는 편이다. 행복도를 높이기 위해 물질에 의존하는 생활 방식은 결국 점차 심각해져만 가는 제로섬 게임으로 이어진다. 다시 말해 누군가 손해를 봐야만 자신이 이득을 얻게 되는 국면으로 치닫는다. 마치 마약 중독에 걸린 것처럼 끊임없이 무엇인가를 구입해야만 직성이 풀리고, 이웃들보다 뭐든지 많이 소유하지 않으면 다른 모든 것이 궁극적으로 무의미한 것처럼 느껴진다.

　극단적으로 말하면 상품의 제조나 판매 등 비즈니스 또는 기업 활동은 그 내재하는 속성상 행복과는 적대적인 관계에 있다고 할 수도 있겠다. 개인의 행복을 측정하는 가장 좋은 척도 중 하나는 그 개인이 과연 더 이상 바라는 게 있는가 없는가 하는 것이다. 우리가 무엇이든 결핍되어 있다는 느낌을 가지는 한 스스로 행복하다고 말할 수 없을 것이다. 우리는 앞에서 기업 활동의 목적이 사람들의 마음속에 내재하는 욕망을 충족시키고 새로운 욕망을 자극하는 것이라 설명했다. 그렇다면 만약 모든 사람이 행복해진다면 기업 활동이란 더 이상 필요 없게 되리라. 그러나 현실에서 아무런 부족감을 느끼지 못할 정도로 행복한 단계에 도달한 사람들은 거의 없을 것이며, 설령 있다고 하더라도 극소수에 불과할 것이다. 당분간 이런 점에 있어서 변화를 기대하기 어려울 것으로 보이므로, 인류 복지 향상을 위해서 기업 활동은 항상 존재해야 할 것이다.

행복을 구성하는 두 가지 기둥

일반적으로 개인은 잠재 능력을 완벽하게 발휘할 때 행복을 창출할 수 있는데, 이를 가능하게 하려면 두 개의 과정이 동시에 존재해야만 한다. 이 두 개의 과정이 어떻게 이루어지는지 파악하면 행복을 이루는 일이 훨씬 쉬워진다. 두 가지 중에서 첫 번째는 분화의 과정이다. 다시 말해, 우리는 저마다 독특한 개성을 지닌 개인이며 자신의 생존과 복지에 스스로 책임을 진다는 사실을 깨달을 뿐 아니라, 이러한 독특한 개성을 자유롭게 계발하며 행동을 통해 자신의 존재를 표현하는 일을 즐기는 것이다. 두 번째는 융합의 과정이다. 즉 사람은 저마다 독특한 개성을 지니지만 한편으로는 인간관계의 네트워크에 철저하게 연결되어 있다는 것이다. 우리는 다른 사람들과 인간적으로 연결되어 있고 문화적인 상징과 인공물, 더 나아가 주변의 자연환경과 관계를 맺고 있다. 완벽한 분화와 융합이 동시에 이루어진 인물은 이른바 '복합적 인물'이 되며, 행복과 활기가 넘치고 의미 있는 삶을 영위할 가능성이 최고조에 달한 것이다.

군수산업체 록히드 마틴 사의 전직 CEO 노먼 오거스틴은 자신의 인생 철학을 다음과 같이 설명했다.

저는 항상 성공을 바라며 생활했습니다. 성공에 대해 제가 내린 정의는 세상에 뭔가 공헌하며 그 일을 하는 동안 행복감을 느끼는 것이지요. 자신이 하는 일을 즐거워해야 합니다. 그렇지 않으면 좋은 성과를 낼 수가 없습니다. 두 번째로, 자신이 뭔가 가치 있는 공헌을 하고 있다는 느낌을 가져야 합니다. 만약에 이 두 가지 요소 중에 하나라도 없다면 자신의 일에 뭔가 의미가 부족하다고 할 수 있을 겁니다.

아마도 복잡성의 두 가지 구성 요소인 분화와 융합을 바로 위의 고백만큼 명료하게 설명할 수 없을 것이다. 모범적인 경영인들과의 인터뷰를 계속해 나가는 동안 우리는 이와 동일한 주제의 응답을 몇 번이고 거듭해서 듣게 되었다. 즉, 성공을 거두기 위해서는 일에 최선을 다하되 즐겨야 하며, 동시에 자신을 넘어선 대아(大我)에 무엇인가 공헌해야 한다는 것이다. 인터뷰에 응한 경영인들 가운데 대부분은 애플 컴퓨터의 공동 창업자인 마이크 매컬러가 밝힌 일에 대한 태도에 공감을 표할 것이다.

흥미롭게 생각하는 일을 계속하고 있노라면 나중에 그 일을 통해서 결과적으로 많은 돈을 벌어들이게 되더군요. 애초부터 돈을 벌기 위해 일을 시작한 것이 아닌데도 그런 결과가 나옵니다. 제가 회사를 창업했던 것도 돈벌이를 위해서가 아니었습니다. 인텔에서 근무했던 이유도 마찬가지였지요. 저는 제가 하고 있던 일을 정말로 즐겼고 이를 통해 돈보다 훨씬 중요한 개인적 만족감과 보람을 무척 많이 경험했습니다.

이처럼 원대한 포부와 도전 의식을 지닌 경영인들은 다른 사람들이 꿈꾸는 것 이상으로 일을 통해 상당한 만족감을 얻는다. 하지만 하위 직급 근로자의 업무 중에 이와 동일한 수준의 만족감을 주는 일들이 과연 얼마나 될까? 이들의 경우에는 대부분의 업무가 단조롭고 재미가 없을뿐더러 창의성을 발휘할 여지조차 별로 없다. 최선을 다한다 해도 기껏해야 자신의 잠재 능력 중에서 10퍼센트도 채 활용하지 못하는 경우가 많다. 심지어는 일 자체가 근로자에게 스트레스를 많이 주어 삶에 필요한 에너지마저 빼앗는 경우도 있다. 일이 근로자로 하여금 개인적인 분화를 가능하게 하더라도, 자신이 속한 공동체의 복지에 별반 도움이 될 만한 일이 못 되는 경우 또한 허다하다.

다음에 이어지는 장에서는 어떻게 하면 인간의 성장과 행복을 실제로 증진시켜 주는 직장과 삶을 가꿀 수 있는지 그 방법을 구체적으로 논의한다. 이 장의 남은 부분에서는 복잡성, 다시 말해 분화와 융합이 삶의 질을 향상시키는 데 그토록 필수적인 구성 요소가 되는 이유는 무엇인지 좀 더 면밀히 살펴보도록 하겠다.

복잡성은 어떻게 진화하는가

온갖 기체가 엄청난 덩어리를 형성하고 있던 지구 형성의 초기 단계부터 시작하여 과거 지구의 역사를 몇십 만 년 간격으로 끊어가면서 각각의 단면을 살펴보면, 물질의 구조가 점차 복잡성을 지향하여 변화되어 왔음을 파악하게 된다. 점차 복잡한 구조를 지닌 무생물 분자들의 뒤를 이어 최초로 단순한 형태의 생물체가 탄생하게 된다. 단

세포로 구성된 원생동물들은 점차 특수한 내부 생체 기관을 지닌 다세포 생물계에 편입되면서, 보다 세밀하게 분화되고 융합된 신경계가 나타나게 되었다. 급기야 인간의 두뇌는 진화를 문화라는 완전히 새로운 단계로 끌어올리는 일을 가능하게 했다. 문화의 시대에 접어들자 정보가 점점 많아지고 복잡해지면서 더 이상 인간의 유전자에 코드화되어 들어가지 않게 되었다. 그 대신에 이야기, 책, 컴퓨터 등 새로운 매체에 담겨 학습 단위로 압축되어 들어가게 되었다.

과거의 역사를 이토록 단순화된 시나리오로 축약했다고 해서 지구에 존재하는 모든 생명체가 과거, 예를 들어 백만 년 전에 비해 더 복잡해진 것은 결코 아니다. 생물체 가운데 일부 종들은 진화 단계의 틈새에서 단순한 형태로 훌륭히 적응함으로써 더 이상 복잡한 구조를 가질 필요조차 가지지 못한 경우도 있다. 일부 종들은 과거보다 분화나 융합의 발전을 이루기보다는 오히려 퇴보함으로써 생존 가능성이 높아진다는 사실을 발견하는지도 모른다. 구조상 복잡성을 이루기 위해서는 더 많은 노력이 필요하며 많은 측면에서 더욱 취약한 상태가 되는 일부 종들은 단순한 생물학적 구조에 그럭저럭 만족하며 생존하려 한다.

위와 같은 시나리오를 따른다고 해서 생물학적 구조상 복잡한 형태의 생물들이 다수를 이루는 것은 아니다. 곤충이 인간보다 수적으로 몇 배나 많으며, 이들의 생물량(특정 생태 환경 내의 생물의 총수) 또한 인간보다 몇 배나 많은 것 역시 분명한 사실이다. 게다가 바다에는 수많은 플랑크톤이 존재하며, 이밖에도 다양한 종류의 박테리아와 바이러스들이 인간을 서식처나 식량 공급원으로 이용하며 나름대로 왕성하게 생활하고 있다.

복잡성 또는 복잡성의 진화가 급기야 이 단계까지 전개되었지만 과연 이런 진화가 앞으로도 지속적으로 이루어질지, 심지어 이듬해까지 계속될 수나 있을는지 아무런 보장도 할 수 없다. 시스템이 복잡해질수록 문제가 생길 소지가 많아지고 이를 유지하는 데 더욱 많은 노력을 요하게 된다. 2001년에 발생한 9·11 테러 사건이 일으킨 파장을 생각해 보면 복잡해진 사회가 얼마나 취약한지 분명한 경고를 읽을 수 있다.

정치, 교통, 통신 및 물과 식량 공급의 전문화·집중화는 양질의 교육을 받은 일부 개인들에게조차 점점 구미가 당기는 표적이 될 수도 있다. 높은 지성을 지닌 인간이 행복 추구를 위해 점차 물질 자원을 원하게 되면 환경이 쉽게 파괴되고 말 것이다. 이리하여 단순한 형태의 생물체, 가령 환경 적응에 무척 뛰어난 바퀴벌레 같은 것들만이 번성하는 세상이 될 것이다.

그러나 과거 지구의 오랜 역사를 되돌아볼 때 어느 시대이건 다음 시대에 나타날 생명체보다 분화와 융합이 더 뛰어났던 생명체는 단 한 번도 없었다고 해도 과언이 아닐 것이다. 다시 말하면, 진화는 복잡성의 정점을 향해 전개되어 왔으며, 우리가 좋든 싫든 간에 현재야말로 정점에 도달한 시점이라는 뜻이다. 진화가 계속 진행되어 미래에 좀 더 복잡한 형태의 생명체가 탄생할 것인지의 여부는 우리의 책임이다. 우리는 앞으로 믿을 수 없을 정도로 나아진 세상을 만드는 데 도움을 줄 수도 있고, 반대로 무생물 시대의 먼지로 되돌아가는 과정을 재촉할 수도 있는 것이다.

인간의 일생 속의 복잡성

복잡성이란 놀라울 정도로 대규모로 진행된 지구의 진화에서만 중요한 역할을 수행하는 것은 아니다. 우리에게 가장 가까운 예를 찾는다면, 개개인의 일생에서도 오랜 시간에 걸쳐 똑같은 일이 나타난다. 인간의 발달 과정은 활동과 조화 사이에서 끊임없이 움직이는 시계추의 왕복 운동으로 볼 수 있다. 한편으로는 자신의 독특한 개성, 다른 한편으로는 자신보다 더 크고 강한 무엇인가에 소속되고자 하는 필요성 사이에서 왔다갔다하는 것이다. 이런 발달과정의 첫 번째 단계는 젖먹이 아기들이 얼마나 자신이 약하고 상처받기 쉬운지 깨달을 때부터 시작된다. 대체로 사람이 세상에 태어난 첫 해에 해당하는 이 시점에서는 엄마 또는 그 밖의 부모를 대신할 수 있는 강력한 존재에 밀착되어 의존하는 일이 무척 중요하다.

그러나 1년 정도 강력한 의존 관계를 형성한 후에 영아들은 자신의 자율성을 주장할 필요를 느끼기 시작한다. 이 단계에 있는 아이들은 자신의 행동을 스스로 결정하기 시작하지 않으면 절대로 한 사람의 성숙한 인간으로 성장할 수 없다고 느낀다. 결과적으로, 아이들은 자기 방식대로 행동하려고 하는데, 만약 다른 사람들이 이를 저지하기라도 하면 투정을 부리기 일쑤다. 이 단계는 오래전부터 알려져 있는 이른바 '미운 세 살'의 시기에 해당한다. 극소수의 사람들은 이 단계에서 성장 발달이 멈춘다. 그러나 이들의 자기 중심적이고 충동적인 성격은 대다수 일반인들의 눈에 미성숙한 반사회적 이상 성격으로 보인다.

아이들은 성장 과정에서 가정을 벗어난 넓은 세계를 깨닫기 시작하며, 자신이 세상 속에서 무척 미미한 존재라는 사실을 다시 한 번 깨닫고 심리적인 위압감을 느낀다. 이 시점에 이르면 동갑내기 아이들과 어울리는 데 관심을 가지고, 가족을 넘어선 공동체에 받아들여지고 인정을 받는 데 신경을 쓴다. 이 시기는 바로 순응의 단계에 해당한다. 대다수 아이들의 경우, 이것이 곧 자신의 개성적 발달의 종착점을 의미한다.

그러나 사춘기라는 생리적 변화를 겪게 되는 시기에 접어들면, 십대 청소년들 중에서 상당수는 그저 순응자로 남아 있는 데 만족하지 않게 된다. 개성은 다시 한 번 개인의 중요한 목표로 떠오르고, 이를 성취하기 어렵게 되면 반항적인 행동이 나타나기도 한다. 일부 청소년들은 결국 안전하게 사회에 순응하게 되고 또 일부 청소년들은 반항과 순응 사이를 번갈아 가며 경험한다. 소수에 해당하는 청소년들은 자신의 정체성을 끊임없이 계속해서 찾아 나가려 한다.

이후에 나타나는 각 연령 집단에서도 개성의 표현과 집단 가치의 채택 사이를 왕복하는 사람들이 있지만 각 단계별로 점차 그 횟수는 줄어든다. 일부 심리학자들은 인간의 발달 단계를 10단계까지 구분하기도 한다. 이들이 제시한 발달 과정에서 각 단계에는 외적인 우선순위 또는 내적인 우선순위가 번갈아 가며 나타나며, 그 이전 단계보다 항상 더욱 복잡한 형태를 띠고 나타난다. 그 까닭은 이전 단계의 경우보다 한층 뚜렷한 개성과 강한 융합을 보이기 때문이다. 인성 발달의 정점이라 할 수 있는 최종 단계에 이르면, 자신의 독특한 개성을 세련되게 계발하고 생각, 감정, 행동 등을 스스로 통제할 수 있게 된다. 이와 동시에 인간의 다양성을 인정하며 무한한 우주와 합일을 이루었다는 느낌을 가진다. 이 단계에 도달하는 인물이라면 더 이상 부족한 점이 없기에 진정으로 행복한 사람이라 할 수 있을 것이다.

기업 활동과 인성 발달

일반적인 기업의 내부를 들여다보면, 위에서 설명한 인성 발달 단계 중에서 각 단계에 해당하는 다양한 사람들을 발견할 수 있다. 극소수이긴 하지만 일부 임직원의 경우, 발달 단계상 '미운 세 살'이 속하는 충동적 단계를 넘어서지 못한 경우도 있다. 이 점에 있어서는 경영인의 경우도 예외는 아니다. 이런 사람들은 냉혹성과 대담성이 높이 평가되는 환경에서 성공하는 경우가 많다. 심지어 이들은 얼핏 보기에 카리스마로 오해될 만한 자기 과신과 허장성세를 통해 다른 사람들로부터 높은 존경을 받기도 한다.

대다수 직원들은 물의를 일으키지 않으려는 생각에 정해진 규칙을 순순히 따를 가능성이 높다. 이러한 순응은 일반적으로 대다수 조직에서 환영받는다. 그러나 경쟁이 치열하며 급변하는 환경에서는 이것만으로 부족하다. 특히 지식 노동자들은 자신의 자율성을 높이 평가하는 경향이 있으며, 스스로 성장하고 적극적으로 일할 수 있는 공간을 필요로 한다. 이들 중에 일부는 알아주는 사람 없이 홀로 일을 처리하려고 하고 반항아적인 속성을 띠기도 한다. 또한 몇몇 사람들은 자신의 개성과 다른 사람들과의 협력을 잘 조화시키는 경지에 도달하기도 하는데, 이것이야말로 인성 발달의 완벽한 정점에 해당한다고 할 수 있겠다.

　기업의 구성이 어떻게 되어 있든 상관없이, 한 기업이 우량 기업이 되기 위해서는 모든 임직원에게 복잡성을 추구할 수 있도록 격려하는 장이 되어야 한다. 아니면 적어도 개인의 발전을 방해하지는 않아야 한다. 일반적인 인식과는 달리, 성공한 경영인들 중에서 상당수는 '우량 기업'이란 금전적 수익을 창출하는 데 그치지 않는다고 생각한다. 이들은 자신이 경영하는 기업이 사람들에게 삶의 질을 높이는 원동력이 될 수 있도록 책임을 다하려 한다. 이 경영인들은 종교적인 신념과 원칙에 바탕을 두고 행동하거나, 아니면 종교와는 무관하게 인간의 존엄성을 중시하는 자신만의 가치를 계발하기도 한다.

　가령 암웨이의 CEO인 리처드 디보스는 기독교적인 의무로부터 기업 경영을 위한 영감을 얻는다. 이런 정신은 그의 모든 인간관계 전체에 반영되어 있어 위에서부터 말단 직원에까지 내려온다.

　　저는 하느님에 대한 책임과 의무를 지니고 있습니다. 또한 제 아내와 가족과 공동체, 그리고 우리 회사에 몸담고 있는 모든 사람들에 대한 책임을 느끼고 있습니다. 이 모든 사람들은 우리에게서 격려와 지원, 건전한 의사 결정과 존경을 바라고 있지요. 존경심이란 것은 무척 중요한 요소입니다. 어떤 의견은 옳고 어떤 의견은 잘못될 수도 있지만, 어떤 이유에서든 다른 사람을 무시해서는 곤란하다고 봅니다. 일단 이런 원칙이 확고하게 선다면, 이를 실천에 옮기기란 그리 어려운 일이 아니지요.

몰든 밀스 사의 기업주이자 CEO인 아론 포이어슈타인은 몇 년 전 매사추세츠에 소재한 자신의 공장이 화재로 타 버렸을 때 일약 유명 인사로 부상한 적이 있었다. 그는 화재로 막대한 재산 피해를 입었음에도 불구하고 공장이 다시 가동될 때까지 몇 개월 동안 일자리를 잃은 근로자들에게 임금을 계속해서 지불해 주었던 것이다. 아론은 이런 행동을 가능케 했던 그의 가치를 유대인의 전통으로부터 끌어내었다고 한다.

저는 미국에서는 제대로 융합되지 못하는 두 가지 전략을 조화롭게 어우르려고 애쓰고 있습니다. 하나는 기업에 투자한 주주의 이익을 극대화하는 전략이며, 나머지 하나는 이 세상에서 뭔가 가치 있는 일을 하고자 하는 전략입니다. 주주뿐만 아니라 직원, 공동체, 환경 등에 대해서도 좋은 일을 하자는 것이지요. 기업인들은 혼신을 다해 직장에서 일을 합니다. 돈을 위한 투쟁이자 수익을 위한 투쟁을 벌이는 것 같습니다. 그리고 마치 기업 활동이란 것은 선한 일이나 이 세상의 옳은 일과는 아무런 관련이 없는 듯 행동합니다. 자선 행위란 집에 돌아가서나 하는 일이며, 마음이 내키면 불우이웃에 온정을 베풀 수도 있지만 직장에서만큼은 아니라는 식이지요. 하지만 제 생각은 다릅니다. 저는 이것을 제가 자라온 유대교 전통과 교육 속에서 생각합니다. 다른 사람들에게 선을 베풀고 그들을 섬기는 것이야말로 사람이 할 수 있는 최선의 행위라는 겁니다.

우량 기업 활동이란 단순히 수익 창출에만 있는 것이 아니라 사회와 타인에 좀 더 많은 관심을 가지는 것이라는 믿음의 바탕에는 전통적인 종교적 가치들이 자리 잡고 있는 경우가 많다. 하지만 어떤 이들은 철저한 인격 수양의 결과로 이와 동일한 결론에 도달하기도 한다. 예를 들어, 여러 가지 사업을 벌여 성공을 거둔 제인 폰다는 개인의 발전이 지닌 중요성을 물리학적 바탕에서 이해하고 설명한다.

저 자신을 비롯해 모든 사람들은 변화하고 발전할 수 있습니다. 이것이야말로 만물은 쇠퇴해 간다는 열역학 제2법칙인 엔트로피 원칙에 정면으로 배치되는, 우주 전체에서 단 하나뿐인 사실이지요. 만물은 하강 운동을 계속하며 점차 부패하거나 쇠락해 가지만 인간의 정신만큼은 예외입니다. 오히려 성장하고 발전해 나갈 능력을 지니고 있거든요.

전통적인 종교에서 지혜를 터득하든 진화란 엔트로피가 잠시 역전되는 현상이라고 생각하든 간에, 이 두 가지 모두 우리의 목적상 동일한 결론을 도출한다. 즉 인류의 발전과 복지에 공헌하지 않는 기업 활동은 설령 단기간에 많은 수익을 낼지라도 아무런 가치나 보람이 없다는 것이다. 다만, 아직 남아 있는 한 가지 과제는 '복지'란 용어를 얼마나 광범위하게 정의할 것인가 논의하는 일이다. 철저한 자유 시장 경제 논리를 중시하는 사람들은 이렇게 주장한다. 즉 CEO는 자신이 경영하는 기업에 투자한 주주들의 재정적 복지에만 관심을 기울여야 한다고 말이다. 이를 제외한 다른 어떤 관심사를 가지는 일은 CEO의 본분에서 벗어난 행위이며, 해고 사유에 해당한다고 이들은 주장한다. 우리와 인터뷰를 했던 경영인들은 누구를 막론하고 이런 편협한 해석에 반론을 제기한다. 가령 야외 레저용품 및 의류 제조업체 L.

L. 빈 사의 회장인 리언 고먼은 이와 정반대의 입장을 나타냈다.

> 우리의 목표는 모든 주주들은 물론이요 고객, 직원, 경영단, 기업주들에 대한 책임을 철저히 완수하는 겁니다. 더 나아가, 우리가 속한 공동체와 자연환경에 대한 책임과 우리에게 자재를 공급하는 납품업체에 대한 책임을 다해야 하지요. 우리는 수익 극대화라든가 주주의 가치 극대화 등을 긍정적으로 생각하지 않습니다. 오히려 우리가 창출하는 가치의 최적화를 중시합니다. 그러면서 모든 주주들의 삶도 좀 더 풍족하게 해 주는 겁니다. 우리의 목표는 제품이나 서비스를 통해 고객의 삶의 질을 향상시키며, 아울러 직원들의 삶의 질을 높이는 것이지요. 가령 직원들에게 개인적인 발전과 직업적 안정성을 제공하며, 이들의 원대한 포부에 적절히 대응함으로써 말입니다.

고먼의 이런 견해는 홍보 목적을 위해 급조해 낸, 경건하면서도 그럴듯하게만 들리는 뻔한 얘기가 결코 아니다. 우리의 연구 조사에 협조해 주었던 다른 모든 경영인들의 경우에도 마찬가지이며, 이들 역시 세계 곳곳에서 성실하게 일하는 수많은 경영인들 중 극히 일부만을 대표하는 표본 집단에 불과하다. 책임감이 투철한 이들 모범 경영인들은 정도를 걸어가느라 종종 곤경에 처하곤 한다. 자신의 욕심만을 채우려는 주주들로 인해 직위 박탈의 위기를 경험하는 것이다. 그렇다면 이들은 다른 사람들의 복지를 위해 자신의 고통을 억지로 감내하는 이상주의적 순교자에 불과한가? 실제로는 사정이 그렇지 않은 듯하다. 이 책에서 제시한 복잡성을 원만하게 이끌어 내는 작업은 무척 즐거운 일이다. 최선을 다하겠다는 일념에 불타면서 사회 전반에 공헌하려는 욕망을 지닌 사람들은 자신이 하는 일에 강한 신념을 지니고 있다. 그리고 그 일을 하면서 행복감을 경험한다. 그 이상 더 바랄 것이 어디 있겠는가.

제3장
몰입에서 맛보는 행복

> 몰입은 주어진 과제와 개인의 능력이
> 모두 높으면서도 대등한 수준일 때 가장 잘 나타난다.
> 몰입 경험이 진행되는 동안은 시간과 자아를
> 망각하지만 그 후에는 자부심과 실력이 높아진다.

대다수 사람들의 생각과는 달리, 행복은 저절로 나타나는 것이 아니다. 오히려 우리가 노력해서 일구는 것이며, 최선을 다한 결과로 나타난다. 잠재 능력을 십분 발휘하며 생활할 때 느끼는 충만감은 분화의 동기 부여가 될 뿐만 아니라 개인적인 발전을 유도한다. 행복의 실천적 경험은 즐거움이다. 즉 완전히 살아 있다는 신바람 나는 느낌을 말한다. 쾌락의 추구 역시 강력한 동기 부여의 원천이 되기도 한다. 하지만 이렇게 해서는 진정한 변화를 꾀할 수 없다. 이것은 우리로 하여금 기존의 욕구를 충족하고 싶어 하도록 유도하는 보수적인 힘으로, 마음의 평정, 편안함과 휴식만을 찾게 할 뿐이다. 물론 쾌락의 추구 자체가 잘못된 것은 아니다. 하지만 쾌락이 주된 존재 이유가 되어 버린 사람은 유전인자에 의해 갈망하게끔 되어 있는 욕구 그 이상의 것을 얻지 못한다.

반면 즐거움이란 항상 유쾌한 것만은 아니며 때로는 상당한 스트레스를 주기도 한다. 예를 들어 등산가는 추위에 거의 얼어 죽을 뻔하기도 하고 녹초가 되기도 하며 심지어 바닥이 보이지 않는 까마득한 낭떠러지에 떨어질 위험에 처하기도 한다. 하지만 이 모든 난관에도 불구하고 등산가는 다른 어떤 것보다 등산에 흠뻑 매료되어 있다. 짙푸른 바다가 펼쳐져 있는 멋진 해변의 야자수 그늘 아래에서 피나콜라다를 마시는 것도 무척 낭만적이고 근사하게 느껴질 수 있다. 하지만 이것 역시 바람이 휘몰아치는 암벽 위를 올라가는 등산가의 희열에 비할 게 못된다. 체스 선수들은 하루 시합이 종료될 때쯤이면 자리에서 일어서지 못할 정도로 녹초가 되기도 하고, 경기 중에는 소변을 참느라 안간힘을 쓰기도 하고 골머리를 앓기도 한다. 그럼에도 체스 선수들은 체스에서 손을 놓지 못하고 계속한다. 무용수들은 무용 실력을 연마하기 위해 철저하고 혹독한 훈련을 참아내며 전 생애를 바친다.

뛰어난 실력을 배양하느라 다른 사람들과의 인간관계나 부모로서의 역할을 포기하기도 하며, 그 외의 인생의 거의 모든 쾌락을 자제해야만 한다. 즐거움을 경험하는 순간에는 때론 육체적으로 고통스럽기도 하고 정신적으로 부담스럽기도 하다. 그러나 이것이 엔트로피와 쇠퇴의 힘에 대한 승리를 내포하고 있는 만큼 그 사람의 정신에 자양분을 공급한다. 즐거움이란 과거를 돌이켜 생각해 볼 때 삶을 풍성하게 하는 기억들을 제공하는 바탕이며, 미래를 당당히 마주할 수 있는 자신감을 준다. 개인의 평생을 놓고 생각해 본다면 즐거움으로부터 나타나는 결과들은 쾌락으로부터 도출되는 것과는 판이하게 다르다.

자신의 일을 좋아하지 않고서는 기업을 이끄는 지도자로 살아남을 수 없다. 업무 성격상 스트레스가 많을뿐더러 근무 시간도 지나치게 길다. 뿐만 아니라 다른 취미 생활이나 오락에 더 많은 시간을 보내고 싶다는 유혹 역시 강렬하다. 우리가 실시한 인터뷰에서 경영인들은 업무에 대한 자신들의 태도를 명료하면서도 구체적으로 설명한다. 세계적 규모를 자랑하는 한 다국적 기업의 CEO는 다음과 같이 말했다.

경영자라는 직업은 막중한 책임과 과제를 가지죠. 세상에서 가장 즐거운 직업이기도 하고요. 저는 매일 아침 출근길이 너무나 즐겁습니다. 빨리 회사에 도착하고 싶어 안달이 날 지경입니다. 매일매일 새로운 일이 벌어지니 말이죠.

다른 많은 기업인들과 마찬가지로 브래스링 시스템스의 CEO인 데버러 베세머 역시 그 일이 지닌 즐거움에 매료되어 기업인의 길에 들어섰다고 한다.

저보다 몇 년 앞서 졸업한 다른 친구들을 알게 되었습니다. 이 친구들은 비즈니스 세계에서 즐거움을 느끼고 있었습니다. 그런데 저는 그때까지 비즈니스 세계란 별로 재미가 없을 것이라 생각했었는데, 이들을 통해 제 생각이 잘못되었다는 것을 깨닫게 된 셈이지요. 재미있게 일한다는 것이 무척 중요합니다.

도처에 있는 성공한 경영인들을 보면 누구나 열정을 지니고 있다는 점을 발견하게 된다. 이런 사실은 우리로 하여금 다음과 같은 질문을 더욱 곰곰이 따져보게 한다. 즉 실제로 무엇인가를 즐겁게 한다는 것이 과연 무엇을 의미하는가 하는 것이다.

몰입의 경험

지난 수십 년 간 세계 곳곳에서 실시된 연구 조사를 보면 사람들은 자신들이 처한 상황과는 무관하게 자신이 하고 있는 일에 대해 깊고도 강한 즐거움을 느끼는데 이들이 들려주는 이런 즐거움의 경험은 상당히 비슷한 데가 있다. 연령·성별·교육 수준과는 무관하게 이들은 동일한 정신 상태를 경험하는 것으로 보고되었다. 그 순간에 이들이 실제로 저마다 하고 있던 일은 천차만별이다. 가령 명상을 하거나 경주에 참가하여 달리기를 하거나 체스를 하거나 외과의사의 경우 수술을 집도할 수도 있다. 그러나 이들이 그 순간에 느끼는 경험은 놀랍게도 일관성을 유지하고 있다. 나는 사람들이 느끼는 이런 공통된 경험에 대해 '몰입'이라는 용어를 사용했다. 몰입을 경험하는 수많은 사람들은 이 경험을 외부의 어떤 힘에 의해 휩쓸려 가는 것에 비유한다. 최고의 즐거움을 경험하는 순간에는 에너지의 흐름에 따라 아무런 힘도 들이지 않고 자신이 저절로 움직이는 것 같은 느낌을 가진다는 것이다.

우리는 수년 간에 걸쳐 실시한 인터뷰의 일부를 발췌해 다음과 같이 소개하고자 한다. 몰입이라는 주관적인 상태를 일부 엿볼 수 있는 자료들이다. 첫 번째로 소개하는 인터뷰 내용은 등산 전문가가 암벽을 오를 때 느끼는 자신의 정신적 상태이다.

암벽을 오르는 것은 무척 까다로운 고도의 기술을 요하지요. 암벽을 오르면서 조금씩 전진해 나갈 때면 주변에서 일어나는 모든 현상에 몰두하게 됩니다. 암벽에 손을 넣어 지탱할 만한 빈틈이 있는지, 그리고 내 몸은 어디쯤에 있는지 등에 혼신의 노력을 쏟노라면 제 자신이 누구인지 아예 의식을 잃어버리죠. 암벽에 제 자신이 녹아 혼연일체를 이룬 것 같은 느낌이 듭니다.

이번에는 외과의사가 자신의 일이 왜 즐거운지 설명하는 내용인데, 방금 등산 전문가가 고백한 내용과 한번 비교해 보라.

훌륭한 수술이 이루어지는 경우에는 자신이 하는 모든 일이 무척 중요합니다. 모든 움직임이 낭비 없이 꼭 필요하게 이루어지며 탁월한 결과를 낳지요. 수술이 기품 있으면서도 순조롭게 진행되면서, 환자의 출혈도 거의 없고 외상도 최소한으로 나타나게 됩니다. 이런 경험은 무척 상쾌한 느낌을 줍니다. 특히 수술에 참여한 의료진 전체가 호흡이 척척 맞아 순조롭게 일할 때 더욱 그런 느낌이 들지요.

방금 예로 든 두 사람의 인터뷰 내용은 몰입이란 경험의 기본적인 요소들 중 한 가지를 묘사해 주고 있다. 지금 당장 자신에게 주어진 어렵고 복잡한 과업이 그 사람으로 하여금 그 일에 완전히 빠져들게 하는 것이다. 생각과 행동, 또는 자기 자신과 주변 환경 사이에 아무런 구분이 없이 하나가 된 듯한 상태이다. 중요한 것은 하나하나의 움직임에 최선을 다하는 일이다. 사람의 목숨이 여기에 달려 있기 때문이다.

이런 예들은 상당히 극적인 요소들이 있지만, 몰입이란 경험이 반드시 생사가 걸린 위급한 상황에서만 느낄 수 있는 즐거움은 아니다. 전 세계에서 가장 빈번하게 나타나는 것으로 보고된 몰입 경험은 좋은 책을 읽는 행위이다. 독서 삼매경을 경험할 때 사람들은 등장 인물들과 파란만장한 사건들에 완전히 빠져들게 된다. 상당히 빈번한 경우이긴 하지만, 일을 할 때에도 몰입을 경험할 수 있다. 이탈리아에 면한 알프스 지역에서 아직까지 농장 일을 하고 있는 76세의 노파가 들려주는 다음의 이야기를 살펴보자.

> 밖에서 일을 하고 사람들과 대화를 나누거나 동물들과 함께 있노라면 무척 큰 만족감을 느낍니다. 저는 상대가 누구이든 상관없이 대화를 나눕니다. 식물이나 새, 꽃이나 동물들하고도 말입니다. 자연에 존재하는 만물은 벗이 되어 주고, 자연은 매일매일 새롭게 달라지는 모습을 보여주곤 합니다. 산뜻하고 행복한 느낌이라고나 할까. 다만 안타까운 건 피곤한 몸 때문에 어쩔 수 없이 집에 돌아와야만 한다는 겁니다. 해야 할 일이 많을 때도 자연이 아름답게 느껴지는 것은 마찬가지랍니다.

이 노파는 자신이 하는 일을 마치 낭만적인 전원 생활이나 되는 양 설명했다. 그런데 실제로 인터뷰에 응했던 당시 그녀는 자기 키의 두 배나 되는 건초 더미를 등에 짊어진 채 산간 목장을 몇 마일이나 걸어 내려온 직후였다. 그런데도 그녀의 즐거움에는 변함이 없었다. 주변의 대자연에 눈길을 돌리며 자연과 혼연일체가 되어 이를 즐기는 것이다. 다른 사람들과 서로 밀접한 관계를 맺으면서 시간을 함께 보냄으로써 몰입을 경험하는 경우도 많다. 한 어머니는 어린 딸과 함께 소중한 시간을 나누면서 경험하는 즐거움을 이렇게 표현했다.

딸아이와 놀이나 공부를 함께할 때라든지, 딸아이가 뭔가 새로운 것을 발견할 때 한없이 즐겁습니다. 어떤 때는 자기가 과자 만드는 새로운 비법을 발견했다면서 직접 만들어 보기도 하고, 그린 그림을 자랑스럽게 저에게 내밀어 보입니다. 딸아이는 독서광이지만, 우리는 책을 함께 읽기도 해요. 딸아이가 저한테 먼저 읽어 주고, 다음으로 제가 딸아이에게 읽어 주곤 합니다. 바로 이런 시간에는 세상의 다른 모든 것과 완전히 결별한 채 제 자신이 하는 일에 흠뻑 빠지게 됩니다.

무엇인가 새로운 것을 발견하거나 쑥쑥 자라나는 딸의 모습을 물끄러미 지켜보기도 하고 하나의 인격체로서 변화되어 갈 때 필요한 조언과 반응을 제공하는 일은 등산가, 농부, 외과의사에 못지않은 고도의 기술을 요한다. 복잡하고 어려운 활동에 몰입하게 되면 자기 자신을 좀 더 강하고 복합적인 인격체로 성장시킬 수 있다.

하지만 과연 이런 경험들이 기업 활동과 관련이 있을까? 인터뷰에 협조한 성공한 경영인들에 따르면, 몰입은 확실히 근로 현장에서도 나타난다고 한다. 어떤 사람들은 몰입이야말로 반드시 필요한 요소라고까지 말한다. 만일 자신의 업무를 좋아하지 않는다면 좋은 성과를 기대할 수 없기 때문이란다. 베인앤드컴퍼니의 CEO 오리트 개디시는 이렇게 말한다. "자기가 하는 일을 재미있어 하는 건 무척 중요하죠. 그냥 아무렇게나 이런 식으로 말할 순 없잖아요. '몇 시간 동안 일하고 나서 그 다음엔 즐거운 시간을 가져야지!'라고 말입니다." 외과의사나 등산가의 경우처럼 대부분의 기업 활동에는 사람들의 주의를 집중시킬 만한 기회들이 얼마든지 존재한다. 인터뷰에 응했던 당시에 마이크로소프트 사의 인사 담당 부사장을 맡았던 마이크 머레이는 이렇게 논평했다.

저는 인생을 사는 것 자체가 즐거움이고, 일 역시 그런 즐거움 중의 한 요소라고 봅니다. 저는 제 자신이 일을 사랑할 수 있기를 원합니다. 일을 하면서 많은 시간을 보내야 하니까요. 그러니 당연히 일을 즐기는 게 좋지요. 더욱이 저는 비즈니스 자체를 좋아합니다. 저에겐 비즈니스야말로 재미있는 일입니다.

록히드 마틴 사의 노먼 오거스틴 역시 이와 비슷한 견해를 갖고 있다.

지금 하고 있는 일을 잘하고 있는데다 즐겁게 하고 있다면 행복감을 느낄 겁니다. 이런 경우라면 미래는 저절로 열리게 됩니다. 우선 자신이 가고자 하는 방향을 알아야 합니다. 그러고 나서는 기회를 따라 유유히 흘러가야 하지요.

하지만 과연 이들이 말하는 즐거움의 정확한 속성은 무엇인가? 동료들과 나는 전 세계에 걸쳐 사회 각계 각층에서 일하는 거의 만 명에 가까운 응답자들을 대상으로 일련의 조사와 연구를 실시했다. 그 결과, 우리는 사람들이 정말로 자신이 하는 일에 즐거움을 느끼는, 즉 몰입 경험을 갖기 위해서 의식 속에 필요한 조건들을 여덟 가지로 설명할 수 있다는 사실을 발견했다. 다만, 이들 조건들이 반드시 몰입을 가져다주는 것은 아니다. 또한 각 조건들이 갖는 상대적 중요성도 달라질 수 있다. 하지만 대체로 몰입 상태에 빠질 때 가장 현저하게 나타나는 요소들임에는 분명하다. 이 조건들을 하나씩 차근차근 살펴보기로 하자.

몰입을 경험할 때 어떤 느낌을 갖는가?

1. 목표가 분명해진다

어떤 활동에든 깊이 관여하기 위해서는 매순간 자신이 무엇을 해야 하는지 정확히 알고 있어야 한다. 가령 등산가는 정상을 오른다는 최종 목표에 집중하지 않고, 떨어지지 않도록 안전하게 다음 단계로 조금씩 전진해 나가는 데 집중한다. 체스 선수가 계속 집중할 수 있도록 해 주는 목표는 게임에서 승리를 거두는 것 자체가 아니다. 다음에 이어지는 수에서 어떻게 하면 전략적으로 유리한 지점을 차지하는가

하는 것이다. 어머니가 딸과 함께 책을 읽을 때 완전히 몰입되는 것은 딸이 좋은 교육을 받도록 하기 위해서가 아니다. 딸과 함께 있을 때 딸의 신체나 정신의 모든 변화를 살펴보며 이에 일일이 반응하기를 원하기 때문이다. 물론 정상에 도달하거나 게임에서 승리를 거두거나 자식이 독서를 좋아하게끔 유도하는 등 이 모든 활동의 궁극적인 목표 역시 중요한 게 사실이다. 하지만 진정한 즐거움이란 목표를 실제로 달성하는 것보다는 오히려 이 목표를 향해 착실하게 한 걸음씩 전진하면서 느끼는 것이다.

사람들은 흔히 목표 달성 과정에서 만나는 각 단계의 즐거움을 맛보기보다는 결과에만 집착한다. 그러다 보니 자신이 하는 일을 즐길 수 있는 좋은 기회를 놓치고 마는 것이다. 노래를 부를 때 느끼는 즐거움은 어디에서 오는가? 노래를 끝낸 후에 오는가 아니면 가사와 음률에 맞추어 노래를 부르는 과정에서 오는가? 우리가 멋진 저녁식사를 할 때 만족감을 느끼는 이유는 어디에서 오는가? 식사 후에 느끼는 포만감 때문인가 아니면 음식들을 한 입씩 먹으면서 혀 끝에서 맛있는 느낌을 얻기 때문인가? 비즈니스 협상을 진행시키고 있을 때가 실제로 계약서에 서명하는 것보다 즐겁지 않은가.

최종 목표에 지나치게 집착하다 보면 오히려 실력 발휘에 방해가 된다. 만약 테니스 선수가 게임에서 이기는 것만 생각한다면 상대 선수의 강력한 서브에 적절히 대응하지 못할 것이다. 세일즈맨이 판매를 성사시켜 커미션을 얻는 데에만 모든 신경을 쓴다면 결국 판매가 제대로 이루어질 가능성은 그만큼 줄어들기 마련이다. 다시 한번 강조하지만, 우리의 최대 관심사는 무슨 일을 하든지 성공을 거두는 데 있지 않고 그 과정에서 얻는 양질의 경험이다. 만약 인생의 궁극적인 의미가 성공이 아니라 행복에 있다는 데 동의한다면, 최종 목적지에 도착하는 것보다는 여정 자체가 중요하다고 말하는 게 옳을 것이다.

2. 피드백이 즉각적이다

무슨 일을 할 때 자신이 얼마나 잘하고 있는지 현장에서 적절한 시점에 정보를 얻지 않는다면 그 활동에 계속해서 몰입하기 어렵다. 완전한 몰입 경험의 상당 부분은 자신이 하고 있는 일이 중요한 것이며 그에 따른 결과는 어떠할 것이라는 사실을 아는 데에서 온다. 피드백은 자신이 하는 일의 성과에 대한 동료나 상사의 평가로부터 오기도 한다. 하지만 가급적 이런 피드백 정보는 일 자체로부터 오는 게 더욱 바람직하다.

예를 들어 등산가는 암벽 위에서 안전하게 매달려 있는 한 자신이 잘하고 있는지 구태여 걱정할 필요가 없다. 외과의사의 경우에는 수술이 잘되어 가고 있는지 파악하는 일이 좀 더 까다롭긴 하지만, 외과의사라면 나름대로 명확하게 알 수 있다. "수술이 잘 진행되고 있지 않을 때는 뭔가 잘못되었다는 느낌이 듭니다. 필요한 수술 도구나 의료 용구의 공급이 원활히 이루어지지 않는다거나 환자의 피부 조직이 제대로 봉합되지 않는다든지 하는 문제가 발생하기도 합니다." 이밖에도 다음과 같은 반응을 보이는 응답자들도 있었다. "정확하고 즉각적인 피드백에 전적으로 의존하지요.", "일이 진행되는 느낌으로 판단하면 일이 정확하게 이루어지는지 알 수 있습니다." 어머니의 경우, 딸이 지루해하거나 한눈을 파는 등의 행동을 보고 자신이 딸과 제대로 교감을 나누고 있는지 알 수 있다. 아이가 한눈을 팔 때면 아이가 다시 집중할 수 있도록 방법을 바꿀 수 있게 된다.

어떤 사람들은 스스로 확실한 판단 기준을 마련해 다른 사람들의 평가나 의견이 불필요하게 된다. 객관적인 피드백을 스스로 제공할 수 있는 능력을 갖추었는지 여부는 사실상 그 사람의 전문성을 나타내기도 한다. 즐거움을 느끼기에 가장 어려운 활동의 예를 한 가지 들라 한다면 창조적인 활동을 들 수 있겠다. 가령 그림을 그린다든지 소설을 창작한다든지 하는 활동이 바로 그것이다. 이런 활동의 경우에는 일의 성과를 평가할 수 있는 마땅한 기준이 없기 때문이다. 작가의 경우, 자신이 창작한 소설이 대단하다고 느낄 수 있지만 과연 그의 판단이 실제로 옳을까? 지식과 과거의 경험을 바탕으로 스스로 설정한 객관적인 기준을 신뢰하는 법을 배우지 않는다면, 작가의 노력은 만족보다는 불행으로 이어질 것이다. 반면 전에는 한 번도 해내지 못한 성과를 거두었다는 사실을 확실하게 알게 되는 기쁨은 그 어느 것에 비할 데 없다.

3. 기회와 능력 사이의 균형을 유지한다

어떤 과제가 주어졌을 때 실행 가능한 일이라는 확신이 있다면 그 일에 완전히 몰입하기가 보다 수월해진다. 그런데 만약 그 일이 자신의 능력 범위를 벗어난 것이라 판단되면 심리적인 불안에 휩싸인다. 반면 과제가 너무 쉬운 경우에는 쉽게 지루함을 느낀다. 이 두 가지는 어떤 경우든 완수해야 할 과제에 주의가 집중되지 않는다. 심리적인 불안을 느끼는 사람은 결과에 대한 염려 때문에 일에 집중하지 못하며, 지루함을 느끼는 사람의 경우에는 다른 할 일을 찾아 나서기 시작한다. 몰입을 경험하기 위한 이상적인 조건은 다음과 같은 단순한 공식으로 표현할 수 있다. 즉, 과제와 실력이 모두 높으면서도 서로 대등한 수준일 때 몰입이 나타난다는 것이다.

그러나 '이상적'이란 것은 상황에 따라 판단이 달라질 수 있다는 점을 명심하라. 어떤 사람에게는 힘들지만 도전해 볼 만한 일이라 하더라도 다른 사람에게는 그렇지 않을 수도 있다. 그저 암벽만을 바라보며 그것이 기회인 양 생각하는 사람은 거의 없다. 대부분은 그냥 무심코 지나가며 무시할 것이다. 외과의사들에게는 심리학이 별로 도전할 만한 흥밋거리가 되지 못할 것이다. 심리 분석을 하는 사람들은 환자를 몇 년에 걸쳐 치료를 해야 하면서도 별로 차도를 보이지 않는 경우가 많다고 말할지도 모른다. 반대로 심리학자들의 경우에도 외과의사들이 하는 일이 마찬가지로 흥미롭지 않은 분야라고 느낄 것이다. 외과 수술이란 별로 두뇌 활동을 요하지 않으며 자동차 엔진에 필요한 기술처럼 단순히 고도의 손재간에 불과하다는 결론을 내릴지도 모른다. 안타까운 사실이지만, 이와 같은 맥락으로 부모들 가운데 상당수는 자녀를 이해할 수 있는 절호의 기회를 적절히 활용하지 못할 수도 있다. 혹은 아이에게 어렵고 부담스러울지 모른다는 이유로 엄두를 내지 못하고 무언가를 시도조차 해보지 않을 수도 있다. 사람이 주어진 기회를 제대로 활용할지의 여부는 유전적으로 물려받거나 후천적으로 습득한 실력에 어느 정도 의존한다. 선천적으로 운동 신경이 발달하고 체력이 좋은 아이들은 스포츠에 끌리게 마련인 반면, 시사 문제에 관심을 많이 가지고 있어서 저녁 식사 시간에 이런 문제들을 놓고 토론하기 좋아하는 부모 밑에서 자란 아이들은 어른이 되면 언론 활동이나 정치 분야에 흥미를 느낄 가능성이 높다.

바람직한 몰입 활동은 복잡성이 점차 높아지는 각 단계에서 새롭게 도전할 과제를 던져 준다. 암벽 등반가 한 사람은 이 점에 대해 이렇게 상술한다. "어떤 날에는 실력 발휘가 제대로 되지 않고 쉬운 바위만 골라 가며 편하게 등반하려는 생각이 들 때도 있습니다. 또 어떤 날에는 최고의 성과를 내기 위해 몸을 사리지 않고 위험한 행동을 감행하기도 하지요." 이와 마찬가지로 몰입이 쉽게 일어나는 활동들은 쉽게 소진되지 않는다. 복잡성의 최고 지점에는 제한이 없기 때문이다. "분명한 것은 암벽 등반에서 결코 완벽에 도달할 수는 없다는 사실입니다. 정신은 언제나 한 걸음 앞서 나아가 있기 때문이죠. 자신이 할 수 있는 능력 범위보다 언제나 한 발 앞선 생각을 할 수 있기 때문입니다. 다시 말하면, 언제나 끊임없이 전진하며 올라가는 것이죠."

등산가들이 경험하는 도전 의식은 외과의사들이 자기가 하는 일을 좋아하는 이유 중 하나와 동일하다. "무척 만족스러운 경험입니다. 더욱이 약간 난이도가 높은 편이라면 여기에 흥미를 더할 수 있고요. 평소에 접하기 어려운 독특한 상황이라면 더욱 만족감을 줍니다. 특히 그 결과로 인해 환자가 회복하게 된다면 더욱 그렇죠." 환자가 낫게 될 때 더욱 만족감을 느낀다는 사실에 주목할 필요가 있다. 이런 견해를 제시한 해당 외과의사를 비롯해 우리의 인터뷰에 응한 수많은 사람들에게 가장 많은 만족감을 제공한 것은 까다로운 수술을 성공적으로 집도하는 일이다. 수술을 받은 환자의 회복 여부는 이차적인 중요성밖에 갖지 않은 듯하다. 외부인의 시각으로는 수술을 집도한 의사가 그런 생각을 가진다는 것 자체가 무척 냉혹하게 여겨질지도 모르지만 사실상 이해가 가는 일이다. 외과의사는 환자의 신체가 어떤 반응을 보이든지 그것을 통제할 능력이 없다. 다만 수술 자체의 구체적인 절차와 기술만이 자신의 권한 내에 있는 것이다. 이런 관점에서 볼 때 외과의사가 주어진 수술에 최선을 다하는 것이야말로 모든 사람들에게 도움이 되는 것이다. 환자의 체질이나 신체도 여기에 가장 잘 부합되어 좋은 결과가 날 것이라는 희망을 가져야 하는 것은 물론이다.

실력이 향상되면 좀 더 어려운 과제를 감당할 만한 능력이 생기게 된다. 실제로 자신이 하는 일에 대해 매너리즘에 빠져 지루한 작업이 되지 않게 하려면 한 단계 어려운 과제를 맡아야 한다. 몰입을 경험하면 그 자체로도 좀 더 어렵고 복잡한 단계로 성장하는 데 그만큼 유리해진다. 이런 과정이 어떻게 형성되는지는 파디 부부가 다음과 같이 잘 설명한다. 린 파디와 래리 파디는 배를 타고 세계 여행을 즐기는데, 혼자 떠나기도 하고 부부가 함께 떠나기도 한다.

실력이 늘어나면서 느끼는 자부심은 쉽게 설명할 수 없습니다. 6톤급 배로 처음 항해한 후 부두에 정박하는데 배가 밧줄걸이로부터 1피트 내에서 멈추었을 때, 갑판의 승강구 뚜껑을 처음으로 만들었는데 물이 한 방울도 새지 않아 즐거웠을 때, 배가 고장났는데 처음으로 완벽하게 수리했을 때 등. 실력이 점차 늘어날 때마다 일종의 승리감에 도취되며 삶에 활력이 생깁니다. 궁극적으로 이런 자부심이 자라면서 진정한 스포츠의 경지를 느끼게 되는 것이지요. 늘 새로운 목표를 세우며 이 목표에 도달하는 거죠.

일상생활 속에서 대부분의 사람들은 이런 '승리감'을 경험하기가 무척 어렵다고 생각한다. 자신이 하는 일의 범위가 너무 한정되어 있는 데다가 가정생활도 너무 뻔하며 자신이 감당해 내기에 벅차다는 생각을 한다. 여기에 대한 일종의 반작용으로 사람들은 스포츠, 취미 생활, 여행 등의 다양한 활동을 통해 과제와 실력의 균형을 찾으려고 한다. 때로는 외도나 마약 복용 등 일탈 행위를 통해 이를 해소하려는 사람들도 간혹 존재한다. 그러나 실상을 들여다보면 아무리 사소하고 미미하게 보이는 일이라 할지라도 어떤 활동에서든 몰입을 경험할 수 있는 게 사실이다. 공장의 생산라인에서 일하든 자녀와 이야기를 나누든 설거지를 하든 간에 아무런 상관이 없다. 이런 모든 활동에서 자신의 실력을 발휘할 수 있는 기회가 얼마든지 존재하는 것이다.

아무리 열악한 상황에 처한 사람들일지라도 어떤 이들은 자신의 실력을 발휘하고 몰입의 경지에 접어들 기회를 발견한다. 독방에 갇힌 죄수들이라 하더라도 제정신을 잃지 않기 위해 마음속에서 집중할 수 있는 나름대로의 게임을 개발한다. 솔제니친이 정치범으로 수감되어 있을 당시, 죄수 한 사람이 정신병에 걸리지 않기 위해 모스크바에서 미국까지 도보로 여행하는 것을 마음속으로 상상했다고 한다. 그 죄수는 자신이 갇혀 있던 독방의 길이를 잰 후, 매일 벽을 따라 몇 킬로미터씩 걸었다고 한다. 이렇게 걸으면서 주변에 마치 아름다운 경치가 펼쳐져 있다고 상상했다고 한다. 다른 감옥으로 옮겨질 때까지 그 죄수는 이미 마음속으로 대서양을 반쯤 횡단했다고 한다. 물리적 탈옥은 불가능하더라도 스스로 만들어 낸 더 좋은 가상의 세계를 상상할 정도의 여력은 누구나 갖고 있는 것이다.

인간의 모든 능력 중에서 가장 소중한 것을 꼽으라고 한다면 자신의 주변에서 기회를 식별해 낼 수 있는 능력을 들 수 있을 것이다. 다른 사람들은 미처 의식하지 못할지라도 말이다. 동일한 환경에 처해 있을지라도 어떤 사람은 "이런 상황에서 할 수 있는 일이라곤 아무것도 없다."라고 말할 테지만, 어떤 사람은 이 와중에서도 여러 가지 할 수 있는 일을 찾아낸 후 이것들을 즐겁게 해낸다. 인생을 진정으로 열심히 살고자 하는 사람, 달리 말하면 흥미와 호기심과 패기를 지닌 사람은 결코 몰입을 경험할 기회가 없다고 불평하지 않을 것이다.

4. 집중력이 강화된다

분명한 목표와 즉각적인 피드백이 가능한 기회를 포착하기 시작하면 이것에 흠뻑 매료되어 몰입을 경험할 가능성이 높아진다. 그 활동 자체가 별다른 중요성을 갖지 않더라도 마찬가지이다. 가령 게임이나 취미 활동, 아니면 즐겁고 흥미로운 대화라 할지라도 몰입 경험이 가능하다. 집중하는 강도가 일정 수준을 넘어서면 문득 자신이 이런 게임이나 취미, 대화 등에 깊이 몰입되어 있음을 발견하게 된다. 이 단계에 접어들면 더 이상 무엇을 할 것인지 굳이 생각할 필요가 없게 된다. 거의 자동적이라 할 정도로 자연스러운 움직임이 가능해지기 때문이다. 이것은 주어진 과제의 일부가 무척 어렵거나 위험할 때에도 동일하게 적용된다.

우리는 일상생활 속에서 아침부터 저녁까지 하루 종일 집중력을 유지할 수 없다. 기껏해야 순간적이고 피상적인 수준을 넘어서지 못하는 것이다. 오히려 우리의 주의는 끊임없이 산만해지고 관심의 대상도 자꾸만 다른 자극을 찾아 매순간 달라진다. 불교도들이 말하는 이른바 '원숭이의 마음(조삼모사의 마음)'은 바로 이런 상태를 지칭하는 것이리라.

이렇게 끊임없이 주의가 산만해지는 현상 때문에 우리는 자신의 온전한 존재를 경험하기 어려워하는 것이다. 하지만 몰입 상태에서는 의식과 행동이 결합되어 아무런 균열이 없으며 에너지로 충만한 하나의 파도가 되는 것이다. 한 암벽 등반가는 이 과정을 다음과 같이 묘사했다.

> 불교에서 말하는 선(禪)의 경지랄까, 마치 명상이나 좌선을 하는 느낌입니다. 정신 집중을 추구하는 것이지요. 일단 모든 것이 자동적으로 진행되는 경지에 오르면 굳이 생각하거나 행동하지 않더라도 저절로 척척 일이 이루어집니다. 그러면서도 집중력은 더욱 높아지죠.

이런 순간을 만나면 자아와 행동의 구분은 사라지고 만다. 어느 유명한 경륜 선수의 말을 빌면 다음과 같다. "이런 몰아의 경지에 이르면 제가 자전거에 올라 있다는 느낌이 들지 않습니다. 제 자신이 처음부터 자전거와 함께 태어났고 지금은 자전거의 일부가 되어 있다는 느낌이랄까." 다른 한 등산가는 이렇게 설명한다. "완전히 몰입되어 있다는 상쾌한 느낌입니다. 로봇이 된 것 같지요. 아니, 오히려 운동감각을 잃어버린 동물이 되었다고나 할까요. 암벽을 타고 힘차게 올라가는 한 마리의 흑표범이 된 느낌이라고 하는 게 오히려 적절하겠습니다." 이것은 집중력 중에서도 독특한 종류에 속하는 것이다. 수학 문제를 풀듯이 머리를 쥐어짜며 억지로 생각을 해내는 것이 아니기 때문이다. 오히려 전혀 별다른 노력이 들어가지 않는 과정처럼 느껴진다. 시인 리처드 존스는 이런 상태를 다음과 같이 표현한다.

어떤 에너지가 몸속을 관통하며 지나가는 느낌입니다. 다만 저는 이런 에너지가 흘러가는 길을 방해하거나 가로막지 않을 뿐이지요. 글을 써내려 갈 때 무척 지적인 에너지가 몸속을 뚫고 흘러갑니다. 이때 집중과 전이(轉移)가 이루어지는 것은 저의 두뇌가 아니라 에너지인 것이죠. 제 안에 숨어 있는 작가라는 속성이 오히려 글이 자연스럽게 흘러나오는 것을 방해하지 않도록 할 때 비로소 몰입이 나타나는 겁니다. 어떻게 방해하느냐구요? 머릿속으로 생각하기 시작하면 자연스러움에 방해가 생기기 시작하는 겁니다.

일단 '생각'이 방해하기 시작하는 순간, 작가와 글 사이에 존재하던 혼연일체의 상태는 끊어지고 만다. 바꿔 말하면 시인은 의식적으로 자신의 생각을 글로 형상화시키려고 노력하게 된다. 자연스럽게 시상이 흘러나와 스스로 형상화되는 것을 막는 것이다. 반면 몰입 상태에 있을 때 시인은 억지로 말을 만들어 내기보다는 마음속에 저절로 떠오르는 단어들에 집중하게 된다. 그런 과정에서 단어들을 음미하거나 가슴속에 소중하게 간직하며, 그 의미를 깊이 묵상하려고 하는 것이다. 실력이 출중한 한 야구 선수는 자신의 기량이 최고조에 달하는 순간들에 대해 이와 비슷한 이야기를 들려준다. "이따금 경기에 완전히 몰두하면 제 주변에 아무것도 존재하지 않는 듯한 경험을 하게 됩니다. 제가 경기에 출전했다는 것과 방망이를 휘둘러 공을 친다는 사실만이 존재할 뿐이죠. 물론 다른 선수들도 경기에 임해 그곳에 분명히 존재하고 있음에도 그들에 대해 관심도 없을뿐더러 의식하지도 않습니다. 이런 상태에 있을 때 저는 상대팀 선수들과 경쟁하는 게 아닙니다. 원하는 장소에 정확히 공이 떨어지도록 공을 치려고 노력하지만 이것은 경기의 승패와는 전혀 무관합니다."

몰입 상태에서 나타나는 집중력이 어찌나 강렬한 것인지 이것을 묘사하기 위해 '엑스터시', 즉 환희라는 용어가 사용되기도 한다. 그리스어에서 엑스터시(ecstasy)는 글자 그대로 해석하자면 '옆으로 나가 서는 것'을 의미한다. 비유적인 의미로 볼 때 이것은 또한 일상생활의 외부에 서 있는 것을 의미한다. 특정 활동의 규칙과 요건으로 규정된 또 다른 현실 속에 존재하는 것이다. 어떤 사람들은 실제로 다른 곳으로 이동함으로써 환희를 발견한다. 가령 사원이나 박물관, 또는 장엄한 자연 경관을 접할 수 있는 곳으로 말이다. 한 등산가는 이렇게 표현한다. "인간은 산에 올랐을 때 엄청난 잠재력이 존재하는 것을 느낍니다. 사람들은 종종 술이나 마약 등으로 자신을 초월하려고 하지요. 하지만 사람이 자신의 잠재력에 가장 가깝게 다가설 수 있는 것은 자연을 통해서입니다. 등산을 하면 인간의 깊은 한계를 깨달으면서 신체와 정신을 단련할 수 있지요. 산에 올라가 있으면 자연 속에서 인간이 진정으로 있어야 할 위치를 파악합니다. 자연과 하나가 되는 것이죠." 어떤 사람들은 책상에 앉아 있을 때 환희를 경험하기도 한다. 숫자나 시, 음률만이 존재하는 또 다른 세계로 정신을 옮기는 것이다. 저명한 현대 작곡가인 랠프 셰이피는 다음과 같이 말했다.

환희의 절정에 오르면 자기 자신이 마치 존재하지 않는 것처럼 느껴집니다. 저는 이런 환희의 경지를 수차례 경험했습니다. 작곡을 하는 제 손이 마치 저 자신을 의식하지 못하고 있다는 느낌이지요. 이때 주변에서 일어나는 일은 저와 전혀 무관한 듯합니다. 저는 그저 경외감에 사로잡혀 멍하니 앉아 바라보고 있는 겁니다. 음악이 저절로 흘러나오는 것만 같습니다.

특기할 만한 점은, 환희란 사실상 인간이 지닌 집중력의 한계로부터 나오는 결과물이란 것이다. 우리의 정신은 지나치게 많은 자극을 동시에 대처해 나갈 수 없다. 따라서 암벽 등반이나 작곡 등 주어진 과제에 모든 주의를 집중시키다 보면 협소한 자극 영역의 외부에 존재하는 것은 미처 인식하지 못하는 것이다.

5. 현재가 중요하다

몰입 상태에 접어들면 당면한 과제에 모든 집중력을 동원해야 하므로 일상생활에서 겪는 고민과 염려는 우리의 머릿속으로 파고들 기회조차 갖지 못한다. 이런 이유 때문에 몰입에서 얻는 즐거운 경험은 환희 상태를 만들어 내며 마치 또 다른 세계에 와 있다는 느낌이 들게 한다. 체스 선수에게 있어서 이런 세계에는 체스판에 놓여진 말들과 이것들이 각각 움직이는 방향과 역할만이 존재할 뿐이다. 또한 작곡가에게 있어서 이런 세계란 오선지 위의 음표들과 이것들이 각각 나타내는 음악으로만 구성되어 있는 것이다. 몰입의 세계는 공간뿐 아니라 시간에도 제약이 존재한다. 현재에 모든 주의를 집중해야 하기 때문에 과거나 미래의 사건들은 의식 속에 들어설 공간을 찾지 못한다. 직업이 물리학자인 한 등산가는 무척 구체적인 이야기를 들려준다. "일단 산을 오르기 시작하면 마치 모든 기억이 정지된 듯한 느낌이 듭니다. 제가 기억할 수 있는 거라곤 바로 직전의 30초 정도이지요. 그리고 그 순간은 앞으로 전개될 5분에만 신경을 쓰게 됩니다." 농구를 무척 좋아하는 한 흑인 소년도 이와 같은 의견을 제시한다. "농구 게임에 한창 열이 오르면 아무 소리도 들리지 않는 것 같아요. 제가 세상과 완전히 떨어져 있다는 느낌이라고 할까요. 오로지 제가 하고 있는 게임에만 모든 생각이 집중되거든요."

인간은 긴급하게 해야 할 다른 마땅한 일이 없으면 대개 염려와 근심, 실패와 미완성, 욕구 불만에 신경을 쓰게 마련이다. 우리가 주의를 집중해야 할 과제가 없으면, 대부분의 사람들은 점차 의기소침해진다. 하지만 몰입 상태에서는 이런 생각이 들어갈 여지가 없다. "내 머릿속을 가득 채우고 있던 고민과 염려가 잠시나마 소멸되고 맙니다. 이게 바로 머릿속의 고민으로부터 훌훌 벗어나기 위해 제가 발견한 몇 안 되는 방법 중 하나랍니다."

몰입의 이런 특징을 보면 우리가 흔히 말하는 '도피기제'와 혹시 유사한 것은 아닐까 하는 의구심이 들지도 모르겠다. 몰입 상태가 우리로 하여금 불쾌한 생각으로부터 벗어나도록 휴식을 주는 것은 사실이다. 이런 점에서는 마치 술, 마약, 난잡한 성관계 등 다른 형태의 도피 행동들과 유사한 것처럼 보인다. 하지만 몰입과 다른 도피 행동들 사이에는 결과면에서 아주 큰 차이가 나타난다. 몰입 경험에는 어려운 과제에 도전하고 실력을 함양하는 요소가 포함되어 있으므로 인간적 성장으로 이어진다. 바꿔 말하면, 몰입이란 현실로부터 한 걸음 앞으로 나간 형태의 도피로 볼 수 있는 반면, 마약 등을 이용한 자극은 오히려 후퇴를 가져올 뿐이다. 알베르트 아인슈타인은 예술과 과학이야말로 현실로부터 벗어나기 위해 인간이 고안해 낸 최고의 도피 수단이라고 말한 바 있다. 그의 통찰력은 몰입을 가능하게 하는 다른 원천에도 똑같이 적용되는 것이다.

6. 통제가 전혀 어렵지 않다

사람들이 자신의 몰입 경험에 대해 이야기할 때 가장 먼저 언급하는 것들 중 하나는 강력한 상황 통제 능력이다. 일상생활에서 우리는 아무런 통제권이나 발언권을 행사할 수 없는 수많은 사건들에 끊임없이 노출되어 있다. 가령 도로를 위험하게 질주하는 운전자, 성격이 괴팍한 직장 상사, 침체되어 있는 경제 상황 등이 바로 그런 예들이다. 몰입 활동이라는 분명히 제한된 세계에서는 주어진 과제를 과감히 존중하고 이를 해결할 만한 실력을 계발하는 한, 상황을 웬만큼 자신의 의지에 따라 통제할 수 있는 가능성이 높아진다. 위에서 언급한 체스 선수처럼 어떤 사람들은 심지어 다른 사람들까지 통제할 수 있는 능력을 경험하기도 한다. "마치 군주가 되어 막강한 권력을 행사한다는 느낌입니다. 제 자신이 엄청나게 강한 존재라는 생각이 들고 다른 사람의 운명을 제 손아귀에 쥐고 있는 듯하지요. 아예 상대방의 생사를 놓고 제압하고 싶다는 생각입니다."

그러나 일반적으로 몰입의 감정은 이보다 한결 부드럽고 온화하다. 환경 자체보다는 자기 자신의 실력 발휘를 통제하는 능력에 더 가깝다고 할 수 있다. 한 농구 선수가 다음과 같이 묘사한 것과 비슷하다.

"확실히 제 자신이 상황을 좌우할 수 있는 상태가 되었다는 느낌입니다. 연습도 충분히 했고 골대를 향해 슛을 던질 때 예감이 무척 좋습니다. 그렇다고 해서 상대팀 선수들을 제압하고 있다는 느낌이 드는 것은 아닙니다. 상대팀 선수의 실력이 나쁘며 어떻게 하면 상대팀을 이길 수 있는지 그 방법을 알고 있을 때도 마찬가지죠. 제가 열심히 싸우고 통제하려고 하는 대상은 바로 제 자신이지 상대방이 아닙니다." 한 올림픽 출전 선수의 말은 이런 상태를 전형적으로 대변해 준다.

이것은 자신의 몸을 완벽하게 통제하거나 자신의 실력 발휘를 조절할 수 있는 상태라 할 수 있습니다. "그래, 좀 더 힘을 내어 이 친구를 떨어뜨려야겠군." 스스로 이런 생각을 품으면 실제로 더 빨리 달릴 수도 있게 됩니다. 그뿐 아니라 머릿속에 떠오르는 생각이나 정신마저 통제할 수 있는 상태이기도 합니다. 예를 들어, "좋아! 이럴 줄 알았어. 하지만 괜찮아. 별로 신경 쓰지 않을 테다."라고 다짐하며 정신과 육체를 완벽하게 통제하게 되지요.

사실상 자신의 마음에 대해 '완벽한 통제'를 한다고 말하면, 몰입 상태에서 실제로 경험하는 내용을 정확하게 묘사하기에는 지나치게 강한 표현이다. 요컨대 자신이 원하는 일이라면 무엇이든 할 수 있다는 것이 아니라 자신이 원하는 대로 일이 진행되도록 만들 수 있는 가능성이 존재한다는 것이다. '실제' 생활에서는 별로 경험할 수 없는 것도 가능해진다는 뜻이다. 시인 마빈 벨은 다음과 같이 적절히 표현한다.

몰입 상태에서 제가 어느 정도 스스로를 통제할 수 있냐고요? 저는 그런 생각조차 하지 않습니다. 이미 딴 세상에 가 있는 상태거든요. 그렇다면 딴 세상을 통제할 수 있는 상태가 되냐고요? 하지만 저는 이것을 통제라고 부르고 싶지 않군요. 왜냐하면 이것은 사물을 통제하는 것이 아니라 순순히 복종하는 것에서 오는 확신이기 때문이지요. 물론 선택을 스스로 함으로써 제 자신을 '통제'하는 것은 사실입니다. 하지만 제 선택의 근본적 이유는 의식적이기보다는 차라리 시적이라 하는 게 옳을 것 같습니다.

여기에서 벨이 말하고자 하는 바는, 시 자체의 미학적 요건들이 자신이 어떤 단어들을 사용해야 할지 알려준다는 것이다. 따라서 시인은 시를 표현하기 위한 통로가 되며 시어들은 그를 통해 흘러나오게 된다. 다른 많은 시인들 역시 자신이 하나의 도구가 되며 마치 음악과 시를 관장하는 여신 뮤즈에게 매료되고 영감을 받아 시가 나오는 것 같다고 경험을 토로한다. 모든 몰입 활동들은 나름대로 구체적인 논리와 아름다움을 갖고 있다. 따라서 몰입에서 자연스럽게 흘러나오는 규칙대로 움직이다 보면 과연 어느 쪽이 어느 쪽을 통제하는지 확신하기 어렵다. 그 활동을 벌이는 행위자로서 인간이 통제하는지, 아니면 반대로 몰입에서 나온 그 규칙들이 그를 통제하는지 말이다. 주어진 상황에 순종한다는 것은 몰입의 특징인데, 자신의 통제가 반드시 필요한 신체 활동에서도 이것은 마찬가지이다. 등산가의 말을 빌자면 다음과 같다.

사실은 그 행위를 하는 사람이 주인이 아니라, 오히려 사람이 뭔가 다른 것을 따라가며 움직인다고 해야 할 겁니다. 바로 이 순간에 정말로 기분 좋은 느낌이 찾아옵니다. 다시 말해, 뭔가 다른 것과 조화를 이루며 움직이고 있는 것이지요. 예를 들어 암벽은 물론 날씨나 주변 자연 경관 같은 것들과 말입니다. 그 순간은 자연과 하나가 되며 저는 따로 존재하는 사람이라는 느낌 자체가 소멸되는 겁니다.

일상생활에서 우리들은 평소에 자신의 삶을 통제할 필요가 있다고 생각하는 게 대부분이다. 그렇지 않으면 다른 사람들이 우리를 이용하려 들 것이라는 두려움 때문이다. 이런 관점에서 볼 때 인텔 회장인 앤디 그로브가 입버릇처럼 누누이 말하던 "편집증 환자만이 살아남는다."라는 말이 일리가 있는지도 모르겠다. 세상이 워낙 각박하다 보니 사람들은 훈족 지도자 아틸라의 리더십 비법을 높이 평가하거나 『손자병법』을 읽고 마키아벨리의 전략을 터득해 활용하려고 한다. 권력과 통제와 군림은 생존을 위해 반드시 필요한 전술처럼 보이기 십상이다. 하지만 똑같은 상황이라도 몰입 상태에 있는 사람의 시각에서 바라볼 때에는 판이하게 달라 보인다. 협상이나 예산 편성, 임원 회의에서 통제권을 쥐려고 할 필요성이 더 이상 없어진다. 정말로 중요한 것은 주어진 과제를 위해 최선을 다하는 일뿐이다. 그리고 최선을 다하는 것만이 승리를 가져다줄 것이라는 확신을 지니게 된다.

7. 시간에 대한 감각이 달라진다

몰입 경험의 전형적인 특징 중 한 가지는 시간에 대한 감각이 평소와는 달라진다는 것이다. 이 경우에 흔히 시간이 빠른 속도로 날아가는 것으로 인식된다는 뜻이다. 한 체스 선수는 이렇게 이야기한다. "시간이 평소보다 백 배나 빨리 지나갑니다. 이런 의미에서 본다면 마치 꿈을 꾸고 있는 상태와 비슷하다고나 할까요. 몇 초 사이에 모든 내용이 전개되어 버린 느낌이지요." 한 외과의사도 여기에 공감을 표시한다. "시간의 체계가 완전히 뒤틀려져서 훨씬 빨라진 것 같습니다. 십오 분 정도 시간이 지나간 것으로 생각했는데, 알고 보니 두 시간이 지나간 적도 있지요."

개인적으로도 이런 현상을 설명할 수 있는 좋은 예를 경험한 적이 있었다. 부다페스트의 작은 아파트에 사는 나의 이복형제 모리츠가 세상을 떠나기 전에 그를 방문했을 때였다. 나보다 스무 살 많은 모리츠는 파란만장한 인생을 살았던 인물이다. 그는 제2차 세계대전이 발발하기 전까지 식구 수가 늘어만 가는 가족을 부양하기 위해 마음에 내키지 않는 일을 억지로 해야만 했다. 전쟁 이후에 그는 구 소련의 강제 수용소에 끌려가 6년 동안 갖은 고생을 다했지만, 다행히 살아남을 수 있었다. 그는 제네바와 로마에서 대학을 다니고 학위도 갖고 있었음에도 강제 수용소에서 석방된 후 별다른 할 일을 찾지 못했다. 그래서 수년 동안 그가 할 수 있는 일이라곤 고작 증기 기관차의 화부 노릇을 하는 것이었다. 하지만 그는 단 한 번도 불평하는 법이 없었고, 자신의 가족에게 변함없이 헌신하는 모습을 보였고 자신의 포부도 잃지 않았다. 그러다가 여든의 고령에 접어들고 나서야 비로소 평생 동안 자신이 바라던 지적인 열정을 불태울 수 있었다. 그것은 바로 수정을 수집하는 일이었다. 그는 관련 전문 잡지도 읽고 수정을 판매하는 상인들을 만나러 멀리 여행을 떠나기도 했으며 세미나 등 회의에 참석하는 열정도 보였다. 그는 자기 집 거실 분위기를 완전히 바꾸어 박물관처럼 만들어 놓았다. 거실의 사방 벽에는 수정을 진열하기 위한 수많은 선반들이 바닥부터 천장까지 올라가 있었다. 게다가 조명등을 설치하여 세계 도처에서 수집한 희귀 표본들이 좀 더 잘 보일 수 있게 해두었다.

그가 모은 수정 표본들을 유심히 관찰하고 있을 때, 모리츠가 작은 사과만한 크기의 암석 하나를 선반에서 들어올리더니 내게 보여 주었다. "바로 어제 이 녀석을 관찰하고 있었거든." 그는 입가에 미소를 띠며 내게 말했다. "아침 9시경인가, 이 암석을 더 자세히 구경하려고 현미경 밑에 놓았단 말이야. 그때 창문 밖의 날씨를 보니 화창하고 맑더군. 오늘 날씨처럼 말이야. 난 계속 이 녀석을 이리저리 돌려보며 관찰을 하고 있었지. 암석에 패이거나 뚫려 있는 온갖 균열과 틈새를 살피기도 하고, 내부와 주변에 다양하게 형성된 수정의 형태를 유심히 들여다보고 있었단 말이야. 그러다가 문득 고개를 들어 밖을 내다보았는데, 밖이 너무 어두워져서 '폭풍우라도 몰려오려나 보다.' 하며 마음속으로 생각했지. 바로 그때, 날이 온통 흐려져서 그런 게 아니라 해가 이미 기울어져 저녁이 되었다는 사실을 깨달았지. 그러니까 그때 시간이 저녁 7시였던 게야."

그가 들고 있던 암석 조각은 정말로 아름다웠다. 마치 산 하나를 축소시켜 놓은 모형처럼 보였다. 온갖 동굴들이 작고 앙증맞은 무지갯빛 석순들로 밝게 빛나고 있는 듯했다. 이렇게 아름다운 암석 조각이라면 나라도 5분 정도는 무아지경에 빠져 관찰할 수 있을 것 같았다. 하지만 몇 시간 동안 그럴 수가 있을까? 나는 속으로 나라면 도저히 상상할 수 없는 일이라고 생각했다. 모리츠와 나 사이에 차이점이 있다면, 그는 암석의 모든 얼룩이나 균열, 표면에 생긴 미세한 결을 보며 일일이 감상할 수 있는 지식을 터득했다는 점이다. 나처럼 문외한이 보기에 이 암석은 기껏해야 흥미가 끌리는 돌조각에 불과했던 반면, 그에게는 심오한 책처럼 풍부한 정보가 담겨져 있고 환상적인 아름다움을 머금은 암석이었던 것이다. 그는 이 암석의 화학적 구성, 암석 형성에 기여한 물리적 요인들, 암석이 추출된 자연환경의 특성, 그 지역의 지리적 위치 등까지 파악해 낼 수 있었다. 그는 이 암석을 발견하기까지의 역사는 물론 이 암석의 성분들이 어떤 용도로 쓰일 수 있는지에 대한 지식도 갖추고 있었다. 그의 암석 분석 능력과 그 암석 조각에 살아 숨쉬고 있던 정보가 만나게 되자 드라마에서나 볼 수 있는 것처럼 마치 시간이 정지된 것 같은 현상이 나타났던 것이다.

일부의 경우에는 정반대의 현상이 나타나기도 한다. 다시 말해 시간이 단축되기보다는 오히려 더 늘어나는 경우를 말한다. 운동 선수들 가운데 상당수는 도노번 베일리와 비슷한 경험을 했을 것이다. 도노번 베일리는 50미터 달리기 분야에서 세계 최고 기록을 보유하고 있으며, 올림픽 100미터 달리기에서도 금메달을 획득한 적이 있다. 그런데 그의 설명에 따르면, 달리기를 마칠 때까지 걸렸던 9.8초라는 짧은 시간이 그에게는 영원처럼 길게 느껴졌다고 한다. 작가인 피터 데이비슨도 이와 비슷한 의견을 제시한다. "떠오르는 시상에 완전히 몰입되어 집중하다 보면 5분이라는 물리적인 시간이 마치 일주일이라는 긴 시간처럼 여겨집니다." 등산가인 더그 로빈슨은 암벽을 등반할 때 어려운 지점에 도달하면 느끼는 경험을 이렇게 고백한다. "사람들은 객관적으로 한순간에 불과하다고 말하지만, 여기에 완전히 몰입되어 있다 보면 영원의 시간이 지나간 듯한 느낌이 들지요."

로빈슨의 분석에는 타당성이 있다. 시간이 지나가는 속도는 그 사람이 얼마나 몰두하고 있는가에 따라 달라지기 때문이다. 즉 정신의 집중도에 따라 느낌이 달라진다는 것이다. 사람들이 모든 시간의 간격이 동일하다고 생각하는 이유는 시간을 물리적으로 측정하는 시계가 발명되었기 때문이다. 물리적으로는 60초가 1분에 해당하고, 60분이 1시간에 해당한다는 식이다. 그러나 현실적으로 우리는 시간을 이보다 훨씬 주관적으로 경험한다. 따라서 때로는 시간이 무척 빠르게 지나가고 때로는 천천히 흘러가기도 하고 때로는 아예 정지한 것처럼 느껴지기도 한다. 몰입 상태에 있는 사람은 당면한 과제의 활동에 맞추어 시간을 인식하기 마련이다.

시간을 정확하게 파악하는 것이 몰입에 방해가 되지 않고 오히려 몰입의 경험을 위한 조건이 되는 활동들도 존재한다. 예를 들어 외과의사들은 차례대로 대기하고 있는 환자들을 정확한 시간에 수술해야만 한다. 수술진이 사전에 미리 모든 준비를 마친 후에 정확한 시각에 수술을 시작하는 것이다. 실력과 전문성이 뛰어난 외과의사들은 다음과 같이 논평한다. "나는 항상 정확한 시간을 파악하고 있습니다. 현재 몇 분인가 하는 것도 감각적으로 느끼지요." 이들에게 있어서 직관적으로 정확한 시각을 파악하는 능력이야말로 몰입을 경험하기 위해 반드시 필요한 기술 중 하나인 것이다.

올림픽 피겨스케이팅 선수 한 사람은 몰입 경험에 따라 달라지는 시간 감각에 대해 이렇게 잘 정리해서 설명한다. "시간은 자신의 의지에 따라 빨라지기도 하고 느려지기도 합니다. 예를 들어, 주의를 집중할수록 시간은 느려지게 마련입니다. 그런데 정말로 어려운 일인데 자신이 잘 해내고 있다는 느낌을 가질 때는 평소에 오래 걸리는 일인데도 시간이 빨리 갑니다." 바꿔 말하면, 우리는 몰입을 통해 끊임없이 시계를 들여다보며 걱정하기보다는 시간의 속도에 대한 주관적 경험을 통제하는 법을 배우는 것이다.

8. 자아의 상실

우리는 지금까지 몰입 상태에 빠지게 되면 자신의 문제와 주변 환경은 물론, 자기 자신의 존재마저 잊어버리게 된다는 사실을 몇 번이고 이야기했다. 이것은 마치 개인의 존재 인식이 잠시 정지되어 버리는 느낌을 준다. 이는 강력한 주의 집중에서 나오는 또 하나의 결과로 볼 수 있다. 즉 현재 당면한 과제와 직접적인 관련이 없는 것이라면 무엇이든 의식 밖으로 밀어 버리고 마는 것이다.

등산가인 데니스 에벌은 알프스의 고봉인 마터호른을 오를 때 겪었던 어려움을 상기하며 당시를 '나라는 존재를 완전히 잊어버리고 등반에 몰입되어 자연과 내가 혼연일체가 되었던 기쁨을 맛볼 수 있었던 소중한 순간들'이라고 설명한다. 그런데 사실을 따지고 보면 암벽 위에 놓인 자신은 물론, 손과 발의 위치나 자세 등을 제대로 인식하지 못한다는 의미에서 자신을 망각하는 것은 결코 아니다. 오히려 암벽을 타고 있지 않는 평소보다 자신의 신체나 기능을 훨씬 더 잘 인식할 게 분명하다. 마찬가지로 외과의사나 피아니스트 역시 자신의 손가락 감각을 잃는다거나 의식하지 못하게 되는 것이 아니다. 체스 선수의 경우에도 머릿속에서 전략을 상실하지 않는다. 정말로 이들이 잊어버리는 것은 사회에 속해 있는 자신의 개인적인 정보나 상징들이다. 가령 이름이나 지위, 주민번호 등은 물론, 이와 관련된 모든 사회적 책임과 의무를 머릿속에서 지워 버리는 것이다. 자의식으로부터 잠시나마 해방된다는 느낌, 또는 야망과 포부, 패배감과 공포, 욕망 등으로부터 벗어나는 느낌은 무척 상쾌하고 신나는 경험이다.

만약 이런 느낌이 '혼연일체의 기쁨'이라는 표현을 사용할 정도로 항상 깊고 강렬한 것이 아니라 하더라도, 적어도 자신보다 더 위대하고 강력한 어떤 존재에 소속되어 있다는 느낌을 주는 경우가 많다. 여기에서 강력한 존재란, 음악가들이 악기 연주에 집중하는 동안 의식 속에서 경험한다는 '천체의 음악(천체의 운행에 의해 생긴다고 피타고라스가 상상했던 음악)'이나 하나의 전통일 수도 있다. 아니면 이것은 동일한 목적을 지향하는 효율적인 집단 활동에 자신이 속해 있다는 만족감에 불과할 수도 있다. "수술이란 것도 팀 전체가 이루는 노력의 결집체라고 할 수 있습니다. 하지만 비유하자면 야구와 비슷하지요. 뛰어가다가 굳이 멈추어 서서 지금 공이 어디쯤 있을까 확인할 필요가 없단 말입니다. 전체적인 움직임을 보면 경기가 어떻게 진행되고 있는지 파악할 수 있으니까요. 가장 힘들고 어려운 상황을 만날 때에만 팀 전체의 인식으로부터 서서히 빠져나올 수 있는 겁니다."

서구 문화는 사회 구조로부터의 자아 분리, 개인의 개체성, 자율성 등을 강조한다는 점에서 세계 다른 모든 국가들과 차이점을 가지고 있다. 하지만 우리는 인간으로서 개인보다 더 위대하고 강력한 존재, 또는 공동체에 속해 있다는 느낌을 지속적으로 가져야 한다. 매일 우리가 겪는 일상생활 속에서는 이런 느낌을 경험할 만한 기회를 좀처럼 만날 수 없다. 설령 그럴 기회가 있다 하더라도 연주회, 공연, 스포츠 경기, 종교 행사, 정치 집회 등 우리 자신이 대개 소극적인 청중에 속하게 되는 경우가 많다. 따라서 몰입으로 인해 생기는 개체성의 초월은 개인의 자아보다 위대하고 강력한 존재에 적극적으로 개입할 수 있는 기회를 좀처럼 제공하지 않는다.

    사람들은 몰입의 경험이 진행되는 동안 대체로 자아를 망각하게 되지만 그 이후에는 오히려 자부심이 높아진다. 하루 동안 자부심의 변화를 측정할 때 몰입 상태에 근접한 이후에는 개인의 자부심 수준이 상당히 올라간다는 사실을 발견한다. 마찬가지로, 몰입 경험이 많은 사람일수록 전체적으로 볼 때 자부심이 높게 나타난다. 우리는 일견 모순적으로 보이는 이런 역설적인 결과를 미처 예상치 못했지만, 사실상 이것도 따지고 보면 그리 놀랄 만한 것이 못 된다. 그도 그럴 것이, 이미 약 50년 전에 오스트리아 정신병리학자인 빅토르 프랑클은 행복해지고 싶다고 해서 행복을 얻을 수 있는 것은 아니라는 글을 쓴 적이 있었다. 바꿔 말하면, 행복은 자아보다 위대하고 강력한 목표를 향해 열심히 일하다가 의도하지 않았던 결과로써 나타나야만 하는 것이다. 그의 이런 깨달음은 우리 연구진이 발견해 낸 결과를 통해 진리였음이 증명된 셈이다.

몰입 경험과 자기 목적성

몰입 경험으로 인해 얻은 결과는 타인에게 중요한 영향을 미칠 수도 있고 극히 개인적일 수도 있다. 외과의사가 수술을 통해 인명을 구하는 것은 전자에 해당하고, 시인이나 음악가가 아름다운 시를 짓거나 음악을 작곡해 내는 것은 후자에 해당한다. 이 두 가지 성격의 몰입 활동은 양자 모두 행위자에게 있어 소중한 목표를 가진 것이다. 하지만 몰입 활동에서 이런 목표들은 아예 필요조차 없다. 특정 과제를 행할 때 몰입이 이루어지면 몰입 그 자체를 위해 그 일을 행할 만한 가치가 생기기 때문이다. 유명한 작곡가 한 사람은 이렇게 말한 바 있다. "나는 학생들에게 이렇게 말한답니다. '여러분은 돈을 벌거나 명성을 획득한다든지, 아니면 하다못해 다른 사람들로부터 칭찬이나 격려 등 무엇이든 받을 생각을 아예 하지 않길 바랍니다. 여러분이 좋아서 스스로 하시기 바랍니다.'라고 학생들에게 당부하지요." 불교의 한 격언에서 표현하듯이 "일에 대한 권리는 있으되 그에 대한 대가를 받을 만한 권리는 가지지 않는다."는 것이 옳을 것이다. 그런데 사실상 우리가 사는 세상에는 이런 생각이 별로 인기를 얻지 못한다는 점을 인정할 수밖에 없을 듯하다. 모든 사람들이 자신의 권리와 소유에 관심을 가지기 때문이다. 물론 우리는 스스로 받아야 할 정당한 대가를 원하게 마련이다. 그리고 이를 획득하기 위해 최선을 다해야 한다. 그러나 이런 대가에 앞서 그 일 자체를 즐거워하지 않는다면 정말로 중요한 요소를 상실하고 마는 것이다.

그 자체로 할 만한 가치가 있는 일을 가리켜 '자기 목적성'이 있다고 말한다. 자기 목적성이 있다는 뜻의 'autotelic'이란 영단어는 그리스어에서 '자기 자신'을 나타내는 'auto'와 '목적'을 나타내는 'telos'가 결합된 것이다. 다시 말해 그 자체 내에 목적을 포함하고 있다는 뜻이다. 이렇게 자기 목적성이 있는 활동을 추구할 때 우리는 구태여 외부로부터 대가를 필요로 하지 않는다. 반대급부나 찬사가 없더라도 우리는 기타를 연주하거나 도보 여행을 떠난다든지 좋은 소설 한 권을 읽는다. 달리 표현하자면 이런 활동은 내부로부터 자체적으로 대가가 주어지는 활동이다. 가장 큰 보상은 이런 일에 참여하고 있다는 사실 자체에 있기 때문이다. 이에 반해, 이른바 '외부 목적성'이 있는 일들은 외부로부터 대가가 주어지는 활동들이다. 다시 말해 일정한 이득을 얻기 위해 혹은 처벌을 면하기 위해 행하는 일들을 의미한다. 청소년들이 학교 수업을 위해 행하는 과제나 활동, 성인들이 급여를 대가로 직장에서 하는 일 등은 흔히 외부적인 동기가 존재하는 경우라고 할 수 있겠다.

순수하게 자기 목적성이 있거나 순수하게 외부 목적성이 있는 일들은 거의 존재하지 않는다. 프로 운동선수나 음악가들 중에서 상당수는 자기들이 하는 일을 더 이상 즐거운 마음으로 하지 않는다. 기껏 계약이나 급여가 가장 큰 동기 부여인 것이다. 반면 수많은 사람들은 급여나 대가를 더 이상 받지 못하는 상황에서도 자신의 일을 진정으로 사랑하기 때문에 기존에 해오던 일을 계속해 나가기도 한다. 여기에서 강조하고자 하는 것은 우리가 금전적인 보수를 받고 있다고 해서 반드시 그 일을 즐길 수 없는 건 아니라는 점이다. 우리의 인터뷰에 응했던 외과의사들은 높은 보수를 받고 있었으며 대체로 자신이 하는 일을 좋아하고 있었다. 반면에 그렇지 않은 사람들의 경우에는 점차 어려움을 겪기 시작했다. 이런 사람들은 일에서 몰입을 경험하지 못하므로 다른 방면에서 몰입을 추구하려 했고, 결국에는 자신의 직업이나 삶 전체에 좋지 않은 영향을 주는 결과를 초래했다.

자기 목적성을 지닌 태도를 너무나 서정적으로 잘 표현한 내용이 있어 소개하고자 한다. 등산가이자 시인인 젊은이가 두 분야에서 모두 몰입을 경험하며 자신의 의견을 제시한 것이다.

암벽 등반의 신비한 매력은 등반 자체에 있습니다. 일단 암벽의 정상에 도달하면 드디어 해냈다는 즐거움에 젖지만 한편으로는 계속해서 끊임없이 오르고 싶다는 마음이 더욱 간절해집니다. 암벽 등반의 진정한 목적은 등반 자체라고 할 수 있습니다. 글을 쓰는 진정한 목적이 글을 쓰는 것 자체에 있는 것과 마찬가지이지요. 시의 진정한 목적은 글을 쓰는 즐거움에 있습니다. 등반도 이런 점에 있어서 마찬가지라 할 수 있습니다. 자기 자신이 물결의 흐름이라고 인식하는 것이지요. 물결의 목적은 계속 흘러가는 데 있습니다. 최고의 정점이나 유토피아를 꿈꾸는 것이 아니라 물결 자체에 머물러 있다는 겁니다. 위를 향해 올라가는 것이 아니라 오히려 끊임없이 흘러가는 느낌입니다. 마치 그 흐름이 계속되도록 하기 위해 위로 올라간다는 것이지요.

어떤 사람은 여기에 반론을 제기하면서 이렇게 주장할지도 모르는 일이다. "악기 연주나 등산, 시작(詩作) 활동, 작곡 등을 할 때 그 자체의 즐거움 때문에 하게 된다는 말은 일리가 있습니다. 하지만 실생활에서 과연 그게 현실성이 있을까요? 예를 들어, 실제 직장 등 종종 열악한 환경에서 열심히 일을 해야만 하는 상황에도 적용될 수 있느냐는 말입니다."

이번 장에서 몰입의 예들이 대부분 시인이나 음악가 등 흔히 평소에 '레저' 활동이라 생각되는 분야에 참여하는 개인들로부터 도출된 것은 사실이다. 하지만 그 이유는 단지 이들의 예를 통해 몰입 경험의 실체를 가장 명확하게 파악할 수 있기 때문이다. 예술, 스포츠, 레저 활동은 일반적으로 사람들이 편하게 즐길 수 있는 일이기 때문에 존재하는 것이다. 이런 의미에서 이런 활동들이야말로 다른 동기들이 섞여 있지 않은 거의 '순수한' 몰입 활동의 예로 볼 수 있다. 하지만 이 책에 포함된 일부 경험담은 환자의 생사를 다루는 외과의사나 산업 현장의 근로자, 아이의 육아를 책임지는 어머니 등 일상에서 흔히 접할 수 있는 어려움을 겪는 사람들로부터 얻은 것이다. 때문에 어려움이나 위험성이 거의 없는 시점에서만 몰입 현상이 일어난다고 결론을 내리는 것은 잘못이다. 부담없이 자유롭게 선택하거나 실생활에는 아무런 영향을 미치지 않는 흥미로운 활동에 참여할 때만 몰입이 가능한 것은 아니다. 몰입의 가치를 온전히 파악하려면, 어떤 일이든 몰입의 요소들만 존재한다면 얼마든지 즐길 수 있다는 사실을 깨달아야 한다. 우리가 앞서 살펴보았듯이, 심지어 감옥의 독방에서 혼자 왔다 갔다 걸어가면서도 얼마든지 즐거움을 얻을 수 있는 것이다. 이런 의식 구조에서 생각할 때, 일견 따분하고 재미없는 일이라 할지라도 상상 밖으로 엄청난 성취감과 만족감을 선사할 수 있는 원천이 될 수 있는 것이다.

몰입의 기원

몰입이란 최근에 와서야 비로소 발견된 현상이 결코 아니다. 현대 심리학의 다양한 기법을 활용하여 좀 더 체계적이고 접근 가능한 방법으로 실체가 드러나게 되었지만, 몰입의 기본적인 양상은 이미 오래전부터 파악되고 있었다. 가령 톨스토이는 자신의 장편소설『안나 카레니나』에서 몰입 경험을 놀라우리만큼 정확하게 묘사하고 있다. 부유한 지주 레빈이 자기 밑에서 농노로 일하는 티투스가 가르치는 대로 큰 낫으로 건초를 베는 요령을 습득해 가는 장면이다. 이 장면을 묘사하는 문장이 너무나 생생하여 여기에서 인용해 보겠다.

"팔을 적게 흔들고 몸을 이용해 낫을 휘두르도록 해야겠군." 그는 생각했다. 티투스가 한 줄로 길게 베어 낸 자리는 마치 선을 그은 듯 깔끔하게 보였다. 반면에 그가 베어 낸 자리는 고르지 않고 이리저리 불규칙하게 풀이 흩뿌려진 듯 보였다.

……그는 아무 생각도 하지 않았다. 소작인들보다 뒤처지지 않으면 자신이 맡은 일에 최선을 다하고 싶다는 생각 외에는 아무런 바람도 없었다. 낫을 휘두를 때 획 하고 나는 소리 외에는 아무 소리도 들리지 않았다. 눈앞에서는 흐트러짐 없이 똑바로 서서 건초를 베는 티투스의 모습이 점차 멀어지고 있었다…….

레빈은 시간에 대한 모든 감각을 잃어버리고 말았다. 그때가 늦은 시각인지 이른 시각인지조차 분간할 수 없었다. 그가 하던 일에도 어느덧 변화가 나타나기 시작했고, 그는 이루 말할 수 없는 만족감에 젖었다. 한창 열심히 일하고 있는 동안 이따금 자신이 무슨 일을 하는지조차 잊어버리곤 했고, 일하면서도 편안한 느낌이 찾아왔다. 그런 경험을 하는 순간에는 자신이 건초를 벤 자리가 티투스가 벤 것만큼이나 깔끔하고 부드럽게 보였다. 그러나 막상 자신이 하는 일을 머리에 떠올리며 더 잘하려는 생각이 들기 시작하자, 그 순간부터 당장 자신의 일이 얼마나 어려운 일인지 의식하게 되었다. 건초를 베고 난 자리도 형편없었다…….

무의식의 순간들이 이제는 좀 더 자주 찾아왔다. 이런 때면 자신이 하는 일을 생각조차 하지 않는 게 가능해졌다. 낫이 저절로 움직여 건초를 베고 있었다. 참으로 행복한 순간들이었다.

톨스토이 이전에도 인간의 삶을 개선하려는 세계의 거의 모든 종교들이 저마다 나름대로의 몰입 상태를 발견하고 이를 그들 종교 행위의 일부분으로 포함시키고자 노력해 왔다. 종교 의식이나 기도, 또는 내적 영성 훈련의 방법을 통해서 말이다. 몰입 경험의 요소들은 초기 신교 사상의 엄격함이나 예수회의 규칙은 물론, 베네딕투스 수도회 등 초기 기독교 수도회에서도 발견된다. 불교나 도교의 가르침에서는 더욱 쉽게 찾아볼 수 있고, 힌두교의 바가바드기타에서 볼 수 있듯이 시바신이 왕자 아르주나에게 주었던 지시에서도 발견된다. 인류학자 멜 코너는 텔레비전 인터뷰에서 모든 문명이 종교를 만들고 신을 추구했던 이유는 무엇이었는가 하는 질문을 받았을 때 이렇게 대답했다. "어떤 문명이든 인간이 추구했던 것은 신이 아니라 인생의 희열이었습니다. 살아 있다는 것이 무엇을 의미하는지 이해하려고 노력했던 것이죠."

실로 몰입과 종교는 존재의 이유와 정당성을 발견하기 위해 인간이 추구했던 동일한 노력의 각기 다른 형태일 뿐이다. 주요 종교들은 우주와의 영적인 합일을 추구하는 과정에서 인간의 몸과 마음, 정서들이 완전히 한데 빠져들 수 있도록 기회를 제공한다. 서방 국가들은 점차 종교를 등지고 있다. 미국에서는 18세에서 29세 사이의 젊은 층의 55퍼센트가 신에 대한 강력한 믿음을 가지고 있는 반면, 그 비율이 스웨덴에서는 10퍼센트, 영국에서는 11퍼센트, 프랑스에서는 12퍼센트에 불과하다. 동일한 연령 집단에서 1년에 2회 이상 교회에 나간다는 비율을 놓고 보면 각각 32퍼센트, 10퍼센트, 4퍼센트, 8퍼센트로 밝혀졌다. 따라서 서방 세계에서는 점차 삶의 의미에 대한 해답을 소유나 물질적 풍요에서 찾고 있다. 몰입 경험은 종교에 대한 대안이 될 수 없지만 적어도 인생의 희열이 무엇인지 조금이나마 경험할 수 있도록 해 줄 뿐 아니라, 인간을 좀 더 영적으로 충만된 존재가 되도록 유도한다. 따라서 우리는 이 장을 마무리하며 암벽 등반가 중 한 사람이 피력하는 다음의 내용을 소개하고자 한다.

제가 그나마 가지고 있는 유일한 종교적 감정들은 산으로부터 나옵니다. 저는 산이야말로 사람에게 영적인 문제들을 깨닫게 해 준다고 생각합니다. 산에 오르면 인간이나 인간의 포부가 얼마나 미약하고 왜소한지 깨달을 뿐 아니라 자연을 음미할 수 있지요. 이런 깨달음을 통해 인간이 한 단계 성장할 수 있음은 물론입니다. 산들의 아름다움을 감상할 수 있다는 점에서 저는 무척 운이 좋은 사람입니다. 정신적으로나 종교적으로나 저는 많은 점에서 동일하게 느껴집니다.

물론 등산가가 단순히 산의 정상까지 오른다고 해서 성인으로 탈바꿈되는 것은 아니다. 종교 자체와 마찬가지로, 몰입의 외부적 속성들이 사람에게 행복감이나 편안함을 가져다주는 것을 보장하지 못한다. 일부 등산가들은 개인적인 욕망의 추구나 극기를 목적으로 산을 오르기도 한다. 이것은 일부 외과의사들이 돈과 권위를 위해서만 수술을 행하는 것과 동일한 이치이다. 과거에 수많은 교황이나 불교 지도자 역시 그랬었다. 다만 몰입은 삶의 질을 향상시킬 수 있는 기회를 제공하는 것이다. 어떻게 하면 실제로 자신의 삶 속에서 이를 실천하는가 하는 것은 다음에 이어질 장들에서 더욱 상세하게 다루려 한다.

제4장
몰입 속에서 성장하기

> 직장 내에서 몰입이 오랜 시간에 걸쳐
> 지속적으로 반복해서 나타나게 되면
> 이 경험을 한 사람은 독특한 개성과 능력을 갖춤과 동시에
> 조직에서 반드시 필요한 인물이 된다.

앞에서 살펴본 바와 같이 몰입은 경험하고 있는 그 순간에 우리의 기분을 한결 좋게 해 주며, 몸과 마음이 조화를 이룰 때 나타나는 육체적·정신적 잠재력을 느낄 수 있게 해 준다. 그러나 무엇보다도 몰입이 더욱 중요한 도구가 될 수 있는 것은 궁극적으로 삶의 질을 높여 주기 때문이다. 어떻게 이런 과정이 전개되는지 파악하기 위해 몰입의 주요 요건 중 하나인 '과제와 실력의 균형'에 대해 생각해 보기로 하자.

사람들은 난생 처음으로 무엇인가 새로운 일을 할 때가 있다. 예를 들어 처음 피아노 치는 법을 배운다고 할 때 사람들의 실력 수준은 초보 단계로 볼 수 있다. 초기에는 손가락 하나로 간단한 노래를 한 곡조 연주할 수 있을 정도에서 만족감을 느낄 것이다. 그러나 곧 건반

위에서 손가락을 이리저리 서툴게 움직이는 것에 만족하지 못하고 점차 따분하게 느낄 단계에 접어들 것이다. 이 시점에 이르면 여러 가지 선택이 가능해진다. 어떤 이는 아예 피아노 배우기를 접으려고 할 것이다. 또 어떤 이는 낮은 수준에 계속 머무르면서 가끔씩 건반을 두드려 보는 데 만족할 것이다. 편안하고 부드럽게 즐기면서 여유를 부릴 뿐이다. 또 어떤 사람은 다음 단계로 실력을 높이기 위해 필요한 열정을 투입하며 좀 더 어렵고 까다로운 과제에 도전하려 할 것이다. 예를 들어 두 손으로 좀 더 복잡한 곡을 연주하는 것이 바로 그것이다.

새로운 기술을 습득할 때마다 종류와 무관하게 이런 선택들은 몇 번이고 계속된다. 바람직한 몰입 활동이란 실력을 향상시킬 수 있는 기회가 무궁무진한 활동을 말한다. 가령 피아노 연주의 경우에도 기회나 도전이 얼마든지 주어진다. 사람으로 하여금 실력 성장의 기회가 제공되는 것이다. 만약 지속적으로 몰입 상태를 유지하려면 매번 실력을 한 단계 높여 새로운 기술을 습득하고 복잡성의 수준을 향상시켜야 한다.

비즈니스나 전문 직종에는 점차 더 많은 책임을 감당할 수 있도록 여러 단계가 존재한다. 따라서 몇 년 동안 계속해서 점차 많은 몰입을 경험할 수 있게 된다. 정년 퇴직을 하는 경우에도 개인적 성장이 계속해서 일어날 수 있도록 나름대로의 조치를 취할 수 있다. 부동산 업계에서 열심히 일하다가 56세에 정년 퇴직을 맞은 딕 제이컵슨은 여생을 보낼 계획에 대해 다음과 같이 이야기한다. 동료들과 마찬가지로, 그에게도 역시 개인의 지속적인 성장은 우선순위에서 가장 중요한 일이었다.

저는 정년을 맞았습니다만 이제 아무 일도 하지 않고 그저 베란다에서 책이나 한가롭게 읽으며 앉아 있을 생각은 추호도 없습니다. 제가 세운 목표는 인간으로서 계속 존재하는 겁니다. 인생을 끝내는 그 순간까지 계속해서 열심히 땀 흘려 일을 하고 싶습니다. 계속 뭔가 새로운 것을 배움은 물론이고 자신을 성장시키고 도전 의식을 일으킬 만한 새로운 경험을 계속해 나가는 게 제겐 무척 중요합니다. 저는 새로운 기술을 익히고 새로운 경험을 하는 걸 좋아하거든요.

과제의 난이도가 동일한 수준에 계속 머물러 있게 되면 무슨 일이든 쉽게 싫증이 나게 마련이다. 스포츠화 제조업체 뉴밸런스 사의 CEO인 제임스 데이비스는 이렇게 말한다. "도전할 만한 과제가 없으면 저는 금세 지루함을 느낍니다." 사업가들에게 있어서는 신생 기업을 출범시키고 그 기업을 한 단계 높은 수준으로 성장시키는 일이야말로 자신의 능력과 자질을 발휘할 수 있는 끊임없는 기회를 제공한다. 기업의 성장은 대체로 경영인들이 가지는 개인적 성장의 필요성에서 나타나는 결과라고 해도 과언이 아닐 것이다. 데이비스는 사람들이 일정 수준의 성공에 도달하면 거기에 얼마나 빨리 익숙해져 버리는지 들려준다. "3년 전에 우리 회사 매출은 약 3억 달러 수준이었지요. 그래서 우리는 새로운 매출 목표를 10억 달러로 잡았습니다. 올해에 우리 회사는 10억 달러 목표를 달성할 겁니다. 하지만 일단 그 목표를 달성하고 나면 별로 대단한 것 같은 느낌이 들지 않게 될 겁니다. 하지만 현재 3억 달러의 실적을 올리고 있는 수준에서 볼 때, 10억 달러라면 그야말로 엄청난 겁니다."

데버러 베세머는 이렇게 말한다. "저는 속도를 좋아합니다. 상황이 변하는 것, 특히 빠르게 변하는 것을 좋아합니다. 빠른 변화를 경험하다 보면 항상 새로운 과제와 도전에 직면하게 됩니다. 저는 도전과 성장이라면 흥분할 정도로 기분이 좋아지죠."

이상적인 상황에서라면, 직원들의 실력이 점차 향상됨에 따라 그에 걸맞게 책임과 권한이 더 많은 직책으로 승진이 이루어져야 한다. 그런데 만약 상하 구조가 아닌 거의 수평 구조를 이루고 있는 조직에서라면 실력 향상에 따라 그에 걸맞은 수평적인 업무 조정이 이루어져야 한다. 그러나 경영층에서 아무리 노력을 기울이더라도, 직원들의 상당수는 자신의 능력에 부합되지 않거나 성장 가능성이 별로 없는 일을 하며 시간을 보내기 일쑤이다. 우수한 경영인들은 직원들의 업무 관리에 있어서 자신이 해야 할 가장 중요한 일이 무엇인지 잘 파악하고 있다. 그것은 직원들이 업무적으로 침체에 빠지지 않도록 이들의 수준에 맞게 좀 더 다양하고 도전적인 일들을 제공하는 것이다. 그렇게 하기 위한 한 가지 확실한 방법은 기업 자체의 성장을 통해서 이를 이루는 것이다. 맥도날드의 잭 그린버그는 이렇게 말한다.

직원들이 업무에 지속적인 관심을 갖고 활력을 유지하도록 자극하려면 기업의 지속적인 성장이 필요합니다. 공동체의 노력을 지원하고 수익 창출의 기회를 제공하는 기업으로 거듭나기 위해서도 마찬가지입니다. 우리 기업의 존재 목적이 바로 그것이기 때문입니다.

가정이나 주택의 청소 · 유지 · 보수 · 소독 등 홈서비스 전문 기업인 서비스마스터 사의 C. 윌리엄 폴러드는 자신의 일을 가장 의미 있고 가치 있게 만드는 게 과연 무엇인가 하는 질문을 받았을 때 다음과 같이 답변했다.

제 관점에서 본다면 개인의 발달과 성장이라는 전체 과정이야말로 제가 하는 일에 의미를 가져다주는 것이라 할 수 있습니다. 저는 우리 회사 직원들이 개인적인 성장을 이루고, 자신이 하는 일이나 추구하는 일에서 발전해 나가는 것을 보아 왔습니다. 또한 때론 부모로서, 때론 지역 사회나 교회 등 공동체에 기여하는 인물로서, 때론 사회의 건전한 시민으로서 성장해 나가는 것을 보아 왔습니다. 이런 것들이야말로 제겐 무척 보람된 일이었고 우리의 업무가 지향하는 참된 의미였습니다. 수많은 사람들이 뭔가 새로운 것을 창출하고 성과를 달성하며, 무엇보다도 인간적으로 성장할 수 있다는 점에서 제가 이것 외에 다른 어떤 직업을 택하겠습니까?

인터뷰하던 당시에 몬산토 사(세계 3대 농업생명공학 기업 중 하나)의 CEO로 있던 로버트 샤피로는 직업상 경험한 가장 자랑스러운 성과를 이렇게 설명한다.

우리 회사 직원들 중에서 상당수는 일을 통해 다른 사람들과 일함으로써 얻는 가능성은 물론, 자기 자신의 가능성에 대해서도 더 많은 자신감을 얻게 되었다고 생각합니다. 아마도 그것이 제가 해낸 일 중에서 가장 바람직한 성과라고 봅니다.

직원들이 자신의 잠재력을 확장시키는 일이야말로 자신이 해낸 '가장 바람직한 성과'라고 말하는 경영인 밑에서 일하는 직원들은 그만큼 생산성이 높고 애사심이 남다를 것이다. 하지만 별다른 변동 없이 동일한 업무를 한동안 계속해 왔던 사람이라 하더라도 그 일을 즐길 수도 있는 일이다. 그 업무의 성과를 높이고, 더 빠르게, 더 효율적이게, 더 멋지게 일을 할 수 있도록 자기 계발을 함으로써 이것이 가능하다. 결국 누구나 자신이 감당해 낼 수 있는 일의 양을 스스로 결정할 수 있는 상당한 능력을 지니고 있는 것이다. 아무리 간단한 일이라 할지라도 정성을 쏟고 주의를 기울이면 실력을 연마할 수 있는 기회는 얼마든지 주어진다. 이런 원칙은 기업 활동이나 인간관계에 동일하게 적용된다. 가령 직장 동료나 친구, 배우자, 부모, 자식들과의 관계에서도 정서적, 정신적 자극을 높일 수 있는 방법을 찾아내지 않는 한 그 관계가 일상적 수준에 머물 뿐, 별다른 진전이 있을 수 없다. 끊임없이 발전하고 성숙하는 인간관계만이 지속적인 즐거움과 신선함을 유지한다.

몰입의 역학

〈그림 1〉은 일반적인 활동들이 시간의 흐름에 따라 점차 복잡해져 가는 양상을 보여 준다. 예컨대 A는 피아노를 막 배우기 시작한 초보자의 상황이라고 가정해 보자. 현재 피아노 실력이 극히 초보 수준에 불과한 그는 건반의 음들을 익혀 나가면서 점차 약간의 즐거움을 경

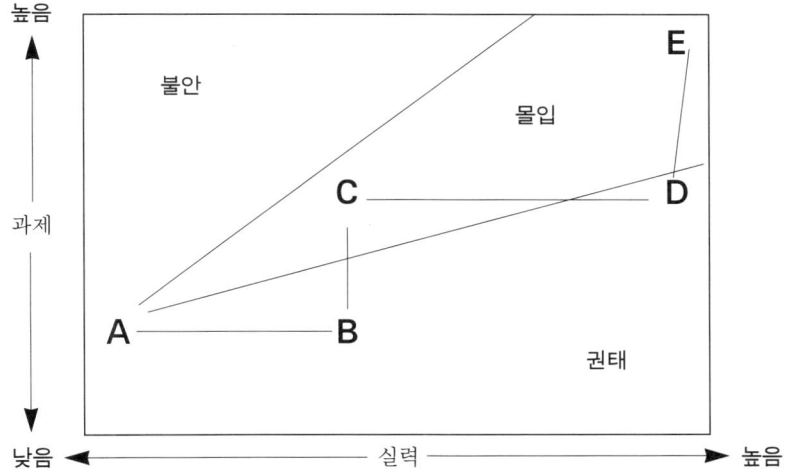

〈그림 1〉 몰입을 통한 복잡성의 발달

몰입 경험은 실력과 과제의 난이도가 모두 높을 때 발생한다. 대개의 활동들은 실력과 과제의 난이도가 모두 낮은 A 지점에서 출발한다. 인내심을 가지고 잘 버티기만 한다면, 실력은 향상될 것이고 이에 따라 그 활동은 점차 B의 경우처럼 지루해지게 된다. 이 시점에 도달하면 몰입 상태인 C의 단계로 올라가기 위해 과제의 난이도를 높여야만 한다. 이런 순환은 D에서 E로 발전하는 과정에서도 똑같이 반복된다. 바람직한 몰입 활동에서는 이런 순환이 거의 무한정 지속적으로 반복된다.

험한다. 그러다가 실력이 향상됨에 따라 간단한 곡을 몇 번이고 계속해서 연주하다 보니 만족감은 사라지게 되며, 때문에 권태가 찾아와 B의 단계에 접어들게 된다. 바로 이 시점에서 또다시 새로운 기회들이 대두한다. 연주를 더 잘할 수 있도록 배우게 되거나, 더 까다롭고 어려운 곡을 선택하게 되어 C의 단계로 올라간다. 이렇게 되면 다시 피아노 연주가 즐거워지게 된다. 하지만 실력이 계속 향상됨에 따라 D의 단계에서 또 권태가 찾아온다. 따라서 피아노 연주의 즐거움을 계속 유지하기 위해서는 난이도가 더 높은 단계인 E로 발전해 나가야 한다. 간혹 이런 과정에서 불안의 영역을 통과하는 경우도 발생할 수 있다. 예를 들어 초보자에게 너무 어려운 곡을 연주하게 하는 경우가 바로 그것이다. 과제의 난이도가 갑자기 지나치게 높아질 경우, 몰입 상태로 다시 돌아가기 위해서는 난이도에 걸맞게 재빨리 실력을 향상시키는 수밖에 없다. 어떤 경우에 해당하든 이 과정에서 도출되는 결과는 동일하다. 이 과정을 겪는 개인은 좀 더 높은 수준의 복잡성의 영역으로 움직이게 되는 것이다.

복잡성은 왜 중요한가?

이제는 제2장에서 도입된 복잡성의 개념을 좀 더 구체적으로 다룰 때가 된 것 같다. 대다수의 사람들에게는 '복잡성'이라는 용어 자체가 부정적인 암시를 담고 있는 것처럼 느껴질 것이다. 무엇인가 까다롭고 해결하기 힘든 상태를 지칭하는 것처럼 여겨지기 때문이다. 그러나 사실을 따져보면 복잡하고 정교한 시스템들이야말로 오히려 아무런 무리 없이 제대로 잘 기능하는 경향이 있다. 가령 몰입 상태에 있는 바이올리니스트나 운동선수의 경우를 생각해 보자. 이들은 다른 사람들의 시각에서 객관적으로 볼 때 엄청나게 어려운 일을 하고 있지만, 이들에게는 별로 힘겹고 어려운 일처럼 느껴지지 않는다.

여러 가지 과학 분야에서 복잡성이란 개념이 유용한 것임을 발견한 최초의 분야는 생물학이었다. 진화론에 이론적 바탕을 둔 생물학자들은 시간이 흘러감에 따라 생물체들은 점차 다른 생물체와 차별화되면서 분화되어 간다고 주장한다. 생물체들이 점차 특별한 용도와 기능을 지닌 내부 기관을 갖게 된다는 것이다. 그리고 이와 동시에 내부 기관들은 다른 내부 기관들과 점차 융합되어 간다. 다시 말해, 생물체 내부의 구성 요소들 간에 협력과 조화가 더욱 잘 이루어진다는 것이다. 이런 이유 때문에 생물학자들은 진화야말로 유기체의 복잡성 향상과 가장 밀접한 관계를 가진다고 주장해 왔다.

그러나 점차 복잡해져 가는 경향을 보이는 것은 생명을 가진 유기체들만은 아니다. 사람들이 만들어 낸 사물들 역시 복잡해져 가는 양상을 보인다. 가령 50년 전만 하더라도 사진기들의 성능이 어땠는지 생각해 보라. 당시의 사진기는 고작 렌즈와 셔터를 가진 단순하기 그지없는 기계에 불과했다. 실내에서 사진기로 촬영하고 싶은 경우에는 플래시를 별도로 장착해야만 했다. 원거리에 있는 피사체를 촬영하려면 망원 렌즈를 추가로 달았다. 최적의 렌즈 개구율을 측정하려면 휴대용 광도계를 이용해야만 했다. 필름을 넣을 때도 암실에서 손으로 직접 사진기에 끼워 넣고 앞으로 감아야 할 정도로 번거로웠다. 달리 말하면 과거의 사진기는 구조는 단순하면서도 사용하기에는 무척 까다롭고 복잡했던 것이다. 하지만 오늘날의 사진기를 살펴보면, 내부 구조는 무척 복잡하지만 사용하기에는 훨씬 간단해졌다. 플래시, 망원 렌즈, 광도계 등 모든 기능이 사진기에 내장되어 있기 때문에 사용자는 촬영하고 싶은 피사체를 향해 사진기의 방향을 조정한 뒤 셔터를 누르기만 하면 된다.

이것은 시간의 흐름에 따라 인간의 삶을 좀 더 문명화시키고 편하게 만드는 과정의 패러다임이다. 의류에서 첨단 무기나 음식류에 이르기까지 모든 것은 좀 더 복잡한 형태를 띠게 되어, 만들기에는 어렵지만 사용하기에는 좀 더 편리하게 되었다. 생물학적 단계상 조상으로부터 끊임없이 진화 과정이 전개되지 않았다면 사람의 몸은 현재의 수준까지 발전하지 못했으리라. 마찬가지로 한 세대에서 다음 세대로 이어지는 문화를 통해 지식이 끊임없이 전수, 발전하지 않았더라면 우리가 직물 의류를 입는다든지 식사 시간에 텔레비전을 보는 일 등은 불가능했을 것이다. 문화적 진화는 사람들이 바로 직전의 단계에서 개발하고 축적한 상품이나 지식의 분화와 융합에 기반을 두고 있다. 이런 세대 간의 전수 과정이 존재하기 때문에 우리는 세대가 바뀔 때마다 기존의 것들을 매번 또다시 개발해 낼 필요가 없는 것이다. 만약 매번 동일한 발명을 계속해야 한다면 불필요하게 기존의 지적 자원들을 낭비하는 일이 아니고 무엇이겠는가.

사람을 구성원으로 하는 집단이나 단체의 경우에도 복잡성의 수준이 저마다 다를 수 있다. 다시 말하면 어떤 집단은 다른 집단에 비해 좀 더 복잡하고 또 어떤 집단은 좀 더 단순하다는 표현이 가능한 것이다. 가령 구성원 사이에 별다른 조직이나 체계가 없는 집단의 경우에는 분화와 융합의 요소가 존재하지 않는다. 반면, 관료적인 특성을 지닌 집단에서는 대개의 경우 융합은 이루어지지만 분화가 잘 이루어지지 않는다. 기업 내에서 철저한 '지휘와 통제' 원칙에 입각해 운영되는 부서가 있다고 가정할 때 이런 특성을 지닌 전형적인 부서는 복합적인 또는 복잡한 시스템이라 할 수 있을까? 아마도 그렇지 않을 것이다. 직원들 개개인이 지닌 독특한 기술을 활용할 수 없게 되어 분화가 제대로 이루어지지 않기 때문이다. 모든 직원이 자신이 해야 할 임무를 잘 파악하고 있고 다른 사람들과의 협조가 원만하게 이루어진다는 점에서 융합을 이루었다고 말할 수는 있을지 모르겠다. 하지만 이런 조직에서는 경영층의 끊임없는 관리와 통제가 없다면 직원들이 동일한 목표를 향해 자발적으로 정진하지 않을 가능성이 높다. 그러나 상당 수준의 자율성이 보장된 이른바 '자유방임형' 조직의 경우도 역시 복잡성 측면에서 그리 높은 점수를 받지 못한다. 이런 조직의 경우에는 분화가 잘 이루어지는 반면, 직원들 사이에서 일사불란하게 원만한 협력과 공조가 이루어지지 않는 경향이 있다. 다시 한 번 강조하지만, 경영진의 가장 중요한 임무 중 하나는 직원들의 복잡성을 바람직한 방향으로 자극하는 기업 환경을 만드는 것이다.

우리는 제2장에서 복잡성이야말로 개인의 발전에 있어서 가장 중심이 되는 요소라는 사실을 파악했다. 세월이 흐름에 따라 육체적, 정신적 성숙은 개인에게 새로운 기술을 제공하며, 사회는 점차 개인에게 생산적이고 책임 있는 행동을 기대하게 마련이다. 수많은 사람들이 평생 동안 자신의 재능과 능력을 다른 사람들의 기대만큼 발휘하지도 못하고 살아간다. 이들은 대개 다음과 같은 두 가지 느낌 중 하나를 경험한다. 첫째, 자신의 인생이 허무하게 지나가 버린다는 느낌이다. 자신의 재능을 발휘하거나 사용할 기회도 얻지 못한 채 허송세월한다는 것이다. 둘째, 가족이나 직장 상사의 지나친 기대에 억눌려 좀처럼 자기 계발을 위한 시간을 낼 수가 없다는 것이다.

위의 경우에 해당하지 않고 중용을 지켜 나가는 사람들은 기회와 능력을 적절히 조화시켜 즐거운 마음으로 발전을 이루어 나간다. 우리의 조사 결과에 따르면, 십대 청소년들 중에서 몰입 상태를 경험한 아이들은 좀 더 생산적인 습관을 형성하는 경우가 많은 것으로 밝혀졌다. 즉 행복감을 느끼고 낙천적인 태도를 보이며 자부심 역시 높은 편이다. 그뿐 아니라 공부도 더 열심히 할뿐더러 적극적으로 레저 활동에 참여하고 친구들과 더 많은 시간을 보낸다고 한다. 이런 결과는 소득이나 부모의 학력, 사회적 지위와 무관한 것으로 나타났다. 어른의 경우에도 몰입을 더 많이 경험하는 사람일수록 행복감도 크며 직장에서는 잡담을 나누거나 신문을 읽거나 웹서핑을 즐기기보다는 실제로 일하는 데 상당 시간을 보낸다.

어린이들은 부분적으로 이른바 사회적 자본의 수혜가 있을 때 몰입 경험이 가능해진다고 한다. 여기에서 사회적 자본이란 인생을 좀 더 편하고 살기 좋게 만들기 위해 존재하는 하부 구조를 지칭한다. 부모와 학교가 이들에게 에너지를 투입할수록 아이들은 초기 단계부터 복잡성을 경험할 가능성이 그만큼 높아진다. 몰입을 경험하는 십대 청소년들은 대개 기대 및 요구 수준이 높고 그만큼 지원을 아끼지 않는 가정에서 많이 나타난다. 다시 말하면 이런 아이들이 좀 더 높은 복잡성을 나타내는 것이다. 이런 청소년들은 어른들과 시간을 많이 보내며 책을 접할 기회가 높을 뿐 아니라 강한 정신력을 자랑하는 학교 출신인 경우가 많다. 이 아이들은 책을 접할 기회는 많은 편이지만, 그렇다고 해서 컴퓨터나 다른 문명의 이기를 접할 기회 역시 높은 것은 아니었다.

어른들에게 있어서 아마도 가장 중요한 사회적 자본의 공급원은 직장일 것이다. 업무의 난이도가 적절히 높은 편이고 회사 내부에서 지원도 이루어질 뿐 아니라 자신의 능력을 마음껏 활용할 수 있는 기회가 점차 많이 주어지고 다양한 편이라면 몰입의 발생 가능성은 그만큼 높아진다. 사실상 업무의 다양성과 직장 상사의 아낌없는 지원이야말로 직장인의 만족감을 높이는 요인으로 가장 빈번하게 지목된다.

반면, 이런 조건들이 제대로 갖추어지지 않은 경우에는 업무가 자칫 소외감과 무관심을 일으키는 원천이 될 수도 있다. 마사루 이부카가 1945년에 소니를 설립했던 당시, 그는 아무런 자본이나 수익, 유망 품목도 갖추고 있지 않았다. 이런 상황에서 그는 회사가 수행해야 할 임무 내지 설립 목적의 첫 번째 항목으로 다음 사항을 넣었다.

> 엔지니어들이 기술 혁신의 즐거움을 느끼고 자신의 사회적 사명을 인식하며 마음껏 일할 수 있는 일터를 만든다.

사회적 요구에 부합하면서 마음껏 즐겁게 일한다는 것은 직장에서 몰입이 제 기능을 발휘하는 모습을 완벽하게 묘사한 표현이다. 아마도 소니가 반세기 동안 성공을 구가했던 것은 이부카의 비전이 소니 내부에서 실현되었고, 그 이후에도 줄곧 회사 내에서 가장 우선순위가 높은 항목으로 유지되어 왔기 때문일 것이다.

하루 일과에서 행복은 어떻게 변동되어 가는가

직원들이 그야말로 '마음껏' 일할 수 있도록 여건을 마련하려면 직원들의 기분 변화와 그 원인을 연구해 보면 많은 도움이 된다. 항상 몰입 상태에 있을 수 있는 사람은 아무도 없다. 사람의 의식에는 이따금 스트레스, 권태, 절망 등의 부정적 감정들이 공격해 오기 때문이다.

1970년대 중반 이후 나는 특별한 연구를 실시해 왔다. 나는 이 연구에서 실험 대상자들에게 일상생활에서 다양한 순간에 자신이 느끼는 감정 상태를 보고하게 함으로써 개개인이 접하는 경험의 질을 측정했던 것이다. 내가 '경험 표본 추출법'이라고 명명한 이 실험에서 실험 대상으로 나선 지원자들은 이 연구를 위해 특별 제작된 시계 또는 신호 장치를 일주일 동안 휴대하게 되어 있었다. 이 시계는 하루에 여덟 번 내지 열 번 아무 때나 무작위로 울리는데, 그때마다 실험 대상자들은 자신이 위치해 있는 물리적 장소, 자기가 하고 있는 일, 머릿속에 일어나고 있는 생각 등을 적었다. 그런 다음에 이들은 자신의 감정 상태, 자부심 정도, 주의 집중 수준은 물론, 하고 있는 일의 난이도와 이를 해결하기 위해 동원하고 있는 실력의 수준을 각각의 점수표에 따라 점수를 매기며 평가했다. 따라서 실험 대상자 한 사람당 일주일에 대략 30번 내지 50번 정도 설문에 응하고, 한 번 응할 때마다 약 50개 항목에 답을 한 셈이다. 우리 연구진과 전 세계 여러 다른 대학에서 수집한 데이터가 모두 취합되면 분석해야 할 설문지만 해도 족히 25만 부가 넘을 것이다. 앞으로 소개할 내용은 지난 수십 년간 수집한 방대한 데이터베이스에서 정리해 낸 것이다.

〈그림 2〉는 기회 또는 과제의 난이도를 한 축으로 하고 개인의 능력이나 실력을 나머지 다른 한 축으로 하여, 변수들의 각각 다른 조합의 결과로 인간의 감정이 어떻게 변화해 나가는지 정리하여 체계화시

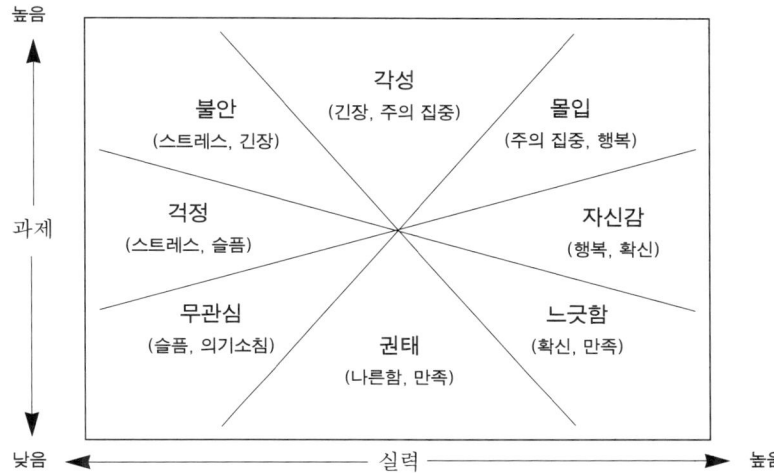

〈그림 2〉 일상의 감정 상태 변화

사람들은 과제의 난이도와 실력 수준에서 스스로 자신의 개인적 평균치를 넘어섰다고 인식할 때 몰입을 경험한다. 이것과 정반대를 이루는 것은 '무관심'의 상태로, 과제의 난이도와 실력 수준이 모두 낮은 경우를 나타낸다. 과제의 난이도와 실력 수준이 이와는 다르게 조합되면 각각 걱정, 불안, 각성, 자신감, 느긋함, 권태 등의 감정 상태를 경험하게 된다. 각 영역에서 전형적으로 나타나는 다른 감정들은 괄호 안에 넣어 표시했다.

킨 것이다. 뒤에 있는 〈그림 3〉의 중심점은 실험 대상자들이 일주일 동안 경험했던 과제의 난이도와 실력 수준의 평균치를 나타낸다. 사람들이 이 중심점에 가까워질수록 이들의 감정 역시 평균 수준에 근접한다. 즉 긍정적이지도 부정적이지도 않은 중간 지점인 것이다. 그러나 실험 대상자들의 평가 점수가 중심점에서 벗어날수록 과제의 난이도와 실력 수준의 비율에 따라 분명한 감정 상태가 나타나기 시작한다.

기본적으로 스스로 실력이 높다고 여길수록 감정 상태가 호전된다. 반면 과제의 난이도가 높아질수록 집중력은 높아진다. 이미 예상하고 있는 대로, 가장 바람직한 감정 상태의 경험은 몰입 영역으로 대변된

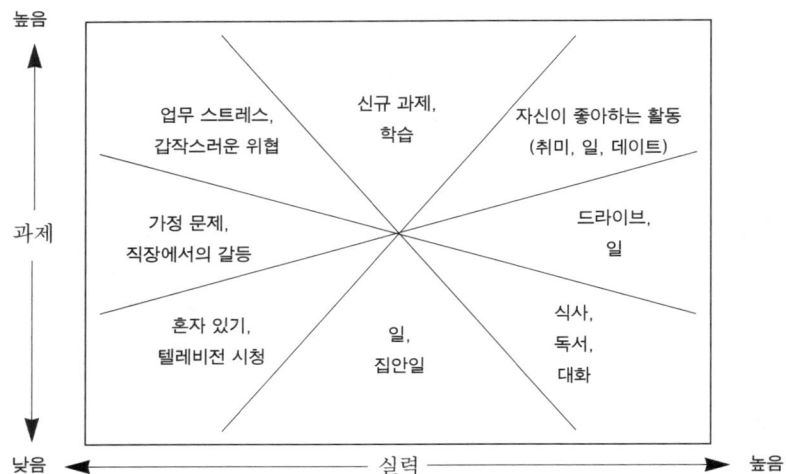

<그림 3> 경험의 질과 활동의 관계

일상적인 활동 중에서 어떤 활동들은 몰입 상태를 낳는 반면, 어떤 활동들은 불안이나 느긋함으로 이어지기도 한다. <그림 3>은 과제의 난이도와 실력 수준에 따른 각각의 영역 또는 감정 상태에서 전형적으로 나타나는 활동들을 보여 준다. (<그림 2>도 참조하라.) 직장에서도 과제의 난이도와 실력 수준의 비율에 따라 몰입, 자신감, 권태, 걱정, 불안 등 다양한 감정 상태를 경험할 수 있다는 사실을 주목하기 바란다.

다. 이 영역에서는 과제의 난이도와 실력 수준이 모두 평균을 넘어서며, 이런 순간일수록 사람들은 집중력도 높아지고 행복감을 느끼게 된다. 이것이 바로 시인과 운동선수, 외과의사와 등산가들이 최고의 상태를 경험할 때 묘사하는 그런 순간이다. 몰입 영역을 제외한 나머지 일곱 개의 영역에서는 과제의 난이도와 실력 수준이 그다지 높지 않거나 부조화를 이루며 행복감이나 집중력 또는 두 가지 모두 약화된다.

이외에도 긍정적인 감정 상태와 관련이 있는 두 가지 다른 영역이 존재한다. 그중 한 영역은 '각성'이라고 명명된 영역으로 약간 난이도가 높은 과제로 주의를 집중해야 하지만 심리적으로 아주 편안한 상태는 아니다. 이런 상황에서 몰입의 영역으로 들어가고자 한다면 실력 수준을 높여야만 한다. 몰입이란 너무나 매력적인 감정 상태이기 때문에 현재 각성 상태에 있는 개인은 몰입의 영역에 진입하려는 동기를 가지게 된다. 따라서 몰입 경험을 얻기 위해 학습을 통해 실력 수준을 높이려 한다. 나머지 다른 하나의 긍정적 영역은 '자신감'으로, 이 영역에서는 실력 수준이 과제의 난이도보다 약간 높은 편이다. 이 영역에서는 무척 편안한 감정 상태를 느끼기 때문에 어떤 사람들은 여기에서 가장 많은 행복감을 느낀다. 하지만 이 상태에서는 고도의 집중력을 필요로 하지 않기 때문에 능력을 100퍼센트 활용하지 않게 되므로 몰입의 경우보다 즐거움은 덜 하게 마련이다. 그러나 약간 더 어려운 과제를 선택하게 되면 이 영역에서 몰입의 영역으로 이동하는 것은 비교적 쉬운 편이다. 각성과 자신감은 더 높은 복잡성을 계발하도록 우리를 자극하기 때문에 학습으로 쉽게 유도되는 감정 상태라 할 수 있다.

나머지 다른 영역들은 시간이 흐를수록 점차 악화되는 경향을 보인다. '느긋함' 영역의 경우 아직은 그런 대로 긍정적인 측면을 내포하고 있지만 '권태'와 '무관심'은 사람들에게 전혀 바람직한 감정 상태를 느끼게 하지 못하며 결과적으로 슬픔과 무기력감을 느끼게 한다. 이런 상태에 놓여 있는 사람들은 인생이 덧없이 지나가는 듯한 느낌을 경험하며 아울러 고독감과 무기력감에 시달린다. 이 여덟 가지 감정 상태 중에서 사람들이 가장 혐오하고 피하려 하는 영역은 바로

'불안'이다. 물론 어떤 관점에서 보면 아무런 효과나 득실도 없는 '무관심'보다는 차라리 '불안'이 나을지도 모르겠다. 적어도 '불안'은 상황을 변화시키도록 사람을 자극할 수도 있기 때문이다. 하지만 실상을 따지고 보면 불안 상태에 놓인 사람들은 대개 과제의 난이도와 실력 수준의 격차가 극복하기에는 너무 벅차다고 생각하기 때문에 몰입 상태에 도달할 수 있다는 희망을 아예 접어 버리려 할 것이다. 만약 사정이 이렇다면 불안 상태에 계속 남아 있기보다는 차라리 과제의 난이도를 낮추어 걱정이나 무관심 상태로 떨어져 사태를 모면하려 할지도 모른다. 이렇게 하기 위한 방법이 몇 가지 존재한다. 자신에게 주어진 책임을 포기하거나 야망 수준을 낮추거나 아니면 현실 자체를 부정하는 등의 방법들이다. 만약 이런 모든 방법도 아무런 소용이 없으면 최악의 경우 이른바 화학적인 방법을 동원하려 드는 경우도 있다. 가령 지금 당장 조치가 필요한 시급한 과제가 있다는 사실을 잠시나마 망각하기 위해 술이나 마약 등에 손을 대는 것이다.

물론 사람들은 이 모델에서 제시되지 않은 기타의 다양한 감정들을 경험하는 게 사실이다. 가령 비근한 예를 일부 들자면, 놀라움, 분노, 조바심, 질투 등의 감정들이 존재한다. 그러나 이 여덟 가지 감정 상태 모델은 복잡다단한 인간의 감정들을 제대로 파악하고 헤치고 나아감에 있어서 그런대로 쓸 만한 도구라고 할 수 있다. 특히 이 모델이 분명하게 제시하고자 하는 방향은 다름 아닌 몰입이다. 만약 사람들이 점차 난이도가 높은 과제들을 담당하며 실력 수준을 높여 나갈 수 있는 여건을 마련할 수만 있다면 삶의 질은 향상될 것이며 아울러 복잡성의 수준도 그만큼 높아질 것이다.

과제의 난이도와 실력 수준의 변화에 따른 여덟 개의 조합은 대개 각각 다른 활동에 참여하고 있을 때 나타난다. 〈그림 3〉은 각 영역과 감정 상태에 따른 전형적인 활동들을 제시하고 있다. 이미 예상하는 바와 같이, 몰입은 자신이 좋아하는 일을 하고 있을 때 가장 빈번하게 경험할 수 있다. 물론 개인마다 좋아하는 일이나 활동은 달라지기는 하지만 말이다. 좋아하는 일이란 어떤 사람들에게는 스포츠가 될 것이며, 어떤 사람들에게는 음악이나 예술 활동이 될 것이다. 우리의 조사 결과 가운데 흥미로운 사실은 사람들이 자동차를 몰고 있을 때의 감정은 일반적으로 자신감의 영역에 속한다는 것이다. 그런데 만약 교통 체증을 겪기라도 하면 사람들의 감정은 권태나 무관심의 영역에 빠진다. 또한 갑자기 매섭게 몰아치는 눈보라를 만나기라도 하면 불안에 빠지게 된다. 수많은 사람들이 직장에서 몰입을 경험하고 있는 것이 사실이지만, 과제와 실력의 상관 관계에 따라 불안, 무관심, 권태 등을 낳기도 한다.

느긋한 감정 상태를 제공하는 활동 역시 많고도 다양하다. 식사, 낮잠, 친구와의 교제, 다양한 레저 활동 등이 바로 그런 예에 속한다. 일하는 상황에서 가장 빈번하게 나타나는 감정 상태는 권태라고 할 수 있다. 청소, 저녁 식사 준비를 위한 쇼핑, 마당의 잔디 깎기 등이 바로 그런 예에 속한다. 무관심이란 아무런 할 일도 없을 때 나타나는 감정 상태인데, 사람들은 대개 이런 상태를 도저히 참을 수 없을 정도로 싫어한다. 따라서 이런 상태에서 벗어나고자 할 때 사람들은 가장 편하고 쉽게 찾을 수 있는 방법을 택한다. 가령 텔레비전을 시청한다든지 하는 소극적 여가 활동에 탐닉하는 것이다.

걱정과 불안은 특정 대상이 우리가 자체적으로 통제할 수 있는 범위를 점점 벗어나고 있다는 위기감이 느껴질 때 나타난다. 여기에는 전쟁, 경제 불황, 인근 지역의 범죄 등 대규모 재해나 위기가 포함되지만, 일반적으로는 자녀의 질병, 결혼 생활의 갈등, 무능력으로 인한 자격지심 등 사람들에게 스트레스를 주면서도 주위에서 흔히 볼 수 있는 일들로 인해 나타난다. 직장에서도 이런 예들은 심심찮게 볼 수 있다. 사람들은 직장에서 업무가 제대로 진행되지 않을 때 걱정에 휩싸이고 직장 상사와의 인간관계에서 불안을 느끼는 경향이 있다.

현실적으로 볼 때 항상 몰입 상태를 유지한다는 것은 불가능하다. 우리의 생활이나 생체 리듬이 이를 허용하지 않기 때문이다. 때론 휴식을 취해야 하고 때론 마룻바닥에 대걸레질을 하거나 샤워를 하는 등 별로 흥미로울 만한 구석이 없는 일을 하며 시간을 보내야 한다. 때로는 스트레스에서 벗어나 긴장을 풀어야 한다. 우리를 위기에 빠뜨리는 사건들도 발생하기 마련이다. 그러나 열악한 상황에서도 몰입을 좀 더 자주 경험하기 위해 몰입에 대한 접근 방식을 개선할 여지는 충분히 있다. 미국의 갤럽과 유럽의 유사 기관들이 실시한 여론 조사에 따르면 성인들 가운데 15퍼센트 내지 20퍼센트는 몰입을 전혀 경험하지 못하는 것으로 추산되고 있는 반면, 이와 비슷한 비율의 성인들이 매일 몰입을 경험한다고 응답한 것으로 밝혀졌다. 나머지 60퍼센트 내지 70퍼센트의 응답자들은 2~3개월마다 한 번 이상 내지 일주일에 한 번 이상 자신이 하는 일에 흠뻑 빠지는 경험을 한다고 대답했다. 사람들 간에 나타나는 이러한 몰입 빈도수의 격차를 감안해 보면, 전체적으로 삶의 질을 향상시킬 수 있는 엄청난 가능성이 존재함을 시사해 주고 있는 듯하다. 또한 이 같은 결과는 회사 내에서 일하는 즐거움의 향상과 업무 혁신에 노력하는 경영인의 관점에서 볼 때 절호의 기회로 느껴질 것이다.

심리적 자본의 구축

몰입이 일회성으로 일어나는 경우 잠시나마 사람의 정신을 고양시킨다. 그러다가 몰입이 오랜 시간에 걸쳐 지속적으로 반복해서 나타나게 되면 그 경험을 얻는 사람은 독특한 개성과 능력을 갖춤과 동시에 조직에서 반드시 필요한 인물이 된다. 몰입을 통해 얻는 '즐거움(enjoyment)'이란 감정을 심리학적 관점에서 볼 때 경제나 경영에서 말하는 '자본' 구축의 개념으로 생각하고, '쾌락(pleasure)'이란 감정은 '소비'의 개념으로 생각한다면 이해하는 데 도움이 될 것이다. 경제학에서 사용하는 '자본'이란 용어는 다음과 같이 정의된다. '자본이란 미래의 더 큰 이득을 기대하며 즉각적인 소비를 하지 않고 보유하여 두는 자원들을 지칭한다.' 자본이란 것은 종전까지 세계적으로 치열한 논쟁의 대상이 되어 왔다. 그럼에도 자본은 자본주의를 극구 반대하는 철저한 사회주의 국가에서조차 경제 발전을 위한 주된 방법으로 사용되어 왔다. 비록 유일한 방법이라고 주장할 수는 없다 하더라도 말이다. 댐, 병원, 대학, 성당, 국립 공원 등은 자원을 사용해야만 설립할 수 있는 사회적 자본인데, 여기에 들어간 자원들은 사실 다른 용도로 사용되었더라면 훨씬 즉각적으로 소비되어 없어졌을지도 모르는 일이다. 또한 미래에 더 많은 혜택과 이득을 가져다줄 것이라는 기대가 없었다면 이런 사회적 자본은 결코 구축되지 않았을 것이다. 물론 공원, 댐, 성당 등에서 얻을 수 있는 이득은 각각 다르다. 그럼에도 이들은 모두 삶의 질을 좀 더 높이는 데 공헌할 것으로 기대된다.

우리는 대부분 퇴근 후 집에 도착하자마자 선택을 해야 하는 상황에 처한다. 책상에 앉아 흥미진진한 책을 읽든가(독서 대신 자전거 타기, 기타 연주, 병원에서의 자원 봉사 등으로 대체할 수도 있다.) 그냥 털썩 주저앉아 텔레비전을 시청하든가 하는 선택을 해야 한다는 것이다. 대다수 사람들은 텔레비전 시청이 훨씬 기분 좋은 선택이라는 데 동의할 것이다. 그러는 게 훨씬 쉽고 편하기 때문이다. 하지만 궁극적으로 과연 어느 쪽이 더 많은 즐거움을 제공할까? 장기적으로 볼 때 어떤 선택이 행복감을 얻는 데 더 공헌하겠는가? 이번에는 아마도 대부분의 사람들이 '독서'라고 대답할 것이다. 물론 옳은 대답이다.

하지만 좀 더 기분 좋은 활동을 하는 동안 '소비되는' 자원은 정확히 무엇이며 좀 더 즐거운 활동을 전개하는 동안 '소비하지 않고 잠시 보유해 두는' 자본은 과연 무엇인가? 심리학 차원에서 논한다면 여기에 관련된 가장 기본적인 자원은 다름 아닌 주의력이다. 주의력이란 정보를 처리하고 행동을 지시하는 두뇌의 능력이다. 사람은 주어진 한순간에 극히 부분적인 정보밖에 처리할 수 없으므로 주의력은 한정된 자원이다. 우리는 자신의 내부나 주변에서 일어나는 일의 극히 일부분만을 인식할 수 있다. 주의력이란 다른 말로 정신력이며, 물리적 에너지와 같이 주어진 과제에 일부 할애하지 않으면 아무 일도 처리할 수 없는 것이다.

혹시라도 이런 원칙이 사실과 다르다는 생각이 든다면, 이 책을 읽으면서 동시에 피아노 연주를 시도해 보라. 아니면 자동차를 운전하면서 동시에 예금 잔액을 계산해 보라. 생각해 보니 운전하면서 이런 일을 하는 것은 위험천만한 일이니 시도하지 않는 편이 좋을 것 같다. 그렇다면 업무적인 문제를 생각하면서 동시에 자녀와 의미 있는 대화를 나누려고 시도해 보라. 아무리 간단한 일이라도 두 가지를 동시에 처리하기란 거의 불가능하다. 인간의 두뇌가 동시에 처리할 수 있는 자극의 범위는 극히 제한적이기 때문이다.

이런 점에서 보면, 첨단 기술 분야의 기업들이 유행처럼 내세우는 개념인 이른바 '멀티태스킹(다중 작업)'이란 현실성이 희박하다 할 수 있겠다. 인간은 현실적으로 다중 작업을 성공적으로 수행해 낼 수 없으며 기껏해야 과제들 사이를 재빨리 번갈아 가며 제한적인 주의를 기울일 따름이다. 이렇게 함으로써 여러 일을 동시에 하고 있다는 느낌을 갖는 정도에 불과하다. 그러나 이런 전략은 일반적으로 믿고 있는 것만큼 효과적이지 못하다. 까다로운 문제에 주의를 집중시켜 적절한 해결책을 마련할 만한 여건을 조성하려면 15분 내지 한 시간 정도 소요된다. 너무 짧은 시간 내에 이 업무에서 저 업무로 넘어가게 되면 머릿속에 떠오르는 아이디어라고 해 보았자 피상적인 수준일 게 분명하다. 그것보다는 오히려 한 가지 업무에 계속 집중하다가 더 이상 진전이 이루어지지 않는 시점에 도달할 때 다른 문제로 넘어가는 것이 바람직하다. 그제야 비로소 새로운 과제로 주의를 옮기는 것이 안도감을 주기 때문이다. 또한 이 새로운 과제가 지루해지면 기분 전환이 된 마음으로 기존의 문제로 돌아갈 수 있게 된다.

오늘날 경영인은 누구나 수많은 직원들은 물론 방대한 양의 정보를 파악하고 관리해야 하는, 이른바 지식 집약 기업 환경에서 일하고 있다. 따라서 기업 내부에서는 정신력을 어떻게 활용할 것인가 하는 문제가 가장 중요한 관심사로 떠오르고 있다. 이런 기업일수록 '가장 중요한 희소 자원은 주의력'이라는 말이 진리인 것이다. 그럼에도 주의력을 효과적으로 활용하는 법을 모르기 때문에 귀중한 자원이 함부로 낭비되거나 잘못 관리되는 경우가 허다하다.

인간의 평균 수명을 75년이라고 가정할 때 인간이 평생 얼마나 많은 양의 정신력을 보유할 수 있는지 실제로 측정할 수 있다. 인간의 두뇌는 1초당 대략 110비트의 정보를 처리할 수 있다. 가령 다른 사람이 자신에게 하고 있는 말을 이해하려면 40비트가 필요하다. 세 명 이상의 사람들이 동시에 하는 말을 도저히 이해할 수 없는 것은 바로 이런 이유 때문일 것이다. 따라서 우리가 하루에 평균 16시간 깨어 있고, 75년을 산다면 평생 동안 우리가 경험할 수 있는 한계치는 대략 1,730억 비트의 정보라고 할 수 있다. 이것은 참으로 엄청난 수치임에 분명하다. 그러나 우리가 아침에 일어나 출근 준비를 하고 아침 식사를 하거나 직장을 향해 차를 몰고 가는 사소한 행위 등에 소요되는 정신력의 양을 감안한다면, 정말로 중요한 목적을 위해 활용할 수 있는 정신력은 별로 많이 남아 있지 않게 된다.

그러나 생각, 감정, 욕구, 기억, 행위, 대화, 업적 등 우리의 모든 경험이 현실적으로 다가오기 위해서는 주의력이라는 일종의 필터를 통과해야만 한다. 또한 앞서 말한 1,730억 비트 중에서 일부가 사용되어야 한다. 우리가 일생이라 부르는 것은 오랜 시간에 걸쳐 주의력이라는 필터를 통과한 경험들의 총합이다. 이런 관점에서 보면, 우리가 무엇에 주의를 집중하는가 그리고 어떤 방식으로 집중하는가에 따라 삶의 질과 내용이 결정된다는 사실을 쉽게 이해할 수 있다.

주의력을 투입했음에도 우리의 의식 속에 아무런 결실이 나타나지 않게 되면 정신력이 헛되이 소비되는 것이다. 우리가 주의를 기울였는데도 기억이 오랫동안 지속되지 않거나 새로운 기술이 습득되지 않거나 혹은 대인 관계가 강화되지 않는 경우가 바로 이런 예에 속한다. 개인이 자신에게 주어진 삶의 일부분을 할애하고도 복잡성이 높은 성과물을 내지 못한다면 자신의 정신력을 허비하고 만 셈이다. 반면 주의력을 투입하여 좀 더 복잡성이 높은 의식 수준이 가능해졌다면 심리적 자본이 구축되었다고 할 수 있다. 가령 기술이 보다 높은 수준으로 숙달되거나 특정 분야에 대한 지식과 이해도가 높아지거나 인간관계가 더 깊어지는 경우가 바로 이런 예에 해당한다. 이런 현상은 대개 좀 더 난이도가 높은 과제를 해결하기 위해 자신의 실력을 발휘할 때 일어난다. 바꿔 말하면 몰입을 경험할 때 가능하다는 뜻이다. 이런 종류의 주의력 투입이야말로 향후에 보다 개선된 삶의 질이라는 형태로 이득을 가져오게 된다.

복잡성이 높은 활동은 간단한 형태의 활동에 비해 발생 빈도가 낮은 편이며 성공을 거두기도 그만큼 어렵다. 예를 들어 라흐마니노프의 피아노 협주곡 제3번을 연주할 줄 아는 피아니스트 수는 제2번을 연주할 줄 아는 피아니스트 수보다 적다. 전자가 후자에 비해 기술적으로 난이도가 높을 뿐만 아니라 그만큼 더 높은 실력이 요구되기 때문이다. 이런 높은 실력을 연마하기 위해서는 학생 입장에서 상당한 주의력을 오랜 기간 동안 투입해야 하며 아울러 사회적 투자가 병행되어야 한다. 즉 교사, 후원자, 관련 상금, 연주회 무대 등의 요소들이 존재하여 젊은 피아니스트로 하여금 더 높은 단계로 발전할 수 있도록 영양분을 공급해야 한다. 달리 표현하자면 심리적 자본을 구축하려면 사회적 자본의 투자가 이루어져야 한다는 뜻이다.

마찬가지로 높이뛰기 선수들 중에서 5피트 높이에 걸린 바를 넘을 수 있는 사람보다 6피트 높이의 바를 넘을 수 있는 사람이 더 적으며 7피트의 바를 넘을 수 있는 사람은 더더욱 적게 마련이다. 바의 높이가 1인치 높아질 때마다 여기에는 더 복잡성이 높은 실력이 반영되어 있다. 바꿔 말하면 이를 성취할 만한 체력을 천부적으로 타고 난 사람이 그만큼 적어질 것이고 숙달을 위한 노력과 시간이 그만큼 많이 투입되는 것이다. 높이뛰기 실력이 높아져 바의 높이가 1인치 높아지게 하기 위해서는 자신의 삶 중에서 더 많은 부분과 더 높은 수준의 정신력을 요한다. 그뿐 아니라 훈련, 장비, 원정 경기 등의 형태로 더 많은 양의 사회적 자본이 투입되어야 함은 물론이다. 복잡성이란 것은 아무런 대가 없이 쉽게 생기지 않는다. 탁월하면서도 오랫동안 지속될 수 있는 것이라면 그 무엇을 막론하고 물질적, 심리적 비용이 그만큼 따르게 마련인 것이다.

복잡성이 높은 활동에 정신력을 투입하는 법을 배운 사람일수록 자신도 복잡성이 높은 인물로 발전할 수 있는 기회를 지니게 되는 것도 바로 이런 이유 때문이다. 그런데 우리가 주장하는 이런 논지를 자칫 '미래를 위해 현재의 행복을 유보'하는 행위로 오해할 소지가 있을 듯하다. 즉 오랫동안 열심히 일하며 고통을 감내하다 보면 결국에는 이에 대한 보상을 받게 된다는 식의 주장으로 오해하기 쉽다는 말이다. 우리의 연구 조사 결과에 따르면 실상은 이와 정반대에 해당한다. 도전 정신이 강하며 열심히 일하는 생활 방식을 익힌 젊은이들일수록 자신이 하고 있는 일에 만족해하고 행복해한다는 사실을 발견했기 때문이다. 오히려 즐거움보다는 쾌락을 선택하는 젊은이들, 예를 들면 빈둥거리며 시간을 때우거나 텔레비전을 시청하는 데 열중하는 젊은이들일수록 우울증, 무기력감, 불안을 경험한다.

그럼에도 열심히 일하는 행위는 '미래를 위해 현재의 행복을 유보'하는 행위라는 견해를 일부 뒷받침할 것처럼 보이는 흥미로운 사실이 있어 소개하고자 한다. 몰입 상태를 다른 사람들에 비해 자주 경험하고 난이도가 높은 과제에 과감하게 도전하는 젊은이들도 이따금 이런 심정을 토로하는 경우가 있다. "지금 하고 있는 일 말고 다른 일을 했으면 좋겠다."라는 것이다. 바꿔 말하면, 더 많은 행복감을 느끼고 자신의 일에 몰두하며 더 밝은 미래를 향해 발전해 나가고 있음에도 별로 힘도 들지 않고 쾌락적인 활동에 참여하고 싶어 하는 것이다. 예를 들어 플루트 연습이나 공부 대신에 쇼핑을 하거나 해변에 놀러가고 싶다는 생각이 드는 것이다. 비록 정도에 있어서는 좀 더 약한 편이기는 하지만 어른들의 경우에도 이와 비슷한 경향이 나타난다는 사실이 발견되었다.

이러한 모순적인 현상은 어떻게 설명되어야 할까? 사람들은 어째서 현재와 미래를 막론하고 정작 자신을 행복하게 하는 일을 하기 싫다는 식으로 반응하는가? 이런 태도를 갖게 되는 이유로는 두 가지가 있을 수 있는데, 이 두 가지 모두 우리가 스스로 변화시킬 수 있는 것들이다. 첫째는 우리의 문화가 일반적으로 즐거움보다는 쾌락을 더 중히 여기기 때문이다. 쾌락이 더 많은 이득을 가져다준다는 발상이 이런 태도를 부추기는 분명한 요인이다. 대부분의 광고는 최신 상품을 구매하면 더 행복해질 수 있을 것이라며 우리를 설득하려 든다. 세태를 거스르며 심리적 자본을 구축하는 사람은 열성 소비자의 대열에서 벗어난다. 가령 십대 청소년들 중에서 아시아계 학생들과 백인계 학생들을 비교해 보면 난이도가 높은 활동을 통해 몰입을 경험하는 비율이 아시아계 학생들 사이에서 더 높게 나타난다. 아시아계 학생들 역시 백인계 학생들처럼 미국에 거주하고 있기는 하지만 아시아의 문화와 가치관이 가정 내에 강하게 남아 있어 전통에 영향을 받는다. 이들은 배움이야말로 즐거운 경험이라는 사실을 받아들인다.

몰입은 쾌락의 경우보다 더 많은 노력을 필요로 하는 게 사실이다. 우리가 앞서 밝혔던 바와 같이 즐거움은 정신력의 투입에 의존하기 때문이다. 하지만 노력 자체의 경험이 쾌락의 경험보다 못하다는 생각을 가진다면 이것은 분명 잘못된 믿음이다. 나의 가족이 전에 살았던 마을에 학교로 이어지는 화려한 무늬의 대형 목재 출입문이 있었다. 이 출입문 위에는 헝가리 어로 이런 내용의 글귀가 씌어져 있었다. "지식의 뿌리는 쓰지만 그 열매는 달콤하다." 그런데 불행하게도 작금의 현실을 보면, 배움이란 힘들며 쓰디쓰다는 생각이 널리 퍼져 있는 듯하다. 사실상 우리의 교수법이 쓰디쓸 따름이며 지식 자체는 그렇지 않은데도 말이다.

여기에서 우리는 위에서 말한 모순의 두 번째 이유를 생각하게 된다. 즉 일상에서 우리가 감행해야만 하는 도전적이고 복잡한 활동 중에서 상당수는 워낙 설계가 잘못되어 있어서 몰입 상태를 유도하기는 커녕 오히려 불안과 권태를 일으킬 정도라는 것이다. 배움 그 자체는 일반적으로 즐거움을 주는 게 사실이지만, 과연 학교에서 이루어지는 학습의 경우에도 마찬가지일까? 이미 일반화되어 버린 획일화된 교육 방식은 배움의 기쁨이나 진정한 학습을 유도하지 못한다. 일의 경우에도 동일한 원칙이 적용된다. 대부분의 사람들은 몰입 경험을 하게 되면 즐거운 마음으로 일을 하지만, 몰입이 가능하도록 체계화되어 있는 일이란 거의 없는 게 현실이다.

바로 이런 시점에서는 경영자층의 역할이 엄청난 차이를 낼 수 있다. 아무리 뛰어난 능력을 지닌 경영인이라 할지라도 직원들로 하여금 일에서 즐거움을 느끼고 그만큼 발전하도록 강제로 유도할 수는 없는 노릇이다. 반면 평범한 경영인이라도 몰입이 쉽게 일어나는 기업 분위기를 만드는 데 큰 역할을 수행할 수도 있다. 만약 넓은 의미에서 실질을 숭상하는 사람이라면 기업 내부에서 몰입을 방해하는 제반 장애물을 제거함은 물론, 업무를 즐겁게 해낼 수 있도록 잘 짜여진 기업 관행과 방침을 마련하는 것을 최우선 과제로 삼아야 한다. 다음 장에서는 어떻게 하면 이런 일을 성공적으로 해낼 수 있는지에 관한 아이디어를 살펴보기로 하자.

평생 동안 성장하기

다른 분야에서도 마찬가지이지만 비즈니스 분야에서 지도자급 위치까지 올라가는 사람들은 자신의 발전을 위해 주변 여건에 의존하지 않는다. 좀 더 정확히 표현하자면 이들은 어떤 환경에 처해 있든 상관없이 능동적인 자세로 스스로 필요한 여건을 만들어 나간다. 이들은 배우고 변화하며 자신의 경험을 쌓는 데 열중하기 때문에 어떤 환경에서도 삶의 질을 높이는 방법을 찾아내고야 만다. 물론 세월이 흐름에 따라 이들이 필요로 하는 것들도 변하게 마련이므로, 30세에 필요했던 것은 50세나 70세에 반드시 필요한 것과는 차이를 나타낸다. 바디샵의 애니타 로딕은 중년에 접어든 자신을 바라보며 이렇게 말한다.

저의 삶과 일에서 제가 지금 이 순간 중요하게 생각하는 것은 과거의 회고입니다. 저의 삶, 저의 직업과 인간관계에서 잘했던 점과 못했던 점, 그리고 여기에서 얻은 엄청난 삶의 지혜라 할 수 있는 지나간 사건들과 추억들을 모으고 정리하는 겁니다. 손자들의 깔깔대는 밝은 웃음소리가 제 인생에 찾아 들어와 저를 안정시켜 준다는 사실을 떠올리면 이것이야말로 인생의 재미라는 생각이 듭니다. 과거에는 제가 방랑자처럼 세계 곳곳을 누비며 이리저리 떠돌아다녔거든요. 지금이야말로 인생에서 매력적인 시간이 도래한 겁니다. 저는 인생의 이런 새로운 단계와 저의 회사를 좀 더 다른 시각으로 바라보는 법을 배우게 되었습니다. 제가 설립한 기업도 거의 파격적이다 싶을 만큼 획기적인 경영을 추구합니다. 우리 회사의 임직원들 모두가 창의적이고 기발한 아이디어를 지닌 반(反)문화적인 사람들이지요. 이들은 회사로부터 급여를 받고 있지만 그렇다고 해서 회사의 체제에 구속당하지 않습니다. 우리는 기발한 아이디어를 내어 회사 경영에 과감하게 적용합니다. 우리 임직원들 모두가 자유롭거든요. 우리는 외견상 보기에도 시각적으로 용감하고, 언어적으로도 과감합니다. 그렇게 하는 게 기쁨이구요. 인생이란 정말로 박진감 넘치죠. 난 평생 동안 과거를 돌아보며 '오, 하느님. 이건 제가 원하는 게 아닌데요.'라고 생각한 적이 단 한 번도 없습니다.

'재미', '매력적인 시간', '자유', '기쁨' 등 애니타 로딕이 자신의 경험을 들려주며 선택한 단어들에 주목해 보라. 분명히 몰입이란 그녀의 삶에서 정말로 중요한 부분이며, 우리의 인터뷰 대상이었던 거의 모든 경영인들의 경우에도 마찬가지였다. 만약 자신이 하는 일에서 도전적인 요소가 소진되어 버린다면, 이들은 새로운 과제를 찾아내고야 만다. 조사에 협조해 준 대부분의 사람들은 지역 사회 발전, 자선 활동, 가정생활, 적극적인 취미 활동, 여행, 사색, 영성 훈련에 점차 더 많은 시간을 할애한다고 한다. 어쩌면 이들이 인생에서 성공을 거두고 많은 재물을 모았기 때문에 그만큼 이런 활동에 참여할 만한 여력이 있는지도 모르겠다. 하지만 이들이 계속해서 인생을 즐겁게 살아가는 이유는 돈이 많고 편안하기 때문이 아니다. 적극적으로 새롭게 도전할 과제를 찾아 나서며 새로운 기술을 계발하는 노력을 기울이기 때문이다. 이렇게 함으로써 이들은 인생을 전개해 나가며 점차 보다 높은 단계의 복잡성을 추구하는 것이다.

제5장
직장에서는 왜 몰입이 나타나지 않는가

> 현대의 고용주는 직원에게 최대한 혜택이 돌아가게 하기보다는
> 어떻게 하면 최대한 노동력을 뽑아 낼 것인지 궁리한다.
> 그러나 오래가는 기업을 만들고자 하는 경영인이라면
> 직원이 업무를 즐겁게 처리하면서 그 과정에서
> 개인적인 발전을 이룰 수 있는 환경을 조성해야 한다.

경영자의 목표는 공통된 목적을 위해 함께 일하는 직원들의 노동을 통해 가치를 창출하는 것이다. 이런 목표를 달성하기 위한 방법은 노동력 착취와 뇌물 수수 등 부정적인 수단을 포함해 실로 다양하다. 하지만 여기에서는 사람들을 관리하는 최선의 방법에 초점을 맞추도록 하겠다. 즉 직원들이 자신의 업무를 즐겁게 처리하면서 그 과정에서 개인적인 발전을 이룰 수 있는 환경을 조성하는 방법에 대해 살펴본다. 기업의 관점에서 볼 때 이런 직장은 참으로 이상적이라 할 수 있다. 최고의 능력을 갖춘 인물들을 영입하여 오랫동안 회사에 붙잡아 두면서 이들의 자발적인 노력을 얻어 낼 수 있기 때문이다. 직원들의 입장에서 볼 때도 이런 직장이야말로 최고라 할 수 있다. 더 행복한 삶을 살 수 있도록 회사가 도움을 주면서 개인적인 발전 또한 지원

해 주기 때문이다. 먼저 사람들에게 일을 할 수 있도록 동기를 부여하는 것은 무엇이며, 다양한 형태의 일들에는 어떤 것들이 있는지 생각해 보자.

어떤 면에서 사람들이 일을 하도록 유도하는 것은 별로 어렵지 않을 듯하다. 사람의 몸은 원래 일을 하는 데 알맞게 조직되어 있기 때문이다. 인간의 신경계는 난이도가 높은 문제를 만나거나 특정 과제에 집중할 때 가장 활발하게 기능한다. 또한 대부분의 사람들은 어떤 일을 훌륭하게 해낸 뒤에 최고의 기분을 맛본다. 그럼에도 불구하고, 직원들을 관리해 본 경험이 있는 사람이라면 누구나 한 집단이 일관성 있게 훌륭한 성과를 내도록 이끄는 일이 얼마나 힘든지 잘 알고 있을 것이다. 어째서 이런 모순적인 상황이 발생하는 것일까?

한 가지 분명한 사실은 사람들은 일하기에 적합한 신체적 구조를 지닌 데 반해, 대부분의 업무는 사람들에게 맞추어 준비된 것이 아니라는 점이다. 고대로 거슬러 올라가 이집트의 국왕인 파라오에서 현대의 품질 관리 담당 임원에 이르기까지, 고용주의 입장이라면 누구를 막론하고 한결같이 관심을 두는 사항이 있다. 고용주들은 대개 어떻게 하면 직원들에게 최대한 혜택이 돌아가도록 업무를 설계할 것인가 고민하지 않는다. 오히려 어떻게 하면 직원들로부터 최대한 노동력을 뽑아낼 것인가를 궁리하는 경우가 많다. 일과 관련한 인간의 모순적인 태도를 여실히 보여 주는 재미있는 사례가 하나 있어 소개하고자 한다. 여론 조사에 따르면, 성인들 가운데 약 80퍼센트는 돈을 충분히 벌어서 돈 걱정을 더 이상 할 필요가 없는 상황이 되더라도 계속 일을 하겠다고 응답했다고 한다. 그러나 현실을 들여다보면, 성인

대다수가 매일 빨리 퇴근해서 집에 돌아가고 싶어 안달하고 있는 실정이다. 사람들은 흔히 이성에 대해 "곁에서 함께 지내면서는 도저히 살 수가 없고, 그렇다고 없어서도 도저히 살 수가 없다."라는 말을 하는데, 아마 일의 경우에도 마찬가지일 것이라 생각된다.

열성적이고 진취적인 직원을 영입하고 장기 근속을 유도하는 기업 환경을 조성하려는 경영자라면 근본적으로 사람들이 무슨 이유 때문에 일을 하고 싶어 하는지 파악하고, 이런 욕구를 충족시킬 수 있는 여건을 제공해야 한다. 지식 노동자들은 자신의 가치를 극대화할 수 있는 직업을 찾고 있으며 특히 오늘날 같은 급변하는 시대에는 이런 조치가 더욱 중요하다. 개인적인 발전을 가능하게 하는 기업 환경을 제공할 수 있는 경영인은 귀하고 소중한 인적 자원을 얻을 수 있게 된다.

우리가 일을 어떻게 경험하는가 하는 문제는 세 가지 요인에 의해 결정된다. 첫 번째 요인은 어떤 종류의 일이 우리에게 우연히 주어지는가 하는 것이다. '일'이라는 동일한 단어가 사용되더라도 실제로는 다양한 직업이 여기에 포함된다. 고급 마호가니 원목 패널로 벽을 두른 사무실에서 업무를 처리하는 은행가의 일에서부터, 작열하는 태양 아래에서 구슬땀을 흘리며 하수구를 파고 있는 인부의 일에 이르기까지 실로 다양하다. 돈벌이 방법 중에서 어떤 것들은 그 자체로도 즐거움을 주는 경우가 있는 반면, 어떤 것들은 비인간적이다 싶을 정도로 열악한 조건에서 이루어지는 경우도 있다. 근로 조건 역시 시간의 흐름에 따라 달라지기도 한다. 어떤 시기에는 일주일에 장장 80시간을 일해야 하는 경우가 있고, 또 다른 어떤 시기에는 이것의 절반에 불과한 40시간을 일하는 경우도 있다. 직장 또는 근로 현장의 객관적인 조건에 따라 직원들이 일을 하고 싶다는 동기를 얻는지의 여부가 크게 달라진다.

두 번째 요인은 노동에 대한 가치관이다. 이것은 그 시대의 문화가 일에 대해 내리는 해석이기도 하다. 가끔은 일에 대한 상반된 견해가 나타나기도 한다. 성경에 따르면 일이란 아담의 오만 때문에 인류에게 내려진 형벌이라고 한다. 반면, '프로테스탄트의 윤리'는 우리에게 노동이야말로 구원에 이르게 하는 길이라고 가르치고 있다. 미국에서 인기를 끈 만화「딜버트」를 보면, 사무실 업무란 사악한 바보들이 연출해 내는 얼빠진 쇼에 불과한 것으로 묘사된다. 아울러 실업은 사회적 병폐의 한 형태로 평가되고 있다. 어떤 면에서는 일에 대한 상반된 감정들이 동시에 존재한다는 사실이 별로 놀랄 만한 게 못된다. 왜냐하면 어떤 일들은 실제로 도전할 만하고 보람 있는 업무들인 데 반해 어떤 일들은 어느 모로 보나 의미도 없으며 혹사로 느껴질 만큼 힘든 경우도 있기 때문이다. 하지만 어떤 일이든 사회적으로 의미 있는 활동이라는 평가를 받게 되면 그만큼 매력 있는 일이 되기도 한다. 가령 미국의 십대 청소년들이 장차 성인이 되어 선택하고 싶다는 직업 가운데 '교사'가 예상 외로 6위라는 높은 순위를 차지했다. 교사라는 직업이 힘들면서도 급여 수준이 낮다는 사실을 아이들이 이미 알고 있음에도 불구하고 선호도가 높게 나타났던 것이다. 이런 결과가 나타난 것은 교사라는 직업이 다른 사람들의 삶과 공동체에 가치를 더해 주는 것으로 널리 인식되고 있기 때문이다.

세 번째로 마지막 요인이면서도 중요성에 있어서는 결코 다른 요인들에 비해 떨어지지 않는 것이 있다. 일에 대한 동기 부여 여부는 개인의 직무에 대한 태도에 따라 달라진다는 점이다. 아무리 하찮고 흥미가 끌리지 않는 일이라 하더라도 그 개인이 추구하는 바가 명확하다면 일 속에서 나름대로 가치를 발견할 수 있다. 시인들은 한 줌의 모래 속에서 넓은 세계를 발견하고 손바닥으로 무한성을 거머쥐면서 자신이 이렇게 할 수 있다는 사실에 열광한다. 실제로 공장의 제품 조립 라인에서 일하는 노동자나 식당에서 접시를 닦는 종업원 중에서도 자신이 해내는 사소한 일에서 풍부한 경험과 의미를 얻으며 나름의 즐거움을 만끽하기도 한다. 반면에, 고액 연봉을 받는 전문직 종사자나 기업의 CEO라 하더라도 엄청난 흥미와 보람이 숨어 있는 자신의 업무를 혐오하며 가급적 빨리 그 일에서 벗어나려고 기회를 엿보는 경우도 비일비재하다.

직원들이 회사 발전에 기여하고 좀 더 오랫동안 머물고 싶어 하는 기업, '오래 갈 수 있는 기업'을 만들고자 하는 경영인에게는 다음의 세 가지 선택이 가능하다. 첫째, 직장의 객관적인 여건을 가능한 한 매력적으로 조성해 나가는 것이다. 둘째, 업무에 의미와 가치를 부여할 수 있는 방안들을 발견하는 것이다. 셋째, 자신의 업무에 만족감을 느끼는 직원들을 선별해 적절하게 포상하는 것이다. 이렇게 함으로써 경영인은 전사적인 차원에서 직원들의 사기를 높임과 동시에 기업을 바람직한 방향으로 이끌 수 있게 된다. 가장 이상적인 해결책은 이 세 가지 방법을 모두 동원하는 것이다. 이 책의 나머지 부분에서는 오랫동안 견실하게 지속되는 기업을 만들기 위한 구체적인 방법들을 면밀하게 살펴볼 것이다. 그러나 우선, 일이 실제로 사람들의 삶과 어떻게 접목되는지 이해하려면 간략하게나마 과거의 역사를 대강 훑어볼 필요가 있겠다. 만약 우리의 지식이 현재의 경험에 국한된다면 편협하고 왜곡된 견해를 갖게 되기 쉽다. 우리의 시대에 일이 가지는 의미를 진정으로 이해하기 위해서는 다른 시대와 다른 지역에서 일을 통해 삶을 영위해 왔던 사람들의 다양한 방식들과 비교도 이루어져야 한다.

근로 여건의 변화

모든 생물체는 생존을 위해 성장과 생식을 위한 에너지를 되찾을 수 있다는 기대를 갖고 자신이 지닌 일부 에너지를 방출해야만 한다. 이런 일반적인 의미에서 볼 때, 일이란 유기체가 엔트로피로 인해 쇠퇴하지 않도록 스스로 수행하는 행위라 할 수 있겠다. 표범은 사슴을 따라잡기 위해 달리기라는 형태로 에너지를 소비해야 한다. 만약 운이 좋아 먹잇감을 잡는 경우에는 사냥하는 과정에서 소비한 에너지를 보충할 수 있다. 먹이가 표범에게 필요한 칼로리를 제공해 주기 때문이다. 인간 역시 필요한 칼로리를 얻기 위해 다양한 방법을 고안해 냈다. 원시 사회에서는 모든 인간이 수렵과 채집으로 생활을 영위했다. 당시에 인류는 표범처럼 동물 단백질을 섭취했으며, 대개 여자들이 캐거나 따온 식물의 뿌리나 나무 열매를 통해 영양 보충을 하는 경우가 더 많았다. 수십 만 년 동안 이런 생활 방식이 자연스러운 행위로 여겨졌기 때문에 우리가 오늘날 흔히 말하는 '일'이라는 인식이 별로 없었다.

오늘날에도 원시 시대에서처럼 수렵과 채집으로 생계를 유지하는 현대판 원시 부족들이 존재하는데, 이들의 생활 방식을 토대로 인류학자들이 얻은 지식과 연구 결과에 비추어 보면 인류의 조상들은 하루에 길어야 2~3시간 정도 '일'을 했을 것으로 추측된다. 원시인들은 이런 노동을 단순히 삶의 일부로 받아들였기 때문에 구태여 이것을 레저 활동과 구분할 필요가 없었다. 더욱이 사실상 인류의 조상들은 이렇다 할 만한 레저 활동을 가지고 있지 않았다. 한가로운 시간에는 친척을 방문하거나 돌을 깎아 생활에 필요한 도구를 만들거나 부족의 질서 유지에 필요한 의례적인 춤과 행사에 참여하는 등 나름대로 의미 있고 필요한 활동을 벌였다. 오늘날의 원시 부족과 유사한 문화를 통해 우리가 추측할 뿐이긴 하지만, 원시 사회에서는 몰입을 경험하기가 그리 어렵지 않았을 것으로 생각된다. 자신이 하고 싶은 일을 가로막는 사회적 제약이 거의 없었을 테니까 말이다. 개개인은 자신이 지닌 기술을 유감없이 발휘했고 목표 역시 분명했을 뿐 아니라 피드백이 즉각적으로 나타났다.

수렵과 채집의 원시 경제 체제에서는 한 사람이 다른 한 사람의 노동을 착취하기란 불가능했다. 인류 역사에서 대부분의 기간 동안 잉여 생산은 거의 없었다. 끊임없이 장소를 옮겨 다니는 유목 생활을 했기 때문에 소유물을 보관하거나 축적할 여유조차 없었던 것이다. 다른 사람보다 더 부유한 사람도 없었고 일을 시키기 위해 다른 사람에게 대가를 지불하는 사람도 없었다. 그런 의미에서 볼 때 우리 조상들은 각자 알아서 생계를 유지하는 독립 생산자들이었던 셈이다. 따라서 인류 역사에서 다른 시대의 어떤 노동자들보다 오늘날의 프리랜서 전문직 종사자나 지식 노동자들에 오히려 가깝다고 말할 수 있겠다. 그러나 또 다른 의미에서 볼 때, 대부분의 물건들이 가족, 친족 더 나아가 전체 부족 차원에서 공유되었다는 점에서 수렵과 채집 생활을 영위하던 인류의 조상들은 무척 상호 의존적이었다고 말할 수도 있다. 소유의 개념도 사유보다는 공유에 가까웠다.

호주 원주민들의 관행에 대해 인류학자들이 제출한 보고 내용에 따르면, 원주민이 캥거루 사냥에 나섰다가 천신만고 끝에 사냥감을 포획하는 데 성공했을 때 이 캥거루 고기가 결코 자신이나 직계 가족에게만 돌아가는 것이라 생각하는 법이 없다고 한다. 대신에 캥거루 고기를 여러 부위로 썰어 내어 오랜 관습에 따라 왼쪽 뒷다리는 형제에게 주고 꼬리 부분은 사촌에게 주고 허릿살과 지방은 장인에게 주며 갈비는 장모에게 준다는 식이다. 결국 다른 사람들에게 고기를 나누어주고 나서 자기 몫으로 내장과 피만 챙긴다고 한다. 물론 이 부위도 맛이야 있겠지만 캥거루 고기 중에서 제일 좋은 부위는 결코 아니다. 이렇게 사냥한 동물의 고기를 다른 사람들과 나누어 먹는 행위는 일종의 보험에 드는 것과 비슷하다. 나중에 자기에게서 고기를 받은 사람이 사냥에 성공하면 자기도 고기를 얻어먹을 수 있게 되기 때문이다.(아무튼 만약 이 사냥꾼이 캥거루 고기를 혼자 독차지했더라면 며칠 못 가서 먹다 남은 고기에 구더기만 잔뜩 생겼을 게 자명하다.)

과거 인류 역사에서 대부분의 시기 동안 사람들은 현대적인 의미에서 '일'을 하지 않았던 것으로 보인다. 그런데 오늘날에도 일하는 시기와 방법을 스스로 선택하고 자신의 일을 관리하는 사람들이 일부 존재한다. 대개의 경우 이런 부류의 사람들은 예술가, 작가, 과학자, 발명가, 기업가들 사이에서 주로 나타난다. 또한 이들은 자신의 삶에서 단 한순간도 일하지 않는 것과 매순간 쉬지 않고 일하는 것 두 가지가 모두 자신에게 해당한다고 주장한다. 이들은 샤워를 하건 자동차를 운전하건 스파게티 소스를 만들고 있건 상관없이 시간과 장소에 구애받지 않고 일을 하는 것과 다름없다. 이들의 머리는 끊임없이 문제들과 씨름하며 이리저리 궁리해 볼 뿐 아니라 새로운 시각에서 그 문제들을 면밀하게 관찰해 보기도 한다. 하지만 이들에게는 이런 강도 높은 활동들이 숨쉬기처럼 아무런 힘이 들지 않는 자연스러운 일로 느껴진다. 저명한 흑인 역사가 존 호프 프랭클린은 겸연쩍은 표정으로 이렇게 고백한 바 있다. "금요일이 되면 저 역시 '하느님 감사합니다. 금요일이군요!(TGIF(Thanks God, It's Friday))'라고 말합니다. 집에서 이틀 동안 아무런 방해도 받지 않고 일할 수 있다는 기대에 부풀거든요."

스웨덴 스톡홀름에 소재한 카롤린스카 연구소에서 종양과 암을 연구하는 생물학자 조지 클라인은 거의 항상이라 할 정도로 자주 몰입 상태에 빠진다. 그의 표현을 빌자면 '사슴이 목장을 가로질러 질주할 때 느끼는 행복감'을 경험한다고 한다. 그는 잡담이나 파티, 부담 없는 사교 모임 등 연구에 방해되는 것이라면 무엇이든 싫어한다. 최근 어느 날 저녁, 동료 연구원들이 이른바 '한여름 축제일 전야'를 맞아 야외 회식을 하기 위해 연구소에서 빠져나왔다. 한여름 축제일은 스웨덴에서 중요한 명절로 여겨지는 날이다. 보아하니 따분하기 짝이 없는 사교 행사가 될 것이라 여긴 클라인은 이 모임에 가지 않기 위해 일부러 다른 핑계를 대고 연구소에 홀로 남았다고 한다. 무료함을 없애고 시간을 알차게 쓰기 위해 그는 까다로운 일을 한 가지 처리하기로 마음먹었다. 그 일은 평소에 자신의 보조 연구원들이 하던 것이었는데, 마침 보조 연구원들은 파티에 참석하느라 자리를 비운 상태였다. 그런데 이 일 처리에 전혀 익숙하지 않았던 그는 혼자 일을 하다가 그만 버킷 림프종 희귀 표본들을 손상시키고 말았다. 그것도 멀리 아프리카에서 공수해 온 지 얼마 안 되는 귀중한 표본들을 말이다. 하지만 클라인은 밤새도록 내내 들떠 있을 정도로 기분이 좋았다고 한다.

저는 한밤중까지 연구실에 남아서 시험관을 하나씩 자세히 들여다보았습니다. 결국, 표본이 모두 훼손되어 버렸다는 사실을 확인할 수 있을 뿐이었죠. 새벽 4시가 되어서 비로소 전 패배를 인정하고 손을 들 수밖에 없었습니다. 하지만 기분만큼은 최상의 상태였어요. 한여름 축제일의 밝은 아침을 맞아 집을 향해 차를 몰면서 전 생각했습니다. 귀중한 연구용 표본을 다 망가뜨리고 말았는데도 왜 이리 기분이 좋을까 하고 말입니다. 이런 질문에 대한 해답은 분명했습니다. 한여름 축제일 무도회에 참가하는 일을 면제받았기 때문이죠.

과학자, 예술가, 사업가 등 자신의 목표와 일의 진행 속도를 스스로 설정하는 지식 노동자들에게는 생계를 위해 하는 일 자체가 삶의 일부처럼 여겨지기 때문에 이것을 '일'이라고 부르는 것은 사회적 관행에 불과할 따름이다.

그러나 지금으로부터 약 만 년 전에 인류의 운명을 갑작스럽게 바꾸어 놓는 사건이 발생했다. 농경 생활이 시작되었던 것이다. 농경 생활은 수렵과 채집에 의존하던 원시 사회의 유목 생활보다 칼로리를 얻기에는 훨씬 효율적이고 신뢰할 만한 방식이라는 사실이 입증되었다. 인류 역사상 처음으로 일부 개인들이 잉여 농산물을 축적할 수 있게 되었고 아울러 다른 사람을 부릴 수 있을 정도의 재산을 소유하게 되었다. 농경 생활을 시작한 사람들은 양식을 찾아 유랑 생활을 할 필요가 없게 되자 한 지역에 정착하여 마을을 형성하게 되었고 이윽고 재산을 축적해 나가면서 점차 보다 더 큰 규모의 도시를 형성하기에 이르렀다. 농업으로 인해 노동의 분업이 가능해졌음은 물론, 문명화(또는 도시화)된 생활을 위한 제반 조건들이 갖추어지게 되었다. 이런 과정에서 나타난 단점은 노동에 대한 착취도 가능해졌다는 사실인데, 이것이 일과 관련해 부정적 인식이 생기는 데 기여하게 되었다.

이런 양상은 전체 인류 역사를 통해 계속 반복되어 나타났다. 새로운 기술 발전으로 신흥 세력이 지배 계층으로 부상하고 다른 사람들보다 우월한 위치에 서게 되는 과정이 되풀이된 것이다. 화려하고 값비싼 갑옷으로 무장한 소수의 기사 계층이 새로운 지배 계급으로 떠올랐던 중세 역시 마찬가지였다. 이들은 아무런 힘없는 농부들에게 압력을 행사하여 농산물 중 일부를 강제로 바치도록 했다. 산업혁명이 일어났을 때도 이와 동일한 양상이 빚어졌다. 기계의 발명으로 대규모 공장이 설립되자 수천 명을 헤아리는 소규모 영세 제조업자들이 문을 닫는 사례가 속출했고, 공장들은 갑작스럽게 일자리를 잃은 수많은 직조공들을 노동자로 고용해 생산 현장에 투입했다. 위에 열거한 어떤 경우에서든 새로운 생산 방식을 이용할 수 있었던 소수의 행운아들은 새로운 체제로부터 큰 이득을 취할 수 있었다. 그 결과 자원의 보유에 있어서 엄청난 격차가 생겨나게 되었던 것이다. 권력을 거머쥐고 있던 소수의 인물들은 법적, 정치적 수단을 동원하여 자신의 기득권을 보호하고 제도화시켰다. 이러한 구도는 새로운 정치 혁명 또는 기술 혁명이 일어나서 구조적 불평등에 반기를 들 때까지 유지된다.

인류 역사의 이런 양상으로서 가장 최근의 사례는 현재 미국에서 일어나고 있다. 미국에서는 정부가 이른바 최근 정보기술(IT)의 발전으로 이득을 취하고 있는 극소수 부유층의 기득권을 보호해 주는 데 앞장서고 있다. 상속법과 조세 제도의 개혁으로 빈부 격차가 점차 더욱 심각하게 벌어지고 있다. 지금으로부터 불과 한 세대도 지나지 않은 과거에만 하더라도, 미국인들은 브라질 같은 나라들을 오만한 자세로 내려다보았다. 경제적 구조를 보면 극소수의 부유층과 대다수 빈민층의 격차가 너무나 심하기 때문이었다. 그 당시만 하더라도 20세기 말에 접어들 때 미국이 세계에서 가장 소득 격차가 심한 나라가 되어버릴 것이라 상상할 수 있는 사람이 거의 없었다. 이제 미국에서 생계 유지에 위협을 받고 있는 사람들에게는 점차 불안감이 확산되어 갈 따름이다. 근로자들 중에서 상당수는 경제적으로 현상 유지라도 하려고 발버둥을 치고 있지만 한 걸음 전진했다 싶으면 어느새 두 걸음 후퇴해 있는 것이 현실이다. 따라서 이들에게는 직업이란 것이 자기 존재의 즐거운 표현이 아니라 살기 위해서 억지로 할 수밖에 없는 허드렛일로 생각될 뿐이다.

우리는 방금 인류 역사를 너무도 간략하게 압축시켜 살펴보았지만,

일을 한다는 행위는 무척 다양한 형태의 경험이라는 점을 알 수 있었다. 즉 일이란 심오한 몰입의 원천이 될 수도 있지만 또 다른 한편으로는 처절한 고통이 될 수도 있다는 것이다. 그렇다면 과거 인류 역사와 비교할 때 일이란 행위가 가진 현재의 여건은 어떠한가? 현재 대부분의 사람들이 일에 투입하는 시간을 과거와 비교해 보자. 수렵과 채집으로 생활을 영위하던 시대에는 하루에 불과 몇 시간만을 일에 투입했고 산업혁명 이후 초창기 공장에서 일하던 산업 근로자들은 하루에 14시간 이상을 일했다. 반면에, 오늘날의 근로자들이 일에 투입하는 시간은 이 두 경우의 중간 정도에 해당한다. 물론 오늘날의 근로 여건은 과거의 일반적인 경우에 비해 더 쾌적하고 인간적인 편이다. 그러나 이렇게 근로 여건의 개선이 이루어졌다 할지라도 오늘날 근로자들의 평균적인 업무에 대한 만족도나 몰입 경험이 과거의 경우보다 높다는 사실을 보장하지는 못한다. 여기에는 몇 가지 이유가 존재한다.

첫째로, 오늘날 근로자들에게 주어진 업무들 중에는 명확한 목표를 지닌 것이 극히 적다는 사실이다. 조직의 목표뿐 아니라 개인의 목표를 충족시킬 만한 업무는 더더욱 부족한 형편이다. 가령 에스키모인들이 물개를 사냥하는 이유는 온 가족의 생존이 거기에 달려 있기 때문이라고 한다. 따라서 물개 사냥을 할 때 취하는 에스키모인들의 일거수일투족은 이런 명확하고 단순한 목표로부터 의미를 얻는다. 이런 이유 때문에 에스키모인 사냥꾼은 얼음 구멍 옆에서 창을 손에 든 채 몇 시간이고 앉아 있을 수 있는 것이다. 그래서 수면에서 일어나는 극히 미묘한 변화에 모든 주의를 집중시키면서도 하루 일과를 마치며 지루해하거나 아무런 스트레스를 느끼지 않는 것이다.

그런데 오늘날의 직장에서 근로자들에게 요구되는 일을 살펴보면, 일의 상당 부분이 조직의 상부에서 일방적으로 하달되고 있는 실정이다. 다시 말해 상부에서는 그 일의 내용이나 목적을 파악하고 있지만 정작 근로자는 이것을 전혀 모르고 있는 상황이 벌어진다. 예를 들어 업무상 특정 서류들은 무엇 때문에 작성해야 하는지 이러한 규칙의 목적은 무엇인지 이런 업무 절차로 인해 나타나는 결과는 무엇인지 등등에 대해 말단 직원들은 제대로 파악하지 못한다는 것이다. 설령 직원이 자신의 업무 내용을 이해하고 있다 하더라도 그 업무를 해야 하는지 이유까지는 불명확히 아는 경우가 많다. 장기적인 목표이든 단기적인 목표이든 상관없이, 목표가 명확히 설정되어 있지 않은 경우에 자신의 업무를 즐겁게 해내기란 무척 어려운 일이다.

몰입을 방해하는 두 번째 장애물은 피드백의 부재이다. 오늘날의 직장에서는 적절한 피드백이 제공되는 업무들이 거의 없는 것이 사실이다. 설령 피드백이 제공된다 하더라도 자신의 능력을 인정받기보다는 단순히 정해진 절차나 규칙에 따라 제대로 해내고 있는지 여부만을 확인할 수 있을 따름이다. 하지만 아무나 그 일을 할 수 있기 때문에 자신은 한낱 피도 눈물도 없는 기계의 부속품이며 언제든지 다른 부속품으로 대체될 수 있다는 식의 평가를 받는 게 고작이다. 이전 시대의 기능공들은 제화, 목공, 직조 등 업종과는 무관하게 자신이 투입한 노동의 결과물을 직접 눈으로 확인할 수 있었다. 자신의 동작 하나하나에 실력을 나타낼 수 있었을 뿐 아니라 자신의 기분이나 주변 상황에 따라 탁월한 성과를 낼지 아니면 평범하기 그지없는 성과를 낼지 스스로 결정할 수 있었다.

　오늘날에는 생산직 근로자이든 사무직 근로자이든 무관하게 모든 업무가 표준화·합리화되어 있다. 상황이 이렇다 보니 근로자들이 자신의 업무에 혼신을 다해 실력을 발휘할 수 있는 경우가 극히 드문 실정이다. 아무리 열심히 노동력을 투입해 본들 자신의 실력을 유감없이 발휘하기보다는 오히려 다른 사람들이 설계한 업무 계획에 따라 움직인 결과가 된다. 이런 상황에서 자신에게 요구되는 책임이란 기껏해야 이미 결정되어 있는 업무 절차에 따라 기계적으로 소기의 임무를 해내는 것뿐이다. 따라서 업무상 아무리 훌륭한 성과를 낸다 한들 그에 따른 피드백이 자신의 창의성이나 실력으로 돌아오는 게 아니라 오히려 이를 가능하게 한 업무 계획이나 업무용 장비로 공이 돌아가는 꼴이 된다. 아무리 훌륭한 성과를 내보았자 그것이 부차적인 요인으로 평가될 수밖에 없는 상황에서는 업무에 대한 진정한 몰입이 일어나기 힘들다. 개인적인 업무 성과가 거의 눈에 띄지도 않을뿐더러 자신의 일이 잘되었는지 스스로 판단하거나 결정할 수 없기 때문이다.

　피드백의 부재는 근로자뿐 아니라 경영층과 기업 전체에 있어서도 문제가 된다. 대규모 조직에서는 정보가 효과적으로 전달되지 못하고 중간에서 희석되는 경우가 비일비재하다. 수직적으로는 정보가 상부에서 하부로 또는 하부에서 상부로 전달될 때 정보의 희석화가 나타나기도 하며, 수평적으로는 정보가 한 부서에서 다른 부서로 전달될 때 정보의 희석화가 나타난다. 이렇게 정보 전달이 중도에서 희석되는 현상은 공동의 목표에 집중하려는 노력들을 자칫 해칠 수 있다. 케

임브리지 인큐베이터의 설립자인 티머시 로는 다음과 같은 의견을 피력한 바 있다. "기업 내부의 수많은 문제들은 CEO가 올바른 가치관을 갖고 있지 않아서 나타나는 것이 아니다. 오히려 CEO가 이런 가치관을 회사 전체에 효과적으로 전달하지 못하기 때문에 나타난다." 수만 명의 직원으로 구성된 조직에서는 경영층이 미처 파악하지 못하는 동안 회사에 큰 피해를 입힐 엄청난 실수가 벌어질 수도 있는 것이다.

몰입을 방해하는 또 다른 요인이 존재한다. 그것은 근로자의 능력과 실력 발휘에 필요한 기회가 적절히 부합되어 있지 않은 직업이 많다는 사실이다. 이런 현상은 소득이 높은 지식 노동자들의 경우에도 마찬가지로 나타난다. 예를 들어 높은 수준의 전문 교육을 받은 젊은 변호사들이라 할지라도 몇 년 동안 도서관에서 각종 자료를 조사하는 단조롭기 짝이 없는 업무를 맡기도 한다. 사실 이런 단순한 자료 조사 업무는 변호사의 높은 전문 지식보다는 몇 시간이고 따분한 업무를 참아 내며 결과물을 낼 수 있는 인내력과 지구력을 요할 뿐이다. 이와 비슷한 예로 역량 있고 야심에 찬 젊은 컨설턴트들의 경우를 들 수 있다. 이들은 일주일에 80시간이라는 엄청난 업무 과부하로 몇 년 사이에 체력을 모두 소진할 정도로 엄청난 스트레스를 이겨 내야만 한다.

'기능의 전문화'는 산업 생산의 효율성 향상에 기여한 주된 요인 가운데 하나였지만 이 역시 근로자가 지닌 실력 중에서 극히 일부분만을 요한다는 부정적인 결과를 초래했다. 물론 오늘날에도 개인의 모든 역량을 온전히 요구하는 직업들이 일부 존재한다. 가령 자기가 소유한 농지를 주로 자가 노동력으로 경작하는 자작농은 소수이긴 하지만 오늘날까지 일부 남아 있다. 자작농들은 혼자서 모든 일을 해내야 한다. 재정 관리는 물론 농기계 조작과 유지 및 보수, 가축의 건강 관리, 기상 예측 등 성공적으로 농사의 결실을 맺으려면 전천후 문제 해결사가 되어야만 한다. 또 다른 예로 이탈리아 북부 지역에서 가족 단위의 소규모 직조업에 종사하는 사람들의 경우를 들 수 있다. 이들은 옷감을 짜기 위한 직기를 가정 내에 갖추고 있으며, 부모와 자녀들이 옷감에 들어갈 디자인을 함께 만들어 내고 생산 일정을 결정한다. 또한 이들은 독일이나 프랑스에서 중고 기계를 사들여 자기네 실정에 맞게 기계의 사양 등을 조정하며, 일본의 수입상들에게 견직물 도안을 제시하는 등 제품의 마케팅과 판매를 직접 맡는다. 이들은 이런 다양한 종류의 일 외에도 매일 새벽에서 저녁까지 십여 대에 달하는 직기를 돌리고 있다. 이 가정의 아이들은 일에 필요한 모든 관련 기술을 부모의 지도하에 각자의 형편이나 학습 속도에 따라 배워 나간다. 아이들이 배우는 기술은 기계 수리, 옷감 디자인, 제품의 마케팅과 판매 기술 등 다양하다.

자신의 능력 가운데 극히 일부분만을 사용하게 되는 업무는 곧 싫증이 나며 부담이 될 뿐이다. 이런 상황에 놓인 사람들은 자신의 능력을 대부분 활용도 하지 못하면서 낭비하고 있다는 생각을 품게 된다. 가령 운전 면허증 발급 신청서를 민원인들에게 교부해 주는 교통국 사무원의 경우를 생각해 보자. 이 사무원은 운전 면허증 발급 신청을 위해 장사진을 이루고 있는 사람들에게 하루도 빠짐없이 신청 양식을 교부해 준 뒤 신청인들이 소정 양식을 제대로 기입했는지 재빨리 훑어보며 확인해야 하는 업무를 맡고 있다. 이 임무를 맡은 사무원이라면 과연 자신의 업무에 얼마나 헌신하며 몰두하겠는가? 또 다른 예로 대규모 제약 회사에 근무하는 한 생화학자의 경우를 생각해 보자. 이 사람이 맡은 업무는 판에 박힌 듯한 일정에 따라 화학 실험을 거쳐야 하는 수많은 화합물 실험 대상 목록들을 일일이 확인하는 일이다. 과연 이 생화학자는 자신의 업무에 얼마나 헌신하며 몰두할 수 있을까? 나중에 살펴보겠지만 이런 제한된 상황에서조차 몰입을 경험하는 것이 가능하기는 하다. 그러나 대다수의 경우 이런 일들은 그야말로 의욕과 사기를 뚝 떨어뜨린다. 어쩌면 당연한 사실인지는 모르겠지만 사람들은 자신의 능력 가운데 대부분을 활용하지 못하면 일에 대한 참여도가 그만큼 떨어지게 마련이다. 그리고 업무로부터 훨훨 벗어나 자유 시간을 가졌으면 하고 갈망하게 된다. 그래야만 자신이 살아 있다는 느낌을 온전히 경험할 기회가 생기기 때문이다.

오늘날의 수많은 직업들에서 빈번하게 나타나는 또 다른 방해 요인은 권한의 부재 현상이다. 자신이 담당한 업무의 목적은 물론, 업무 처리의 각 절차에 대한 권한이 그 직원에게 주어지지 않는다는 뜻이다. 업무상 아주 사소한 것에 이르기까지 상부의 철저한 관리를 받고 있다는 느낌을 갖는 근로자는 업무에 대한 흥미를 금세 잃고 만다. 직장의 업무와 관련해서 직원들이 가장 빈번하게 제기하는 불평 두 가지가 있는데, 하나는 다양성의 부재이며 나머지 하나는 상사와의 마찰이다. 이 두 가지 모두 근로자 자신이 업무상 아무런 발언권이나 결정권이 없는 하나의 도구로 전락했다는 느낌으로부터 나온다. 이 상황에 처한 근로자들은 자신이 해야 할 일만 처리할 뿐, 그 이상 업무에 헌신하려 들지 않는다.

인간이 만든 조직이라면 그 무엇을 막론하고 책임과 권한의 정도에 따라 일정한 형태의 상하 관계를 나타내는 계층 구조를 가진다. 복잡한 구조를 지닌 모든 조직에는 권한의 메커니즘을 포함한 기능의 전문화와 노동의 분업이 존재한다. 또한 조직의 상부에서는 회사의 경영을 위해 업무에 대한 권한을 가질 필요성을 느낀다. 그러나 근로 현장에서 일하는 말단 사원이라도 업무의 자율성을 소중하게 생각한다. 따라서 상부의 권한에 대한 필요성은 하부의 자율성에 대한 필요성과 적절한 균형을 유지해야 한다. 조직에서 특히 심각한 피해는 경영자가 회사의 이익보다는 개인적인 권한을 강화하기 위해 직원들을 통제하려고 할 때 나타난다. 이런 사례는 심심찮게 나타나고 있는데, 이럴 경우에 직원들은 경영자의 이기적인 목적을 위해 자신의 삶을 희생하지 않으려 하며 아울러 업무에 대해 쏟는 정신력이나 열정은 그만큼 줄어들기 시작한다.

마지막으로 근로자는 자신의 시간 활용이 외부적인 리듬에 영향을 받는다는 사실에서 또 다른 스트레스를 받는다. 과거 인류 역사를 되돌아볼 때 사냥꾼들의 활동은 사냥감이 되는 동물들의 움직임에 따라 달랐고, 농부들의 활동은 계절의 변화에 따라 달라졌다. 하지만 이런 여건들의 변화는 충분히 납득할 수 있는 것이었다. 물론 그때그때의 시간에 따라 오랜 시간과 강도 높은 노력을 투입해야 할 때가 있었을 테지만 말이다. 아직까지 유럽의 일부에 남아 있는 가내 수공업의 경우를 살펴보자. 숲에 버섯이 돋아나거나 강에서 송어들이 뛰노는 계절이 찾아오면 가내 수공업에서 생산을 책임지고 있는 기능공들은 아내나 자식들에게 작업용 연장을 건네주고 자연의 아름다움을 만끽한다. 시간 활용도 비교적 유연한 편이어서 근로자 자신의 상태나 기회의 변화에 따라 자유롭게 조정할 수 있다.

그러나 지금으로부터 약 2세기 전에 공업의 발달로 이 모든 것이 종말을 고하고 말았다. 오늘날 오전 9시부터 오후 6시까지 일하는 고정적인 근무 시간 제도는 산업혁명 초창기에 수십 년 동안 실시되었던 오전 5시부터 오후 9시까지의 열악한 근무 시간 제도를 감안해 볼 때 훨씬 개선된 것이기는 하다. 하지만 이런 제도로 인해 개인이 자신의 정신력을 더 이상 통제할 수 없는 획일적이고 고정적인 근로 시간 개념이 나타나게 되었고 이것은 실제로 처리해야 할 일이 있는지 여부와는 무관하다.

그러나 최근 통신 기술의 발달로 직장 근무 시간은 상대적인 개념들이 되어 버리고 말았다. 가정의 컴퓨터를 이용해 회사의 컴퓨터에 접속하는 것이 가능해짐에 따라 업무 처리의 속도를 스스로 결정하는 직장인들이 점차 많아지고 있다. 전통적으로 축산업이 생활의 주축이 되어 있는 미국 몬태나 주 서부 지역에서는 이른바 '모뎀 카우보이'들이 등장했다. 이들은 매일 댈러스나 캔자스 시티에 본사를 둔 보험 회사나 마케팅 부서의 네트워크에 접속하여 온라인으로 업무를 처리하고 있다. 이들 역시 자신들이 원하는 시간에 얼마든지 버섯을 따라가거나 낚시를 하러 갈 수가 있다.

그러나 자신이 원하는 시간에 맞추어 일할 수 있는 이른바 '플렉스 타임(flextime)'이나 파트타임 업무, 또는 온라인을 이용한 원격 재택 근무 등은 일과 가정생활 사이에 좀 더 건전한 균형을 이루고자 하는 사람들에게만 선택권이 부여되어 있을 뿐이다. 오늘날의 지배적인 기업 문화에서 출세를 꿈꾸는 사람들은 아직도 직장에서 얼마나 많은 시간 외 근무를 하는지에 따라 평가를 받고 있는 실정이다. 직장 생활에서 외부적인 보상, 이를테면 급여, 승진, 권한 부여 등은 기업 목표에 개인이 투자하는 시간의 양에 정비례하는 경향이 있다. 반면, 업무의 성공적인 처리 후에 느끼는 보람, 실력 향상에 따른 자부심 등 직원 개인의 내부적인 보상들은 이와 반비례하는 경우도 많다. 따라서 개인적으로 자유롭게 활용할 수 있는 시간이 줄어들수록 지식 노동자들이 겪는 스트레스는 증가한다. 대부분의 기업에서 적절한 시간 할당이 이루어지도록 하기에는 아직 갈 길이 멀기만 하다.

결론적으로 직장 생활에서 몰입 경험이 어려워지는 것은 몰입에 필요한 조건들을 방해하는 장애 요인들 때문이라고 할 수 있다. 안타깝게도 직장의 업무가 명확한 목표와 적절한 피드백을 제공하지 못하는 경우가 허다한 실정이다. 게다가 개인의 실력 수준과 과제의 난이도가 적절한 균형을 이루지 못할 뿐 아니라 업무에 대한 권한이 제대로 주어지지 않고 시간 활용이 유연하지 못한 경우가 많다. 이런 제반 장애 요인을 감안하건대, 그럼에도 직장인들 중에서 업무상 몰입을 경험하는 사람들이 상당수 존재한다는 사실은 가히 놀랄 만하다.

일의 가치와 의미에 나타나는 변화들

그러나 직장의 객관적인 근로 여건과는 무관하게 중노동마저 합리화하고 정당화하며 나름대로 의미 체계를 개발해 내는 데 성공한 경우도 심심찮게 나타난다. 중세의 격언 중에서 이런 것이 있다. "감자의 껍질을 벗기는 일이라도 하느님의 영광을 위해서 행해진다면 그 일도 성당을 건립하는 일만큼 중요하다." 허드렛일을 도맡아 했던 중세의 하녀들이 과연 이런 진부한 격언을 통해 위안을 얻었을 것이라고는 생각되지 않는다. 하지만 적어도 당시 사회 전체에 널리 퍼져 있던 가치관은 하찮고 더럽게 보이는 일이라도 존중하고 나름대로 의미를 부여해 주었던 것만은 틀림없다. 불평등한 노동 분업 체계를 유지하기 위해 인간이 고안해 낸 제도적 장치 중에서 가장 경이적인 성공을 거둔 사례로는 힌두교의 카스트 제도를 들 수 있다. 상당히 발전되고 복잡한 문명인 인도 사회가 최근까지도 직업의 세습 제도를 계속 시행해 올 수 있었던 것도 이 독특한 제도를 통해서였다. 공교롭게도 쓰레기 수거인의 아들로 세상에 태어났다면 자신에게 주어진 유일한 직업으로 쓰레기 수거라는 일을 맡는 것 외에는 별다른 도리가 없다. 딸의 경우라면 쓰레기 수거인과 결혼하는 운명을 피할 수 없게 된다. 인도의 일부 주에서는 낮은 계층에 속하는 사람이 높은 계층에 속하는 사람에게 900미터 이내로 가까이 갈 수 없도록 되어 있다. 인도의 케랄라에서는 거리의 청소부가 카스트 제도에서 최고 계급인 브라만 계층에 속하는 사람으로부터 항상 3000미터 이상 거리를 두어야만 한다. 카스트 제도와 관련하여 정말로 경이로운 사실은 이렇다 할 만한 사회적 갈등을 일으키지 않으면서 이토록 오랜 기간을 거쳐 오는 동안 존속될 수 있었다는 점이다. 이 제도가 성공을 거둘 수 있었던 이유 중 상당 부분은 이러한 노동 분업의 기원과 그 이유를 설명하는 구체적인 종교적 일화에 바탕을 두고 있다. 인도 사회에서 사람들이 저마다 주어진 사명을 다할 정도로 인도인들에게 있어서 종교적 일화들은 기존 체제를 유지할 수 있을 만큼 설득력이 있는 것이다.

힌두교의 종교적 가르침이 개인이 사회적 지위를 그대로 수용하도록 하는 역할을 했던 반면, 유럽의 종교적 신념들은 궁극적으로 이와 정반대의 태도를 정당화하는 입장에 서 있었다. '프로테스탄트의 노동 윤리'가 대두되었던 것은 종교 개혁 기간 동안의 일이었다. 당시에 장 칼뱅의 예정설은 개인이 자신의 인생에서 얼마나 성공하는가에 따라 하느님의 구원 의지를 결정할 수 있다는 의미로 해석되기에 이르렀다. 근면한 생활을 통해 잘살게 된 사람은 세상을 떠난 후에도 틀림없이 천국행이 예정되어 있다는 것이다. 바꿔 말하면 하느님은 구태여 지옥에 갈 사람에게 재물의 축복으로 보상해 주지 않는다는 것이다. 역으로 이 세상에서 두각을 나타내지 못하는 사람이라면 아마도 천국에 갈 가능성이 별로 없다는 뜻이 된다. 이러한 종교적 믿음은 칼뱅주의자들이 일에 대한 노력을 배가시킬 수 있도록 동기를 유발했으며, 이들은 영원한 축복의 약속에 고무되었던 것이다. 이러한 가치관에서 볼 때 직업이란 단순히 생계를 위해서 하는 일에 불과하지 않고 하느님이 직접 그 개인에 대해 계획한 역할이자 신성한 '소명'으로 간주되었다. 이런 윤리는 과학 기술의 발달과 새로운 사회 조직 형태의 대두와 맞물려 유럽 국가들이 물질적 풍요를 이룰 수 있도록 활력을 불어넣었고 이들 국가는 지금까지 이런 풍요를 누릴 수 있게 되었다.

칼뱅의 사상이 미친 영향은 미국 사회의 곳곳에서도 눈에 띄며, 특히 미국 경제계의 지도급 인사들 사이에서 두드러지게 나타난다. 미국의 거물급 경영인들 중에서 상당수는 엄청난 재력을 거머쥐고 있으면서도 검소한 생활을 하고 있다. 또한 사회적 책임을 다하고 자선 행위에 힘씀으로써 개인적 풍요에 대한 보답을 해야 한다고 믿는다. 이런 신념을 실천하고 있는 부자들 중에서 분명한 소명의식을 지닌 사람이 한 사람 있어 소개하고자 한다. 물론 종교적 교리에 의거한 소명의식은 시대를 지나면서 다소 희석되었지만 말이다. 그 사람은 다름 아니라 암웨이의 리처드 디보스 회장이다. 다음의 견해는 비단 리처드 디보스 회장 혼자만의 생각이 아니다. "직원들에게 전수해야 할 가장 중요한 것은 바로 하느님에 대한 믿음입니다. 이것은 자신이 어떤 일을 하던 영향을 주게 되지요." 존 템플턴 경은 다음과 같이 말한다. "내가 지닌 윤리적 원칙의 출발점은 '하느님이 내게 주신 능력을 어디에 사용해야만 가장 많은 사람들에게 도움을 줄 수 있을까?' 하는 질문입니다."

그러나 '일'이야말로 구원에 이르도록 도와주는 매개체라는 사상은 오늘날 대다수 사람들에게는 먹히지 않는다. 그럼에도 일반적으로 성인들은 일에 대해 긍정적인 느낌을 가진다. 이런 현상이 발생하는 이유는 다양한데, 그중에서도 현실적으로 적용 가능한 구체적 이유 한 가지는 근로자 개개인의 성품이 다르기 때문이라는 것이다. 어떤 사람에게는 매력적으로 보이는 일이라 하더라도 다른 사람에게는 불쾌하고 어려운 일이 될 수도 있다. 가령 미국의 십대 청소년들 중에서 장차 의사가 되기를 희망하는 학생들의 경우를 살펴보자. 이들은 고등학생 정도의 나이가 되면 장차 사람들을 돕고 사회를 개선시키고자 희망한다고 말하는 경우가 다른 아이들보다 많은 편이다. 반면 비즈니스에 관심을 가진 청소년들은 장차 돈을 많이 벌고 자유 시간도 풍성하게 누리고 싶다고 말한다. 이밖에도 비슷한 사례들이 부지기수다. 여하간 어떤 일이든 저마다 나름대로의 장점과 단점들을 특성으로 갖고 있고, 사람들마다 여기에 대해 다른 반응을 보인다. 공학 분야는 사물을 만들고 창조하는 일을 좋아하는 사람들에게 매력적으로 보이게 마련이다. 반면 회계 분야는 돈을 버는 데 관심을 갖거나 책상에서 일하는 것을 중요하게 여기는 사람들이 주로 매력을 느낀다. 오늘날에는 다양한 직업들이 존재하기 때문에 바야흐로 누구든지 자기의 적성이나 선호도에 가장 맞는 직업을 희망할 수 있는 시대가 도래한 것이다. 그렇다고 그 직업을 얻는 것은 별개의 문제이지만 말이다.

물론 현실적으로는 고용 시장이 더욱 복잡해진 것이 사실이다. 오늘날에는 다양한 직업들이 서로 다른 다양한 기회를 제공하는 것은 물론이고, 동일한 직업이라 할지라도 사람들이 저마다 처한 상황에 따라 판이하게 다른 결과를 낳을 수 있다. 소도시에서 가정의학 전문의로 활동하는 의사의 경험은 대도시에서 대형 병원이나 의료 기관에 고용되어 일하는 의사의 경험과는 판이하게 다를 것이다. 개인 회계 사무소를 차려서 독립적으로 일하는 회계사와 대형 회계 법인에 고용되어 일하는 회계사는 일견 똑같은 일을 하는 것 같지만 실제로는 서로 다른 혜택과 고민을 갖게 마련이다.

이런 다양성이 존재하는 상황에서 고용주들이 직원들을 로봇으로 간주하면서 사태를 단순화하려는 것도 무리가 아닌 듯하다. 즉 '지휘와 통제'의 원칙에 따라 관리해야만 효율적으로 움직이는 기계로 본다는 것이다. 직원들의 동기 유발을 위한 수단으로 오랫동안 사용되어 왔던 '당근과 채찍' 정책은 수요보다는 공급이 많은 노동 시장에서 나름대로 효과가 있을지도 모른다. 하지만 오늘날의 지식 노동자들은 자신들이 한낱 로봇에 불과하다는 생각을 하지 않는다. 따라서 만약 이들로 하여금 계속해서 애사심을 갖게 하려면 그들의 일에 의미와 가치를 부여할 수 있도록 여건을 조성해야 한다.

그렇다면 몰입 이론에 비추어 볼 때 우리의 문화에서 근로자들이 자신의 업무로부터 의미와 가치를 발견하지 못하도록 방해하는 주된 장애물들은 과연 무엇일까? 첫 번째 장애물은 바로 일 자체의 목표와 관계가 있다. 우리의 소비 문화는 일반적으로 일의 가치를 낮게 평가하는 경향이 있다. 소비 문화는 끊임없이 휴식이나 물질적 안락과 쾌락을 찬미하는데, 이 모든 것들은 판매 가능한 상품들이며 더욱 많은 고객들을 필요로 한다. 아이들은 열두 살 정도의 나이에 이르면 '일'이라는 명칭이 붙는 것이라면 그 무엇을 막론하고 불쾌한 것이라는 생각을 갖게 된다. 반대로 만약 어떤 일이 무척 불쾌할 경우에는 여기에 '일'이라는 명칭을 붙인다. 결과적으로 우리는 아무리 흥미롭고 보람 있는 일이 있다 하더라도 어릴 때 얻은 부정적 견해를 갖고 그 일을 대하게 된다.

아울러 어떤 일들은 실제로 아무런 가치와 의미를 제공하지 못하는 경우도 있다. 이런 경우 금전적 목적을 제외하고는 근로자들이 일에 몰입하는 데 어려움을 느끼게 된다. 만약 자신이 속한 회사가 대량 살상용 무기를 제조한다거나 환경을 오염시킨다거나 인력 자원과 자연을 무모하게 착취한다면 아침 출근길 발걸음이 가벼워지기는 어렵다. 다만 어렵기는 하지만 불가능한 것은 아님에 유의하기 바란다. 제2차 세계대전 동안 유태인들을 후송하는 데 주역이 되었던 카를 아돌

프 아이히만 같은 사람은 화물열차를 이용해 '인간 화물'을 정확한 일정에 맞춰 실어 나르는 데 자부심을 느꼈다고 하니 어이없는 노릇이다. 목전의 이익을 위해 잘못된 시스템에 아무런 저항도 하지 않고 그대로 따르는 식의 근시안적 태도가 자주 나타나지 않기를 희망할 따름이다.

사람들에게 아무런 해도 주지 않을 뿐더러 심지어 고상하게만 보였던 일이라 하더라도 종종 상상하지 못했던 엄청난 해악을 끼치는 경우도 있다. 가령 50년 전까지만 하더라도 물리학자들은 물리학이 물질의 창조라는 신비한 아름다움을 나타내는 데 도움을 줄 뿐이라고 생각했다. 또한 실생활에 물리학을 응용한다면 반드시 인류에게 혜택이 돌아갈 것이라고 판단했다. 이런 물리학자들 중에서 가장 위대한 학자이자 인본주의를 지향했던 인물은 바로 닐스 보어였다. 그는 1940년대 초반까지 코펜하겐에 소재한 그의 연구소에서 행해지고 있던 핵분열 실험이 결코 무기 개발의 기반을 제공하지는 못할 것이라고 주장했다. 그러나 1945년 이후에 접어들면 물리학자 중에서 핵분열 실험이 결코 바람직하지 않은 용도로 사용될 소지가 없다고 안심할 수 있었던 사람은 아무도 없었다. 젊은 과학자들이 물리학 분야에서 분자생물학 분야로 대거 이동했던 것도 바로 이런 이유에서였다. 당시에 분자생물학은 인류에게 혜택만을 제공할 것처럼 여겨졌다. 하지만 유전공학이 대두되면서 이 분야 역시 위험 요소가 있음을 깨닫게 되었다.

사실상 '바람직한 일', 다시 말해 성과 면에서도 훌륭할 뿐 아니라 인류에게도 혜택을 주는 그런 종류의 일은 생각처럼 그리 쉽게 이루어지지 않는다. 경영층의 중요한 임무 한 가지는 가뜩이나 바람직한 일을 하기 어려운 판국에 이를 더욱 악화시키지 않도록 주의를 기울이는 것이다. 자칫 탐욕을 강조하거나 품질을 떨어뜨림으로써 또는 직원과 고객이 정말로 필요로 하는 것을 등한시함으로써, 아니면 회사를 전반적으로 아무런 가치관이나 양심이 없는 불량한 사업체로 전락시킴으로써 이런 우를 범해서는 안 된다. 만약 이것이 제대로 지켜지지 않는다면 피터 드러커가 수년 전에 경고했던 내용이 현실이 되어 나타날 수도 있다. 다시 말해 명석하고 능력 있는 젊은이들, 자신의 업무에서 몰입을 경험하는 젊은이들이 기업을 등지고 적십자나 자연보호 단체 등 비영리 비정부 조직(NGO)이나 학계에 들어가게 될 것이라는 예측 말이다. 이런 곳에서는 비록 급여가 적다 하더라도 좀 더 의미 있는 일을 할 수 있기 때문이다.

오늘날의 기업 문화에서 몰입을 방해하는 또 한 가지 요인은 기업 조직의 비영속성에 있다. 다시 말해서 내일 당장 사라질지도 모르는 조직을 위해 헌신하기란 무척 어렵다는 뜻이다. 좀 더 많은 영리를 얻기 위해 고용주들이 아무렇지도 않게 벌이는 횡포의 희생양이 될 수도 있는 상황인 것이다. 몰입을 경험하는 요건 중 하나는 주어진 과제와 별로 관계가 없는 문제에는 일체 관심을 기울이지 않고 목표에만 집중할 수 있는 능력이다. 하지만 만약 주변 여건이 불안정할 뿐 아니라 당장이라도 조직이 붕괴될 것만 같은 불안감을 안고 있다면 어떻게 정신을 집중시킬 수 있겠는가? 현명한 직원이라면 업무에 주의를 집중하는 동시에 여기에 안주하지 않고 다른 직장을 알아보는 데 일부 관심을 할애할 것이다. 이런 상황은 업무의 성과나 그 직원의 정신 상태에 결코 바람직하지 못한 영향을 미친다. 그러나 직원의 입장에서 다른 선택의 여지가 어디에 있는가? 만약 고용주들이 직원들에 대한 의리를 지키지 않는 상황이라면 근로자들이 애사심을 전혀 갖고 있지 않는 현상은 그야말로 당연한 논리적 귀결이라 할 수 있겠다.

마지막으로 경영층이 직원들을 개성 있고 가치 있는 인물들로 인정하지 않고 필요없으면 언제라도 버릴 수 있는 도구로 간주한다면 직원들 역시 회사를 급여를 주는 기계 정도로밖에 생각하지 않을 것이다. 회사에 대해 아무런 가치나 의미를 부여하지 않게 된다. 이런 상황에서는 업무적으로 훌륭한 성과를 낼 수 없을 뿐더러 자신의 업무를 즐길 수도 없게 된다. 그러나 에이브러햄 링컨이 말했던 것처럼 오랜 기간 동안 대부분의 사람들을 속이는 일은 불가능하다. 마찬가지로 자신을 멸시하는 조직에 정신력을 지속적으로 투입하며 일에 열중하는 사람들은 거의 없을 것이다.

태도의 중요성

아무리 직장 여건이 좋고 기업 문화나 가치관이 훌륭하다고 하더라도 직원들이 일 자체에서 동기 유발을 느끼리라는 보장은 없다. 앞서 살펴본 바와 같이 젊은이들은 서로 다른 사회적 자본을 가진 상태에서 성장한다. 그 형태가 부모로부터 받은 가정교육이든, 학교에서 이루어진 교육이든 공동체를 통한 경험이든 상관이 없다. 어떤 젊은이들은 심리적 자본을 형성하지만 그렇지 않은 경우도 상당수에 이른다. 직장 생활을 할 수 있는 나이에 이를 즈음엔 기존의 문화나 가치관에 워낙 세뇌되어 직업을 그 이상의 가치로 바라보지 않는다. 자신에게 주어진 일을 즐길 수 있을 만큼 호기심이나 인내력도 찾아볼 수 없다. 반면 일부 젊은이들은 직업을 향후 더 많은 책임과 보상으로 이어질 경력으로 생각하며 열심히 일한다. 업무에 진지하게 임하며 여건만 이루어진다면 일을 즐기기도 한다. 또 다른 사람들은 자신에게 주어진 업무를 하늘로부터 부여된 하나의 소명으로 간주해 다른 일을 한다는 건 생각하지도 않는다. 마치 독일의 문호 괴테가 묘사했듯이 도시 입구 관문의 경비 초소에서 보초를 서는 경비병처럼 말이다. 괴테는 이 경비병에 대해 보초를 서게 될 숙명을 지닌 것 같다고 표현했다. 이외에도 오늘날의 수많은 예술가, 과학자, 작가, 기술자 등의 전문인들 역시 자신의 직업을 무척 소중하게 생각한다.

나는 몇 년 전에 자신의 직업을 천명으로 알고 소중히 여기는 사람들의 사례를 직접 보았다. 당시에 유명 텔레비전 방송 프로그램인 「굿모닝 아메리카」 제작진이 몰입 경험과 관련한 프로그램을 기획하고 있었다. 담당 프로듀서는 뉴욕에서 내게 전화를 걸어 몰입을 경험한 실제 인물들과 직접 인터뷰하고 싶으니 실험 대상이 되었던 사람들의 이름을 가르쳐 달라고 부탁했다. 그러나 나는 실험에 참가했던 사람들의 사생활 보호를 이유로 완곡하게 거절했다. "그럼, 어떻게 하면 좋을까요?" 담당 프로듀서가 풀이 죽어 내게 물었다. 나는 이렇게 대답했다. "엘리베이터를 타고 내려가서 사람들이 걸어 다니는 길로 나가 보세요. 그리곤 행인들을 붙잡고 개인적으로 몰입을 경험한 적이 있는지 물어보기 바랍니다. 그러면 몇 분 만에 훌륭한 기삿거리가 만들어질 테니까요."

 그 프로듀서는 내 말에 반신반의하는 듯한 태도를 보였다. 하지만 이튿날 아침 나는 흥분을 감추지 못하는 그 프로듀서로부터 전화를 받았다. "정말로 뛰어난 소재가 될 만한 사람들과 인터뷰를 할 수 있었어요. 꽤 쓸 만한 기삿거리를 취재하게 되었답니다." 정말 그 프로듀서의 말은 옳았다. 첫 번째 인터뷰 대상이 되었던 사람은 맨해튼의 한 제과점에서 훈제연어가 들어간 샌드위치를 만드는 일을 하는 초로의 신사였다. 그가 하루 종일 하는 일이라곤 훈제연어를 얇게 써는 것이었고 이것이 그 자신이 일터에서 접할 수 있는 과제의 전부였다. 아마도 다른 사람들은 그가 자기 일을 무척 따분하고 지루하게 여길 것이라 생각할 것이다. 하지만 정작 당사자인 그는 앞서 예로 들었던 시인이나 외과의사들에게서나 볼 수 있었던 것처럼 의욕에 넘쳐 있었다.

 그의 설명에 따르면 어떤 연어를 집어 들든 간에 전에 보았던 것과 항상 다른 느낌이라고 한다. 연어의 꼬리를 잡고는 대리석으로 만든 선반에 내리치는데, 이때 연어가 온몸을 부르르 떠는 것을 지켜보다 보면 연어 몸의 엑스레이 사진을 3차원으로 보는 듯한 느낌을 갖는다고 한다. 다음으로 하루에도 몇 번씩 날카롭게 날을 갈아 둔 다섯 개의 칼 중에서 하나를 들어올려 생선을 얇게 써는 작업에 돌입한다. 그것도 좋은 살코기를 전혀 낭비하지 않고 알뜰할 정도로 얇게 썰면서도 가급적 동작의 수를 줄이는 것이다. 이것은 주의를 집중하면 아무리 하찮고 재미없는 일이라도 만족스럽고 수준 높은 활동으로 탈바꿈시킬 수 있다는 사실을 입증하는 좋은 사례로 볼 수 있다. 이 사람에게는 생선을 써는 일이 한낱 직업에 불과한 것이 아니라 즐겁게 일할 수 있는 소명인 것이다.

생선을 다듬는 정도의 일은 그야말로 돌파구를 찾을 수 없을 정도로 몰입 경험과는 무관한 것처럼 보이기 십상이다. 아무리 연어를 잘게 썬다고 하더라도 낮은 수준의 복잡성에 머물 수밖에 없기 때문이라는 이유에서다. 물론 객관적으로 볼 때 이런 설명에도 일리가 있긴 하지만 어떤 사람들은 다른 사람들이 하찮게 여기는 기술이라도 그 나름대로 최고의 기술을 연마하는 데 기쁨을 느끼는 것 같다. 그러나 어떤 사람들은 일을 통해 평생 동안 심리적 자본을 구축하는 기회를 얻을 수 있다고 여긴다. 따라서 이들은 새로운 과제들에 과감히 도전하고 새로운 기술을 개발해 나갈 뿐 아니라 그런 과정에서 개인적인 성장을 이룬다.

몬산토 사의 로버트 샤피로는 수많은 경영인들이 직원들의 업무에 대해 잘못된 생각을 품고 있다면서 만약 자신이라면 다른 행동을 취할 것이라고 말한다.

사람들은 일반적으로 직업이란 개념을 생각할 때 이런 시스템을 설계한 일종의 건축가나 설계자가 있는 것처럼 여깁니다. 수많은 부분이 서로 결합하여 바람직한 결과물을 내기 위해서 그런 것처럼 말입니다. 업무를 담당하고 있는 직원들 중에 전체를 볼 수 있는 사람은 아무도 없습니다. 직원을 영입할 때 회사 측에서는 이렇게 말하곤 하죠.

"커다란 기계와도 같은 회사 조직에 부합하도록 스스로 적응해 나갈 의지와 기술을 갖추고 있습니까? 당신과는 전혀 다른 사람인 전임자 역시 같은 업무를 수행했고, 장차 당신의 후임자가 될 사람도 그 일을 할 겁니다. 따라서 업무와 별로 관계가 없는 것들은 아예 잊어버리기 바랍니다. 만약 업무를 수행하는 데 있어서 능력이 부족하다면 그것을 갖춘 척이라도 해 주십시오. 적어도 다른 사람들이 보기에 당신이 뭔가 일을 하고 있다는 인상을 받을 수 있도록 말입니다."

이런 태도는 사람들의 개성을 아예 무시하고 획일적으로 통일시키려는 개념에 불과합니다. 이것은 직원들 개개인의 가장 귀중한 부분을 활용하지 않으려고 끈질기고도 조직적으로 애쓰는 것과 다름없죠. 즉 그 개인을 다른 사람들과 구분하고 개성적으로 만들어 주는 요인을 무시하는 것이죠. 만약 위대한 기업으로 거듭나고자 한다면 이런 점에 유의해야 합니다. 우리는 사실 이렇게 말해야 합니다. "당신의 능력 중에서 이 업무에 도움을 줄 수 있을 만한 요소는 무엇입니까?"라고 말이죠. "여기에 이러이러한 업무가 있으니 어서 처리하시오."라는 식으로 말해서는 안 되는 거죠.

관리가 제대로 이루어지지 않는 업무에 대해 수많은 근로자들은 자칫 파괴적인 태도를 취할 수도 있다. 또한 우리 사회에 팽배한 문화나 가치관에서도 피해를 입을 수 있음은 물론이다. 그것은 바로 가급적 노력을 기울이지 않고 적당히 넘어가자는 식의 태도이다. 건성으로 적당히 일을 처리하고 다른 사람에게 책임을 전가하는 것, 다른 사람에 대한 험담을 늘어놓고 업무를 통해 이득을 취하려는 것 등은 영리한 행동으로 간주되는 경우가 많다. 시스템에 굴복하지 않고 반항하는 방식의 하나로 그렇게 하는 것이다. 하지만 이런 행동을 취하면 오히려 자신에게 피해가 그대로 돌아올 수 있다. 우선 기껏해야 최소한의 노력을 기울이는 근로자들은 업무를 통해 몰입을 경험할 수 있는 소중한 기회를 상실하게 된다. 그뿐 아니라 결국에는 업무를 지루하게 생각하거나 아무런 애정이나 관심도 갖지 않게 되기 십상이다. 둘째, 이에 따라 승진 가능성도 그만큼 줄어들게 되어 보나마나 뻔한 결과를 초래한다. 부정적이고 소극적인 태도를 가지고 있다면 승진 자격이 있는 사람이라는 평가를 받을 리 만무하다.

직원들을 평가할 때 동기 유발 요인은 거의 고려 대상에 포함되지 않는 것이 현실이다. 대부분의 경영층이 직원들의 성과만을 기준으로 생각하기 때문이다. 티머시 로는 이런 상황을 다음과 같이 잘 설명했다.

기업의 고위 경영층은 목표 달성이 이루어지지 못한 이유에 대해선 거의 아무런 관심도 보이지 않습니다. 오랜 경험으로 미루어 볼 때, 도저히 극복할 수 없을 것만 같은 문제에 직면했음에도 어떻게 해서든 성공을 이끌어 내는 사람들이 존재합니다. 예를 들어 경쟁업체는 시장 점유율이 100퍼센트인 데 반해, 자신이 속한 회사의 시장 점유율은 전무한 데다가 자기네 제품을 알아주는 고객이 전혀 없는 경우를 상정할 수 있겠죠. 능동적인 사람들은 이런 악조건에서도 굴하지 않고 과감하게 도전합니다. 처음에는 10퍼센트의 시장 점유율을 확보했다가, 점차 20퍼센트, 30퍼센트, 40퍼센트 이런 식으로 시장 점유율을 높여 나갑니다. 불굴의 의지와 기발한 아이디어를 통해 이들은 불가능해 보이는 것들조차 가능하게 만들어 내죠.

반면 어떤 사람들은 비교적 간단하고 수월한 과제가 주어졌음에도 불구하고 실패를 경험합니다. 가령 자사 제품의 시장 점유율은 100퍼센트이고 경쟁사 제품의 시장 점유율은 전무한 경우를 들 수 있죠. 이들은 처음에 100퍼센트를 유지하는 듯싶다가 곧 90퍼센트, 80퍼센트, 70퍼센트 이런 식으로 점차 시장 점유율을 빼앗기고 맙니다. 이들이 고작 하는 이야기는 이런 식이죠. "실패의 원인은 당사 B제품의 기술 개발이 지연되고 있기 때문입니다. 반면에 경쟁업체는 막강한 기술력을 동원해 새로운 유사 제품을 출시했습니다. 그러다 보니 시장에서 경쟁업체의 기술력이 더 높게 평가되고 있습니다. 제가 할 수 있는 일이라곤 아무것도 없었습니다. 그도 그럴 것이 그것은 제가 해결해야 할 문제가 아니었기 때문이죠. 이것은 전적으로 기술 개발 부서의 문제라 할 수 있습니다." 한편, 기술 개발 부서에서는 다음과 같이 말할 게 분명합니다. "우리 개발팀은 시장에서 이 신기술에 대한 관심이 높다는 사실을 모르고 있었습니다. 경쟁업체에서 이런 신기술을 시장에 들고 나와 큰 인기를 끌 것이라는 사실을 당신네 영업팀은 파악하지 못하고 있었습니다. 만약 당신들이 우리에게 일 년만 일찍 알려주었더라면 우리는 분명 새로운 제품을 출시할 수 있었을 텐데요." 기업에서 일어나는 어떤 문제든 간에 진상을 규명하려다 보면 언제나 내부에서 직원들끼리 책임을 서로 전가하려는 현상을 보게 됩니다. 때문에 특정 문제가 발생했을 때 그 원인을 규명하려는 시도 자체가 아무런 쓸모가 없다는 사실을 알게 되죠. 누구나 이렇게 말할 게 뻔하기 때문이죠. "그건 바로 당신네 영역이잖소? 총책임을 맡은 것도 바로 당신이었죠. 난 당신이 마술과 같은 기적을 일으킬 것으로 생각했습니다." 만약 회사에서 당신이 기존의 100퍼센트 시장 점유율을 유지할 수 있었다거나 아니면 전무하던 시장 점유율을 50퍼센트로 끌어올렸다면 그런 대로 성과를 낸 것입니다.

하지만 만약에 기존의 50퍼센트 시장 점유율을 전무한 상태로 떨어뜨렸다면 그것은 당신 책임이 되고 맙니다. 그런데 이것은 한편으로 무척 억울하고 냉혹한 처사라 할 수 있습니다. 왜냐하면 업무를 처리하는 과정에서 정말로 일을 잘했는데도 그 결과가 실패로 돌아가는 경우가 있는데, 그런 가능성 자체를 아예 부인하는 처사가 되기 때문이죠.

이런 관점에서 볼 때 직원이 탁월한 성과를 내지 못한 원인을 규명하려 드는 것은 시간 낭비에 불과하다. 일을 잘 해냈음에도 불구하고 실패를 맛본 직원과 무능력 등으로 실패를 거둔 직원을 동일한 잣대로 평가한다거나, 업무 과정보다는 성공이라는 결과 자체만을 중시하는 기업은 직원들로부터 충성심을 이끌어 낼 수 없다. 직원의 성과 못지않게 직원의 태도를 파악하고 적절한 보상을 제공하는 것 역시 경영층의 역할에 속한다. 무조건 성공만을 중시하며 보상하는 데 급급해서도 안 된다. 성공이란 전적으로 유리한 여건과 운 때문에 나타날 수도 있는 일이다.

현실적으로 경영인들은 직원들의 태도에 대해 어떤 조치를 취해야 하는가? 어차피 경영인은 직원들의 심리적 자본에 대해 아무런 통제도 할 수 없는 입장이며, 직원들이 오랜 기간을 거쳐 나쁜 습관을 형성했다 하더라도 이를 없앨 수 없는 노릇이다. 하지만 적어도 현명하고 선별적인 고용과 승진을 통해 기업 문화에 바람직한 영향을 줄 수는 있다. 자신의 업무를 정말로 사랑하고 회사 전체가 잠재력을 온전히 발휘할 수 있도록 공헌하기를 좋아하는 직원이 승진에서 누락되고, 오히려 이기적이고 냉소적인 태도를 지닌 직원이 승진하는 경우에는 조직의 사기가 급속도로 떨어지게 된다.

　최근의 역사를 살펴보면, 물질적 이득에 대한 젊은이들의 가치관이 세대 교체에 따라 순환하는 현상을 엿볼 수 있다. 1950년대만 하더라도 미국의 대학 신입생들은 '의미 있는 생활 철학'을 갖는 것보다 '재정적 풍요'가 자신에게 더욱 중요하다는 입장을 보였다. 하지만 1965년에 접어들자 상황은 완전히 바뀌었다. 의미 있는 생활 철학이 83퍼센트 대 44퍼센트로 재정적 풍요를 누른 것이다. 그 이후에는 매년 이와 정반대의 방향으로 추세가 또 바뀌어갔다. 1999년에 이르자 대학 신입생의 76퍼센트가 물질적인 풍요가 매우 중요하다고 답변한 반면, 40퍼센트만이 의미 있는 생활 철학이 중요하다고 답변했다. 아르테미스 벤처스의 크리스틴 코머퍼드 린치는 이런 경향에 대해 다음과 같은 의견을 제시한다.

　저는 다음과 같은 태도를 지닌 20대 젊은이들을 상당수 만납니다. "강간과 약탈 등 온갖 수단을 동원하더라도 백만장자가 되자. 페라리 자동차를 한 대 사고 커다란 저택도 한 채 사자. 이런 식으로 계속 재물을 축적해보자." 하지만 이런 생활 방식은 인생의 참뜻이 아닙니다. 뭔가를 창조적으로 만들어 내고 배우고 성장하며 차별화하는 것이 인생의 참뜻에 가깝지 않을까요. 그래서 저는 약간 걱정스러운 생각이 듭니다. 일부 젊은이들은 주식 거래에서 당일 매매를 일삼는 투기꾼들이 되었고, 그러다 엄청난 손해를 보기도 하고 심지어는 가족에게 총을 쏘는 경우도 발생하지요.

　현실적으로 보면 경영층이 사회의 이런 전반적인 추세를 역행시키기 위해 취할 수 있는 일이라곤 별로 없는 편이다. 하지만 각각의 회사는 이 문제를 심화시키거나 아니면 개선시킴으로써 분명한 태도를 취할 수 있다. 사회적 책임을 통감하는 기업들이 많아질수록 사람들의 일에 대한 태도는 곧 그만큼 개선되어 나갈 것이다. 경영인들은 이런 문제를 세 가지 방법으로 해결할 수 있다. 첫째, 몰입 경험이 좀 더 수월하게 일어날 수 있도록 바람직한 근로 여건을 조성하는 것이다. 둘째, 업무에 의미를 부여하는 가치들을 명확하게 설정한다. 셋째, 직원들이 좀 더 행복감을 느끼고 생산적으로 될 수 있도록 직원들의 태도에 영향을 준다. 어떻게 하면 이를 실천할 수 있는가 하는 것은 다음 장들에서 밀도 있게 다루어질 것이다.

제6장
직장에서 몰입을 구축하는 법

> 물리적 근무 환경을 바꾸는 것이야말로
> 기업 문화를 변경시키는 첫걸음이다.
> 바디샵 CEO 애니타 로딕은 이렇게 이야기한다.
> "나는 항상 회사의 화장실과 구내 식당을 유심히 살펴봅니다.
> 과연 이 두 군데가 쾌적하지 못한 분위기를 낳는 건 아닌가 하고 말입니다."

사람들은 흔히 성공한 경영인이 되기 위해선 우선적으로 기업이 하는 일에 대한 풍부한 지식을 갖추어야 한다고 생각한다. 바꿔 말하면 해당 기업이 전문적으로 취급하고 있는 재화나 용역과 관련해 많은 지식을 보유해야 한다는 것이다. 이것은 확실히 귀중한 기술이긴 하지만, 경영인이 해야 할 주된 과제는 사람들이 효율적으로 협력하도록 유도하는 일이다. 제임스 콜린스와 제리 포러스는 오랜 기간 동안 성공을 구가했던 기업들에 관한 『오래가는 기업(*Built to Last*)』이란 책을 공동 저술한 바 있다. 두 사람은 이 책에서 오랫동안 성공을 구가하는 기업의 경영인들은 "획기적인 신상품으로 시장을 석권하거나 인기 상품의 성장 곡선을 따라 발전해 나가는 일보다는 오히려 견실한 기업 조직을 구축하는 데 주력한다."라고 설명했다.

이상적인 기업 조직이란 직원 개개인이 잠재력을 발휘할 수 있도록 공간을 제공하는 기업이라 할 수 있다. 커민스 사의 J. 어윈 밀러는 이렇게 말한다.

기업의 경영 활동에서 가장 중요한 진리가 있다면 그것은 혼자선 아무 것도 할 수 없다는 사실입니다. 따라서 사람들이 저마다 최선을 다할 수 있도록 분위기를 조성해 주어야 하지요. 그 누구를 막론하고 최선을 다하라고 명령할 수는 없습니다. 가령 베토벤에게 교향곡 제9번을 작곡하라고 명령할 수 없는 것과 마찬가지 이치랍니다. 직원 스스로가 원해야만 최선을 다할 수 있는 겁니다. 그런 의미에서, 기업의 수장이라 할 수 있는 경영인은 직접 뭔가를 행하는 '행위자'가 아니라 다른 사람들로 하여금 할 수 있도록 여건을 마련해 주는 '여건 조성자'인 셈이죠.

이전 장들에서 내가 주장한 바와 같이 직원들이 최선을 다하도록 유도하는 것은 수익 증대의 수단이지 이들의 재능을 착취하는 것을 의미하지 않는다. 그것은 어디까지나 직원 개인이 발전할 수 있도록 하는 방법이며, 그렇게 함으로써 행복 증진에 기여하게 된다.

이런 조직을 만들어 내는 데 가장 좋은 전략은 직원들로 하여금 몰입을 경험하도록 여건을 제공하는 것이다. 현실적으로 다른 사람이 몰입 상태에 접어들도록 직접적인 영향을 미치는 것은 불가능하다. 하지만 적절한 환경과 여건을 마련해 줌으로써 다른 사람이 몰입을 경험할 수 있도록 가능성을 상당 부분 높여주는 것은 가능한 일이다.

이런 기업들은 과연 어떤 모습일까? 사실 이를 일반화시켜 말하기는 어렵다. 왜냐하면 각 회사는 여러 면에서 판이한 차이를 지니고 있으며 모든 기업에서 몰입이 쉽게 이루어지도록 하는 것은 극히 드문 일이기 때문이다. 그럼에도 불구하고 일부 기업은 직원들이 행복감을 느끼는 직장으로써 두드러진 특징을 나타내고 있고, 다른 일부 기업은 불협화음과 기능 장애를 겪는 경우가 허다하다. 바람직한 기업 조직의 가장 분명한 특성은 다름 아닌 물리적 환경이다. 1930년대에 실시된 그 유명한 호손 실험에서, 산업 심리학자들은 조명을 비롯한 각종 환경 변수들이 근로자의 생산성에 미치는 효과를 연구한 바 있다. 이 실험에서는 근로 여건이 개선된다고 해서 반드시 생산성이 높아지는 것은 아니라는 사실이 밝혀졌다. 따라서 많은 사람들은 환경이 중요한 요인으로 작용하지 않는다는 확신을 가지게 되었다. 그러나 사실상 이 호손 연구는 직원의 복지가 아닌, 생산성만을 측정했을 따름이다.

신생 기업이 출범된 후 초창기에는 지식 노동자들이 열악한 환경에서도 행복감을 느끼며 엄청난 업무 성과를 내기도 한다. 그러한 예는 비밀리에 진행된 우주 실험 등은 물론, 컴퓨터 혁명을 일으킨 선구자들이 밤을 새워 가며 열심히 일하던 지하 차고나 제품 창고의 경우에서도 볼 수 있다. 그러나 일단 정신없이 일에 매진하는 초창기를 어느 정도 지나게 되면 우수 직원들이 외부로 빠져나가지 않도록 근무 환경에 신경을 써야 한다. 똑똑하고 젊은 인재들이 실리콘밸리나 솔트레이크시티, 또는 마이크로소프트 본사가 소재한 레드먼드에 흠뻑 매료되는 것은 결코 우연이 아니다. 그러나 쾌적하고 화려한 환경이 반드시 필요한 것은 아니며, 잘못하면 오히려 생산성이 떨어질 가능성도 있다. 내가 지금까지 방문했던 회사들 중에서 가장 쾌적하고 행복감이 깃든 본사 건물을 지닌 회사는 야외 레저용품 제조업체인 파타고니아로 생각된다. 캘리포니아 주 벤투라라는 평온한 지역에 소재한 이 회사의 본사 건물은 1930년대부터 이어져 내려오는 오래된 공장 건물들 사이에 아늑하게 자리 잡고 있는데, 여기는 최근에 새롭게 정비된 지역이다. 이 건물의 복도 입구에는 직원들이 벽에 세워둔 서핑보드가 일렬로 죽 늘어서 있었다. 이본 쉬나르는 회사 분위기를 이렇게 조성하는 까닭을 다음과 같이 설명한다.

저는 사업을 영위하는 기업인입니다만 일을 각자의 방식대로 하는 걸 좋아하지요. 저는 규칙들을 과감히 깨고 일과 놀이의 경계마저 흐려 놓을 생각입니다. 우리 회사는 특이한 방침을 하나 갖고 있는데 그건 "직원들에게 서핑을 즐기러 가게 하라."는 방침이지요. 그게 무엇인가 하면, 멋진 파도가 일기 시작하면 직원 누구나 바다에 뛰어들어 서핑을 즐길 수 있게 하는 겁니다. 일과 중에서 어떤 시간이건 상관없이 손에서 일을 놓고 서핑하러 가라는 식이지요. 이런 태도는 삶 전체를 확 바꿔 줍니다. 멋진 파도가 일어날 때면 무슨 일이든 손에서 놓는다는 생활 철학을 갖고 있다면, 자신의 삶 전체에 대한 생각과 행동도 달라집니다. 우리 회사 전체도 그렇게 바뀌게 된 겁니다.

독일의 유명한 여론 조사 기관인 알렌스바흐 연구소는 독일 남부의 호숫가를 따라 늘어선 두어 채의 15세기 농장 건물 사이에 위치해 있다. 자갈이 깔린 길을 따라 걷다 보면 마치 중세로 되돌아간 듯한 착각에 빠진다. 간이 목조 건물들 안쪽에서 부드럽게 컴퓨터의 윙윙 거리는 소리가 들려오는데도 말이다. 순회 서커스 공연 전문 기업인 시르크 뒤 솔레이(Cirque du Soleil)는 순회 공연을 다닐 때마다 항상 일종의 조립식 마을 광장을 갖고 다닌다. 그러다가 공연을 벌일 지역에 도착하면 친근하고 편안한 분위기를 조성하기 위해 마을 광장을 만들어 낸다. 공연 단원의 자녀들은 빈에 정착하건 스톡홀름에 정착하건 상관없이 항상 같은 학교에 다니며, 누구나 할 것 없이 광장 주변의 친근한 식당에서 식사를 하게 된다.

로버트 샤피로는 직장의 건물 구조나 업무시에 착용하는 복장이 그 회사의 분위기를 잘 반영해 준다고 설명한다.

> 근무 복장이나 사무실 구조나 배치 공간은 회사의 철저한 상하 관계와 권력 구조를 뚜렷하게 보여주는 신호와 같은 것입니다. 이것들은 권력을 갖지 못한 사람들을 감동시키고 위협하며 겁을 주기도 하죠. 저는 마치 회사가 직원에게 이렇게 말하는 소리가 들리는 듯한 느낌이 듭니다. "난 위대하고 강하지만 넌 아주 작은 부속물에 불과하단 말이야." 그리고 그 말의 속뜻은 이것입니다. "다치고 싶은 사람이 없다면 다들 어서 내가 시키는 대로 해!" 이것이 바로 그 회사의 건물 구조가 사람들에게 하는 말처럼 느껴집니다.

아이들의 목소리를 가까운 위치에서 들을 수 있는 직장에서는 몰입이 일어나는 경우가 상대적으로 많다. 따라서 직원의 편의를 위해 회사 바로 옆에 보육 센터를 설치한다면 아이들 육아 문제로 고민하는 직원들에게 편익을 제공해 줄 뿐 아니라 좀 더 자연스러운 생활 방식으로 돌아갈 수 있게 하는 결과를 낳는다. 이렇게 하면 부모와 자녀 간에 세대 차이나 갈등이 눈 녹듯 사라질 수도 있다. 맛있는 음식이 준비되어 있는 구내 식당이나 편하게 쉴 만한 공간을 마련해 주는 것도 삭막한 직장 분위기에 큰 변화를 가져올 수 있다. 애니타 로딕은 자신이 기업들의 특성을 평가하는 방법을 이렇게 설명한다. "나는 항상 그 회사의 화장실과 구내 식당을 유심히 살펴봅니다. 과연 이 두 군데가 쾌적하지 못한 분위기를 낳는 건 아닌가 하고 말입니다." 안타깝게도 대다수 기업들은 이 부분에서 이미 문제를 안고 있다.

월리엄 폴러드 역시 공감을 표시한다. 그는 사무실의 물리적 공간 배치가 자사의 경영 철학을 여실히 보여 준다고 말한다.

이 질문은 사실 우리 회사에서도 직원들 사이에서 끊임없이 제기되는 것입니다. "이것은 우리가 기업을 경영하는 방식이라든지 고객에게 응대하는 방식이라든지, 우리의 제품과 서비스 내용에 어떤 영향을 미치게 될까? 또한 우리의 사무실 설계에 어떤 영향을 미치게 될까?" 만약 당신이 우리 회사를 방문해 사무실을 지나가 보면 직원들이 지닌 한 가지 원칙을 알아차릴 수 있을 겁니다. 그건 어떤 직원도 문을 닫고 일하지 않는다는 것이지요. 우리 회사에서는 모든 것이 개방되어 있습니다. 그런데 이런 분위기는 누군가가 "모든 걸 개방하는 게 좋습니다."라고 말해서 이루어진 것이 아닙니다. 오히려 직원들이 모두 함께 협력을 이루며 일해야 한다는 기본적인 믿음이 바탕에 깔려 있기 때문에 자연스럽게 이루어진 겁니다. 우리 직원들이 갖고 있는 생활 철학의 일부분이라고 할 수 있죠.

펠프스 닷지 사의 더글러스 이얼리는 물리적 환경을 바꾸는 것이야말로 기업 문화 전체를 변경시키는 첫걸음이라는 본보기를 보여준다.

제가 전에 로스앤젤레스 공장의 운영을 맡고 있을 당시, 전 아직 삼십 대의 풋내기 관리자였지요. 그런데 그 당시에 제가 그곳에서 적용하던 원칙을 지금 현재까지도 쓰고 있습니다. 아직도 기억이 나는군요. 공장을 인수하여 가동하던 첫날, 저는 아침 6시에 일찌감치 공장에 나와 보았습니다. 제가 기계에 시동을 걸자 이곳저곳에서 쥐들이 후닥닥 달아나는 게 눈에 띄었지요. 그래서 저는 이렇게 다짐했습니다. "분명히 이 공장은 청소나 청결 유지에 문제가 있는 게로군. 공장의 안전 상태 기록을 한번 봐야겠어." 아니나 다를까, 안전 상태 기록을 보니 완전히 엉망이었고 작업 중에 사고를 당한 근로자에게 엄청난 손해 배상금을 지불한 적이 있다는 사실도 알게 되었으며 제품의 품질에도 문제가 있었지요. 직원들은 자신이 하는 일에 전혀 자부심을 갖고 있지 않았고요. 그래서 저는 하루 네 시간을 공장 작업 현장에서 보냈습니다. 여러 기계 사이를 돌아다니며 기계 조작 담당자들에게 이렇게 말을 건넸습니다. "이곳을 개선하려면 어떻게 하는 게 좋을까요? 우리는 문제를 안고 있어요. 이 문제는 우리가 모두 힘을 합쳐 해결하지 않으면 결코 해결할 수 없습니다." 우리는 당장 공장 대청소를 실시했고 안전과 청결 유지에 신경을 쓰기 시작했습니다. 공장에 페인트가 칠해지고 윤이 반짝반짝 나기 시작하자 사람들이 모두 좋아하더군요. 원래 이 공장에는 처음부터 유리창이 있었는데 설립 후에 삼십 년이 지나도록 한 번도 청소를 하지 않았던 상태였어요. 우리가 유리창을 깨끗

이 닦아 내자 캘리포니아의 따뜻한 햇살이 갑자기 환하게 들어오는 거예요. 공장이 다시 청결을 되찾게 되었고, 혹시라도 제품에 하자나 결함이 생기면 바로 알 수 있게 되었지요. 공장 내에서 경연 대회도 열었습니다. 저는 하얀 장갑을 낀 상태로 돌아다니며 그날 먼지가 가장 적게 나온 부서를 선별해 도넛과 피자 같은 것들을 상으로 주었답니다. 이런 식으로 이 년이 지나니 돈이 벌리면서 큰 성공을 거두게 되더군요.

몰입 경험에 영향을 미치는 근로 여건이란 반드시 직장 내 근로 현장에만 국한된 것이 아니다. 가령 매일 겪게 되는 출퇴근 역시 근로자의 생산성과 행복감에 상당한 영향을 주기도 한다. 출퇴근 문제는 별로 새삼스러운 일도 아니다. 과거에 시칠리아 지역의 농부들은 새벽 서너 시에 일어나서 당나귀 등에 안장을 얹고 멀리 떨어진 논밭으로 일하러 가야만 했다. 하지만 차라리 시칠리아 농부들의 경우가 오늘날의 직장인들보다 평온한 편이라 할 수 있겠다. 요즘 직장인들 중에서 상당수는 매일 자동차가 서다 가다를 반복하며 느리게 움직이는 교통 체증을 평균 두 시간 동안 겪는다. 그래서 회사 주차장에 도착해 자동차에서 나올 때는 스트레스와 극도의 피로에 시달려 비틀거릴 정도가 된다. 앞선 생각을 하는 기업들은 먼 지역에 거주하며 대중 교통 수단을 이용할 수 없는 직원들을 위해 통근 버스를 운행하기도 한다. 이것은 직원들 입장에서 볼 때 자동차 연료를 절감하고 스트레스도 방지해 주는 고마운 조치가 아닐 수 없다. 뿐만 아니라 직원들은 버스를 타면서 평소에 읽지 못했던 책을 읽을 수 있는 여유도 갖게 되며, 서로 다른 부서에서 근무하고 평소에 만날 기회가 별로 없던 동료 직원들과 인간관계를 형성할 수 있게 된다.

물론 세상의 모든 좋은 일들이 다 그렇듯이, 회사 측의 직원들에 대한 배려와 편의 제공이 일정 한도를 넘어서게 되면 오히려 직원들의 눈에 간섭으로 여겨질 수도 있다. 제2차 세계대전 후에 올리베티 사가 유토피아 같은 근무 환경을 만들어 보고자 시도한 적이 있었다. 이탈리아 북부의 이브레아 근처에 있던 시설들을 재정비하여 넓은 녹지대에 세련된 디자인의 현대식 건물들을 세웠던 것이다. 대학 캠퍼스 같은 이 회사 구내에는 운동장과 수영장은 물론, 프로급 연기자들이 열연하는 극장과 콘서트홀도 들어섰다. 그러나 당시에 직원들은 휴양지처럼 멋지게 꾸며진 회사 구내에 만족감을 표시하기보다는 오히려 회사 측에서 지나치게 선심을 쓰고 있다는 생각을 하게 되었고, 이 회사 노조 측에서는 이것이 직원들을 회유하려는 경영층의 계략이라고 의심하기에 이르렀다. 노조 간부들은 지금도 경영층이 급여를 제외하곤 직원들의 여타 복지 문제를 정식으로 선출된 노조 대표들에게 맡겨야 한다는 입장을 취한다.

물리적 환경 외에도 직장 생활의 질을 파악할 수 있는 또 다른 요소가 있는데 그것은 바로 직원들의 품행이나 행동이다. 몰입을 경험할 수 있는 기회가 거의 없을 때 직원은 의욕을 잃고 우울해진다. 대개 발을 질질 끌며 느릿느릿 움직이는 경우가 많고, 얼굴 표정에 패배감과 피로가 역력하게 나타난다. 이와 대조적으로, 몰입이 쉽게 일어나는 근무 환경에서는 직원들의 동작이 그만큼 가볍고 활기차며, 회사의 복도에는 웃음꽃이 피어난다. 시야를 한 차원 더 높여 다른 예를 들어보자. 독일이 통일되었음에도 요즘도 서독에서 동독을 향해 자동차를 몰고 가다 보면 이와 비슷한 현상을 쉽게 느낄 수 있다. 경찰견과 가시 철사로 된 울타리, 그리고 동과 서를 나누는 경계를 통과하면 완전히 다른 새로운 세계로 들어온 것 같은 느낌이 든다. 동독에 거주하는 사람들은 언제나 화가 나 있거나 낯선 사람에게 미심쩍은 듯 경계의 눈빛을 보내는 것 같다. 삶을 고달프게 하거나 행복하게 만드는 여건들을 조성하는 것은 사실상 무척 쉬운 일이란 걸 알게 되면 놀랄 것이다.

기업의 분위기를 밝고 즐겁게 만들기 위해 경영층이 취할 수 있는 조치는 다양하다. 이런 조치 중에서 어떤 것들은 별로 따져 보지 않아도 결과가 분명하다. 우리는 현재 우수 대학들의 교수진, 학생, 졸업생 등을 대상으로 연구 조사를 실시하고 있는데 그 목적은 이들 대학이 그토록 우수한 대학으로 인정받게 된 요인들이 무엇인지 파악하는 것이다. 인문 교양 분야의 전문성을 인정받은 한 대학에서 이 질문을 던져 보았다. 그러자 응답자들의 대다수가 이 대학의 총장을 언급하는 것이었다. 다른 덕목들도 긍정적인 평가를 받았지만, 특히 그중에서도 이 학교 총장의 유머 감각이 주된 요인으로 지목되었다. 이 총장은 지나치게 근엄한 태도를 보이지도 않고, 회의 석상에서는 재치 있는 농담을 꺼내 분위기를 밝게 만든다. 학생들이 주관하는 축제나 파티에 참석할 때는 축제 의상이나 마스크를 쓰고 나타난다. 마찬가지로, 경영층이 직원들에게 일에 대해 진지한 태도를 보이되 이것이 인생의 전부는 아니라는 입장을 보인다면 직원들의 사기는 그만큼 긍정적으로 변화될 것이다.

기업의 근무 환경을 개선시킬 수 있는 보다 확실한 방법은 직원들이 자유롭게 말하고 행동할 수 있도록 회사 방침을 마련하는 것이다. 각자에게 주어진 업무에 대한 재량이나 권한도 부여하고, 업무에 영향을 미치는 의사 결정에도 일부 영향을 미칠 수 있도록 허용해야 한다. 이 장의 나머지 부분에서는 업무상 몰입 경험이 가능한 조직을 만드는 데 있어서 이런 전략들이 어떤 도움을 줄 수 있는지 좀 더 구체적으로 알아보도록 하겠다.

몰입의 선결 요건

몰입을 유도하는 근무 환경을 조성하려고 할 때 최고 경영진의 결단이 없으면 실효를 거두기란 불가능하다. 경영진은 제품이나 수익, 시장 점유율에 앞서 직원들의 복지에 대한 책임을 통감해야 한다. 애니타 로딕처럼 이 문제에 적극적으로 대처하는 CEO는 소수에 불과하다. 애니타 로딕은 중역 회의나 주주 회의를 개회할 때 이따금 이런 말로 시작한다고 한다. "저, 아무래도 내년에는 우리 회사 실적이 늘어날 것 같지 않네요. 그냥 쉬엄쉬엄 놀면서 일할 생각이거든요." 그녀는 우리에게 이렇게 고백한다. "그렇게 말하면 회의에 참석한 사람들의 얼굴이 창백해지더군요."

재정적 성장보다 노는 것을 앞세우는 회사에서 일하는 직원이나 그 회사에 투자하는 사람들이 모두 심리적 편안함을 느끼는 건 아니다. 냉엄한 현실을 반영하듯 시종일관 진지한 태도로 비즈니스 활동을 전개하는 기업들이 언제나 존재하게 마련이다. 직원들 중에서 상당수는 깔끔한 정장 차림에 서류 가방을 손에 꼭 쥐고는 주어진 규칙만을 무조건 그대로 따르는 것을 선호하기도 한다. 하지만 일상적인 기업 활동만이 아닌, 몰입이나 행복감에 관심을 두고 있다면 어떻게 해야만 삭막한 직장 분위기를 몰입 경험이 가능한 장소로 바꿀 수 있는가 생각해 보아야 한다.

많은 경영자들이 이미 몰입을 가능케 하는 주요 요건들을 실천에 옮기고 있거나, 적어도 이론적으로 어떻게 해야 하는지 이해하고 있다. 예를 들어, 마이크로소프트의 마이크 머리는 팀의 성공을 흔히 좌우하는 세 가지 요인을 이렇게 설명한다.

> 첫째, 관리자는 모든 팀원이 회사가 수행해야 할 일과 관련된 분명한 목표를 갖도록 유도해야 합니다. 둘째, 관리자는 팀 전체의 업무가 원활하게 진행될 수 있도록 팀 내부에서 수행해야 할 구체적이고 세세한 활동들을 기획하는 능력을 갖추어야 합니다. 셋째, 관리자는 커뮤니케이션과 피드백을 유지함에 있어서 탁월해야 합니다.

마이크 머리는 직원의 자발적인 능력 계발을 자극하고 몰입을 가능케 할 뿐 아니라 팀의 효율성에 도움이 되는 세 가지 요인을 몇 마디 말로 간략하게 표현했다. 분명한 목표, 적절한 피드백, 구체적 과제들이 바로 그것이다. 물론 옛말에도 있듯이 말과 행동 사이에는 큰 차이가 있다. 그렇다면 이런 귀중한 아이디어들을 어떻게 하면 실천할 수 있을까?

조직의 목표를 분명하게 설정하라

만약 목표가 분명하게 이해되지 않거나 심지어 잘못 이해되고 있는 경우에는 직원들이 기업의 목표를 달성하기 어렵다. 건전한 기업이 지닌 특성으로 가장 많이 언급되는 것으로는 신뢰를 바탕으로 한 커뮤니케이션을 들 수 있다. 만약 부하 직원들이 기업의 비전과 가치에 대한 경영인의 굳은 의지를 신뢰하지 않거나, 반대로 경영인이 부하 직원들이 솔직하지 못하다고 생각하는 경우에 그 조직은 곧 자멸하고 만다. 신뢰라는 요소가 기업 내부에서 어떻게 작용하는지에 관한 좋은 사례가 있다. 사무용 가구 제조업체인 허먼 밀러 사의 CEO 맥스 디프리의 경험담이다. 이 회사 판매 담당 매니저가 한 번은 군 부대와 수백만 달러에 상당하는 납품 계약을 맺기 직전이었다고 한다. 바로 그때 이 부대의 보급 장교는 이 회사의 납품 가격이 최저가로 낙찰되었음에도 불구하고, 계약 체결의 대가로 뇌물을 받고 싶다는 의사를 그에게 넌지시 밝혔다. 그러자 판매 담당 매니저인 필은 그 보급 장교에게 자기네 회사에서는 그렇게 할 수 없노라고 대답했다.

"모든 회사들이 그렇게 하고 있소." 보급 장교가 말했다.

"하지만 우리 회사에서는 그렇게 하지 않습니다." 필이 대답했다.

"아무래도 당신네 사장에게 전화를 걸어야겠소. 그렇게 되면 당신은 일자리를 잃게 될 거요."

그러자 필은 이렇게 대답했다. "아니요. 우리 회사는 차라리 주문 계약을 철회하려고 할 겁니다."

필이 그렇게 당당하게 대처할 수 있었던 것은 설령 회사 측에서 주문 계약을 놓치는 한이 있더라도 CEO가 자신의 입장을 지지해 줄 것이라는 확신이 있었기 때문이었다. 필은 자신의 상사를 신뢰했고, 상사 역시 필이 회사의 가치에 따라 행동해 주리라고 굳게 믿었다. 디프리의 말에 따르면 어쨌든 이 납품 계약 건은 잘 해결되었다고 한다.

결국에 우리 회사가 납품 계약 건을 따내게 되었습니다. 보급 장교가 최저가 입찰 업체에 제품 발주를 할 수 없다고 상부에 보고할 수 없었기 때문이지요. 하지만 이런 경우에 필이 이런 문제를 솔직하게 표면화시키고 저에게 "아무래도 이번 계약 건을 따낼 수 없을 수도 있을 겁니다. 하지만 이 계약이 성사되지 않는다 하더라도 회사 경영에는 지장이 없겠지요." 라고 말할 수 있으려면 자신에 대해 잘 파악하고 있어야 합니다. 제 생각엔 직원들에게 이런 점을 분명하게 밝히는 것이야말로 경영인의 임무 중 하나인 것 같습니다.

다우 케미컬의 CEO인 윌리엄 스타브노폴로스 역시 이와 비슷한 이야기를 들려준다. 그는 회사 전체적으로 직원들이 공통적으로 가지고 있는 가치들이야말로 '기업 문화'라고 정의한다.

한 가지만 예로 들어 보겠습니다. 약 2년 전인가요, 우리 회사는 다른 회사와 아주 민감한 성격의 협상을 하고 있던 상황이었지요. 당시에 저는 이 협상에 개인적으로 참여하지는 않았고, 다른 직원들이 참여하고 있었습니다. 협상은 거의 합의 단계에 도달하기 직전에 있었지요. 상대 회사측에서는 법적으로 아무런 하자가 없도록 보이는 합의 결과를 내자고 제의 했답니다. 하지만 아무래도 미심쩍은 부분이 있었고, 우리 회사 직원들은 그렇게 하는 것이 옳지 않다는 느낌이 들었나 봅니다. 그래서 회의장을 박차고 나왔답니다. 그런데 사실 그 협상을 상대 회사측에서 제시한 대로 진행하면 우리에게 재정적으로 상당한 이득이 돌아올 예정이었지요. 그것도 상당히 많은 이득 말입니다! 하지만 우리 직원들은 그런 제안을 받아들일 수 없다고 말하며 회의장을 박차고 나온 다음, 저에게 전화를 걸어 상황을 이야기해 주더군요. 직원들이 제안을 거절했던 것은 거의 본능적이었다고 할 수 있습니다. 회의 석상에서 직원들 모두가 똑같이 그런 생각을 했다고 합니다. 직원들이 거절하기 전에 저에게 사전에 전화를 걸어 제 의사를 물어본 게 아닙니다. 거의 자동적이라 할 정도로 그런 반응을 보인 것이지요.

이것이 바로 기업 문화라는 생각이 듭니다. 아주 강력한 기업 문화이지요. 난 이런 행동을 감행한 직원들에 대해 자부심을 느껴야 한다고 생각합니다. 우리 회사에서 추구하고자 하는 것도 바로 이런 것이지요. 이것은 자연스런 반사 작용이었고 굳이 고민하며 생각할 필요도 없었던 겁니다. 그냥 자연스럽게 행동으로 나타나기 때문입니다.

대다수 기업에서 이런 목표가 분명하게 나타나지 않는 것에는 여러 이유가 존재하는데, 당신의 회사에도 적용되는지 알아보려면 그 이유들을 한번 검토해 보기 바란다. 우선, 그 첫 번째 이유는 해당 기업이나 팀, 더 나아가 개인의 사명이 최고 경영진을 비롯한 모든 사람에게 불분명하기 때문이다. 달리 표현하자면, CEO나 이사진 역시 회사의 존재 목적을 정의하려는 적극적인 태도를 보이지 않았다는 뜻이다. 만약 사정이 이렇다면, 최고 경영진에 문제를 제기하고 해결책을 내도록 하는 것은 이들의 바로 밑에서 일하는 관리자들의 책임이다. 경영 관리가 원활하게 이루어지는 기업들은 어디나 할 것 없이 훌륭한 사업 계획과 함께 기업이 추구하는 핵심적인 가치를 지니고 있다. 또한 이런 가치들은 경영진의 행동을 통해 가시화될 뿐 아니라 문서나 구두의 형식을 통해 끊임없이 강화된다.

대부분의 경영자들은 커뮤니케이션의 중요성에 대한 애니타 로딕의 견해에 공감을 표시할 것이다. "나는 커뮤니케이션이야말로 리더십 기술 중에서 가장 중요한 기술이라 생각합니다. 뭔가에 대해 아무리 많은 열정을 지녔다한들 이것을 직원들에게 활력 있고 즐겁게 전달하지 못한다면 무슨 소용이 있겠습니까? 그리고 열정이란 것은 커뮤니케이션에 있어서 가장 설득력을 지닌 형태인데, 만약 이런 열정을 지니고 있지 않다면 차라리 아예 직원들을 설득하려 들지 않는 게 나을 겁니다. 의도는 그야말로 훌륭한데도 참담한 실패를 겪는 업체를 너무나 자주 보아왔습니다. 이런 회사들은 커뮤니케이션 기술에 대한 지식이 없는 겁니다. 커뮤니케이션이란 아주 세련된 기술이라 할 수 있거든요."

질레트 사의 CEO 알프레드 자이엔의 경영 철학은 주어진 시간의 90퍼센트를 3P, 즉 사람(people), 제품(product), 목적(purpose)에 투입하는 것이다. 직원을 선발하고 훈련시키며 승진시키는 일은 시간이 무척 많이 소요되는데, 목적을 제공하는 것도 이에 못지않게 중요하다. "사람들은 '목적'이라고 말할 때 무엇을 뜻하는지 질문하지요. 목적이란 사람들이 오랜 시간을 두고 머릿속으로 끊임없이 생각하고 궁리하는 것입니다. 가령 우리가 하는 이 모든 사업의 목적은 무엇인가,

당신은 무엇 때문에 그 업무를 하고 있는가, 이런 원대한 사명을 띤 일에 동참하는 이유는 무엇인가, 우리가 전개하는 신규 사업의 목적은 무엇인가, 당신이 여기에 참여해 공헌하는 이유는 무엇인가 등등 목적과 관련된 여러 가지 질문이 있을 수 있습니다. 여기에는 무엇인가 훈계하고 설교하려는 요소가 약간 개입되어 있지요. 그것은 조직 내에 일종의 목적 의식을 창출하는 것입니다. 제 자신이 관리하고 있는 직원들의 수가 열다섯 명에 불과하든 아니면 4만 5000명에 달하든 간에 별다른 큰 차이가 나지 않습니다."

두 번째 이유는 기업의 사명이 관리자들에게 불분명하다는 것이다. 관리자의 위치에 있는 사람들 중에서 상당수는 자신이 업무 내용을 모르는 것처럼 보이지나 않을까 두려워한다. 그래서 자신들의 무지를 인정하기보다는 차라리 모르고 지나가는 것을 더 선호한다. 질문들 중에서 유일하게 나쁜 질문은 묻지도 않고 지나간 질문이라는 옛말이 있는데 바로 이런 경우에 해당된다고 할 수 있다. 팀이나 부서의 목표를 분명히 하기 위한 방법은 다양한데, 혼자서 오랜 시간 동안 곰곰이 생각에 잠기며 해결책을 찾을 수도 있고 동료, 부하, 상사들과의 대화를 통해 찾기도 한다. 대개의 경우 두 가지 방법을 조합시키는 것이 가장 효과적인 전략이다. 스스로 생각을 통해 해결책을 찾는 것도 무척 중요한 일이지만, 실무 지식을 지닌 동료 직원들과 현실성 여부를 점검해 보는 것도 이에 못지않게 중요한 일이다.

세 번째, 기업의 사명이 부하 직원들에게 불분명한 경우도 있다. 이것은 조직에서 혼란이 발생하는 이유 가운데 아마도 가장 빈번하게 나타나는 원인일 것이다. 이 현상은 여러 가지 요인에 기인한다. 우리는 특정 상황을 파악하고 있는 경우에 다른 사람들 역시 당연히 그럴 것이라 생각하는 경향이 있다. 경영자의 입장에서 볼 때, 모든 직원들을 자신과 동일한 지식 또는 이해 수준으로 끌어올리려는 것 자체가 시간 낭비라고 생각할 수도 있다. 그렇기 때문에 우리는 점점 더 이런 일을 등한시한다. 새로운 직원들이 끊임없이 회사 조직으로 들어오고 있고 근본적인 조건이 변화하고 있는데도 말이다. 일선 근로 현장에서 일하는 직원들은 회사가 가장 중요하다고 생각하는 사항들에 대해 왜곡된 견해를 가지는 것은 물론이요 자신들이 수행해야 할 일들을 잘못 파악하기 십상이다. 암웨이의 리처드 디보스 회장은 기업의 목표가 전사적인 차원에서 충분히 파악될 수 있도록 보장하는 한 가지 전략을 다음과 같이 이야기한다.

저는 직원들이 회사가 돌아가는 사정을 잘 알 수 있도록 신경을 씁니다. 예컨대 우리는 지금까지 줄곧 회사를 운영해 오는 동안 매달 한 번씩 전체적으로 직원 회의를 개최합니다. 경영진에서 이런 조치를 취한 것은 직원들에 대한 배려와 존중 때문이었지요. 또한 직원들이 회사와 일심동체라는 느낌을 갖기를 바라서였습니다. 한 시간 정도 소요되는 직원 회의에서 우리는 직원들에게 사업 추진 현황이나 실적 동향, 향후 전망 등에 대해 알려줍니다. 왜 어떤 사업은 추진하고 어떤 사업은 추진하지 않았는지, 또 왜 어떤 혜택은 직원들에게 제공하고 어떤 혜택은 제공하지 않았는지 등등 온갖 질문에 대해 답변하지요. 가령 회사 정문 근처의 주차장 공간을 왜 자기들에게 제공하지 않는가 묻는 직원들과 토론을 벌이기도 했습니다. 주차를 필요로 하는 자동차가 수천 대에 이르기 때문에 회사 직원들 중에서 누군가는 회사의 후방에 주차할 수밖에 없는 형편이라고 대답하곤 했지요. 그러니까 누가 먼저 와서 자리를 잡느냐 하는 데 달려 있다는 대답을 했던 겁니다. 어쨌든 우리 회사 직원들은 즐거운 분위기로 매달 열리는 이 직원 회의에서 이런저런 대화를 나눈답니다.

이런 것이야말로 직원들을 존중하는 마음에서 나온 배려입니다. 직원들과 함께 대화를 통해 생각을 나누는 것이야말로 이들을 존중한다는 표현이지요.

정보라는 것은 아무리 바람직한 환경에서 전달된다 하더라도 집단에게 전파되면 급속도로 왜곡되고 만다. 심리학자인 도널드 캠벨이 몇 년 전에 이런 실험을 여러 차례 연속해서 실시한 적이 있었다. 이 실험은 아이들 사이에서 흔히 하는 일종의 '말 전달하기' 게임을 모방한 것이다. 그는 대학생들을 일렬로 정렬되어 있는 의자에 앉힌 뒤 다른 사람들이 듣지 못하도록 맨 첫 의자에 앉은 학생에게만 어떤 이야기를 들려주었다. 그 학생은 바로 옆에 앉은 학생에게 전달하고, 그 학생은 또 다음 학생에게 전달하는 식으로 계속 이어서 전달하는 식이었다. 마지막 의자에 앉은 학생은 전달받은 내용을 종이에 옮겨적게 되어 있었다. 물론 예상했을 테지만, 이 실험 집단에서 마지막에 전달받은 학생이 적은 내용은 맨 처음 학생에게 전달한 내용과 판이하게 달랐다. 예를 들어 원래 내용이 '존은 아내인 메리를 독살했다.'라는 것이었다면 마지막 학생이 적은 내용은 '메리가 남편인 존을 독살했다.'라는 것으로 둔갑해 버리기 일쑤였다.

어떤 조직에서든 이런 혼선은 흔히 나타나는 것이다. 이를 방지하기 위해서는 커뮤니케이션이 지속적으로 유지될 수 있도록 체계적인 노력을 기울여야 한다. 이렇게 하기 위한 가장 효과적인 방법은 시간을 내어 팀원 개개인과 가끔씩 대화를 나누는 것이다. 바로 이런 대화의 시간에 직원들에게 자신이 담당한 업무의 주된 목표가 무엇이라고 생각하는지 물어볼 수 있다. 비공식적 접근 방식 대신에 공개적 회의를 통해 동일한 효과를 낼 수도 있다.

또한 경영인은 혹시 자기가 무의식적으로 직원들을 무지한 상태로 놓아두는 것은 아닌지 곰곰이 따져 보아야 한다. 자신의 지위에 대해 불안감을 느끼는 경영인들은 일종의 '분리와 통치' 전략을 사용하는 경우가 심심찮게 나타나기 때문이다. 예컨대 아주 중요한 정보를 다른 사람들에게는 일체 알리지 않고 자신만 알고 있거나 직원들 중에서 일부에게만 편파적으로 전달하는 경우가 있을 수 있는 것이다. 이런 수법은 단기적으로는 효과적인 전술로 생각될지 모르겠지만 결국에는 조만간 회사 내부에 파문을 일으키게 될 뿐 아니라 팀의 사기를 꺾는 결과를 초래하게 된다.

기업의 장기 목표는 일반적으로 특별한 변동 없이 안정적인 반면 그날그날의 우선순위는 변화될 수도 있다. 가끔은 이런 변화가 워낙 점진적으로 나타나서 미처 눈치 채지 못하고 지나칠 수도 있다. 경영진이 부지런히 목표를 재규정하며 회사의 추진 방향이나 정책의 변화가 일어날 때마다 전 직원에게 알려주지 않는다면, 조직은 관성에 의해 당분간 이미 익숙해진 방향으로 행진을 계속하게 된다. 상당히 중요한 변화가 있을 때마다 회의를 개최하여 종전의 성과에 대해 감사를 표시함과 동시에, 새로운 우선순위들을 설명하고 이것들을 채택하게 된 이유를 설명하는 것도 효과가 있다.

크리스틴 코머퍼드 린치는 커뮤니케이션이 왜 이토록 중요한지, 특히 급변하는 시장 환경에서 지식 근로자들을 고용하는 소규모 신생 기업들의 경우에는 왜 더욱 그러한지에 대해 평소의 그녀답게 생생한 이야기 하나를 들려준다.

> 회사가 정말로 빠르게 성장하고 있을 때면 먹이사슬의 가장 하단에 있다 할 수 있는 말단 사원들은 회사가 도대체 어떻게 돌아가고 있는지 전혀 파악하지 못하게 됩니다. 만약 사정이 그렇다면 직원들이 어떻게 자신의 업무에 혼신을 다해 몰두할 수 있겠습니까? 이런 경우에 직원들은 소외되었다는 느낌을 가지면서 경영진에서 무슨 말을 지껄이는지조차 이해하지 못하게 됩니다. 그렇기 때문에 저는 커뮤니케이션이 엄청난 중요성을 지녔다고 생각해요. 저는 신생 기업들 중에서 이런 일을 정말로 잘하는 일부 업체들을 보곤 합니다. 예컨대 매주 금요일마다 맥주 파티를 열고 CEO가 짧고도 지루하지 않은 프레젠테이션을 하더군요. "자, 우리 모두 열심히 잘하고 있어요! 이번에 개발된 신제품의 이름을 지어야 하는데, 우리 모두 아이디어를 내보도록 합시다. 이번 아이디어 공모에서 최우수작을 낸 사람에겐 5천 달러의 상금을 주도록 하겠어요!" 이런 식으로 분위기를 이끌어 갑니다. 이게 바로 우리가 말하는 공동체라는 겁니다! 직원들이 그저 겨우겨우 살아남기에 급급한 게 아니라 모두 성공적인 삶을 사는 그런 공동체를 세워 나가는 것이죠.

목표를 설정하는 능력

　기업의 목표를 명확하게 설정했다고 해서 이것이 몰입을 경험하기 위한 충분조건이 되는 것은 아니다. 직원들 개개인이 매순간 자신이 해야 할 일이 정확히 무엇이며 얼마나 잘 해내야 하는지 알아야 하기 때문이다. 업무 중에는 일반적으로 조립 라인의 생산 업무처럼 모든 단계가 사전에 구체적으로 명시된 것도 있지만 대부분의 경우에는 업무 처리 방법에 좀 더 많은 융통성이 주어져 있는 편이다. 예를 들어 세일즈맨의 업무는 가급적 짧은 시간에 신속하게 판매 계약을 성사시켜 회사에 많은 이득을 가져오는 것을 목적으로 삼는다. 하지만 똑같은 판매 활동이라 하더라도 각각 주어진 조건에 따라 판매 방법이 달라질 수 있다. 적극적으로 밀고 나갈 것인가 아니면 여유 있게 접근해야 할 것인가? 밝고 명랑한 태도로 대해야 할 것인가 진지한 태도로 대해야 할 것인가? 품위를 지키면서 접근할 것인가 아니면 친근하게 접근할 것인가? 이와 같이 여러 방식이 가능하다. 또한 제품의 특징 중에서 어떤 점을 특히 부각시켜야 하는가 하는 문제도 남아 있다. 가격, 편리성, 신뢰성, 용도 적합성 등 다양한 특징 중에서 효과적인 것을 선택해야 한다. 이런 질문들에 대한 대답은 고객의 기분 상태, 욕구는 물론이요, 하루 중의 시간대와 날씨 등 사전에 예측할 수 없는 수많은 변수에 따라 달라진다. 실력 있는 세일즈맨이라면 직관적으로 각각의 상황에 따라 적절한 전략을 선택하며, 잘못된 선택이라는 생각이 들지 않는 한 선택된 방식을 따라 판매를 진행해 나간다.

　대다수 기업들, 특히 규모가 크고 관료적인 기업들일수록 직원들 개개인에게 별다른 의미도 없는 절차나 회의 때문에 많은 시간과 에너지를 낭비하게 하며, 직원들의 에너지를 헛되이 소진시킨다. 브래스링 시스템스의 데버러 베세머는 직원들과 회의를 할 때마다 그 목적을 반드시 명확하게 밝힌다고 한다. "나는 직원들 중에서 누구를 막론하고 함께 회의를 하게 되면 반드시 이렇게 회의를 시작합니다. '자, 이 회의의 목적을 말씀드릴까요? 지금 우리는 다섯 명의 귀중한 시간을 한 시간 동안 낭비하게 될지도 모르는 위험에 처했습니다. 회사 차원에서 보면 다섯 시간이라는 계산이 나오니까 우리가 여기에 모인 목적부터 확실히 하겠습니다.' 항상 이렇게 말하죠."

사람들은 자신의 목표나 이를 달성하기 위한 방식조차 스스로 설정하지 못하는 경우가 비일비재하다. 이런 사람들은 다른 사람들이 하라고 지시한 일은 성실하게 해낼 수 있지만, 막상 난관에 봉착했을 때 전략을 신속하게 수정·변경하는 데는 무척 주저하는 편이다. 스스로 일을 처리해 나가겠다는 능동적인 자세가 없다면 대다수의 경우 엄청난 재앙을 초래할 수도 있다. 등산가들은 등반을 시작하기 전에 자신들이 택할 등산로에 대해 꼼꼼하게 조사를 하고 준비를 한다. 등반대가 등반에 앞서 며칠 동안 베이스캠프에서 머무는 경우도 심심찮게 보게 된다. 망원경으로 암벽의 표면을 세심하게 점검하고, 일단 등반을 시작하면 취하게 될 수백 번의 동작 하나하나에 대해 미리 계획을 세운다. 이런 사전 준비 작업이 철저히 이루어질수록 성공 가능성은 그만큼 높아진다. 그러나 일단 등반대가 암벽을 오르기 시작하면 등반로가 베이스캠프에서 생각했던 것과 상당히 다르다는 느낌을 받게 되는 경우가 비일비재하다. 바위가 예상보다 단단하지 않고 무르거나 얼음에 덮여 있을 수도 있고 경사가 가파를 수도 있다. 만약 상황 변화에 따라 다른 길로 변경해야 하는데도 등산로 변경을 하려 들지 않는다면 엄청난 대가를 치러야 하는 경우가 생길지도 모른다. 자신이 의도한 목표에 계속 집중하는 동시에, 필요한 경우에는 전략을 바꾸는 능력은 체스, 외과 수술, 기업 활동 등 종류를 불문한 어떤 활동에서든 성공을 공고히 한다.

수행 목표의 유연성을 높이기 위해서 경영인이 할 수 있는 일은 과연 무엇인가? 다른 어떤 것이든 마찬가지겠지만 가장 좋은 방법은 사람들로 하여금 직접 일을 하면서 배우게 하는 것이다. 필요한 경우에는 실패를 경험하면서 배우는 것이다. 처음에 개인에게 구체적인 수행 방법을 제시하지 않은 상태에서 과제를 던져 주는 것도 괜찮은 방법이다. 예를 들어 부하 직원에게 내년도 예산 증액의 필요성을 설명하는 내용의 보고서를 작성하도록 지시해 보라. 그리고 이 보고서를 손에 들고 그 부하 직원에게 각각의 문단이나 행, 특정 단어들을 사용한 목적을 설명해 달라고 해 보라. 주어진 상황을 구체적으로 묘사하기 위해 사용된 그 단어들을 애초에 왜 선택하게 되었는가, 이 보고서에서 특정 사안이 언급되어 있다면 왜 이런 사안들을 강조했는가, 왜 이런 순서로 제시했는가 하는 것들을 물어볼 수 있다.

이런 연습을 하는 이유는 보고서 작성의 각 단계에 개인이 직접 선택한 요소들이 반영되어 있다는 점을 보여주고자 하는 것이다. 또한 암벽을 오르는 등반 대원의 동작 하나하나처럼, 소기의 목적을 달성하도록 각각의 단어가 조심스럽게 선택되어야 한다는 사실을 보여 준다. 아울러 이런 서류의 초안을 작성할 때 '올바른' 방법이 하나밖에 없는 게 아니라는 사실을 강조해야 한다. 결국에 이 서류가 취할 형식은 직원의 개인적 취향, 회사의 현재 우선순위, 소속 팀의 최근 실적 등 다양한 요인에 따라 결정된다. 심지어는 여기에 날씨나 시간 등의 요인이 들어갈 수도 있다. 부하 직원들이 풍선껌의 마케팅을 실시하든 첩보 제트기의 착륙 장치를 설계하든 상관없이, 이들로 하여금 자신들이 하는 모든 일은 스스로 통제할 수 있으며 어떤 절차든지 조직 전체의 목표 달성에 도움이 된다면 유익한 것임을 경험하도록 하는 게 중요하다.

어떤 직장인들은 업무에서 몰입을 경험하는 데 워낙 탁월한 능력을 갖춘 나머지, 실력 발휘를 할 만한 여지가 거의 없는 일에서조차 즐거움을 얻는다. 남들이 미처 눈치 채지 못하지만 자신은 나름대로 주어진 실정에 맞게 수행 목표를 조정하여 업무를 재미있는 것으로 바꾸는 것이다. 예를 들면 식구 수가 많은 가정의 주부들 가운데 어떤 이들은 다리미질하는 시간이 오기를 은근히 바라는 경우가 있다. 남편이나 아이들은 그 차이를 미처 깨닫지 못하지만 이 주부들은 다리미질을 잘해서 셔츠를 얼마만큼 깔끔하게 보이게 할까 하며 나름대로 높은 목표를 설정한다. 이들은 마치 화가가 방금 완성한 캔버스 위의 그림을 보면서 느끼는 것과 비슷한 성취감을 갖는다. 공장의 조립 라인에서 일하는 근로자들 중에서 어떤 사람들은 생산 할당량 완수에 들어가는 소요 시간을 얼마나 줄일지 스스로 목표를 설정하며 이를 달성하려고 한다. 어차피 조립 라인의 속도보다 빨리 처리한들 자기에게 돌아올 이렇다 할 이득이 없는데도 말이다. 이런 근로자들은 작업 속도가 빨라진다고 해서 보너스가 나오거나 실력을 인정받는 게 아니지만, 운동선수들이 개인 기록을 갱신했을 때 느끼는 동일한 수준의 만족감을 경험한다.

스스로 나름대로의 목표를 설정할 수 있는 능력의 저변에는 일에 주의를 집중하고 자신의 행동과 그 결과에 정신력을 투입하고자 하는 자발적인 의지가 존재한다. 안타깝게도 대다수 직원들은 심리적 자본도 없이 직장 업무에 임한다. 이런 심리적 자본이 갖추어져 있다면 객관적인 여건에 구애받지 않고 효과적인 전략을 개발할 수 있을 테지만 그런 준비가 안 된 것이다. 이들은 행여 실패하지나 않을까 하는 지나친 두려움에 사로잡혀 있거나, 그렇지 않으면 일이 따분하고 짜증스럽게만 느껴진다. 지시받은 일은 그런대로 수행하지만 업무 수행 방법을 개선할 줄 모른다. 이런 경우 유일한 해결책은 관리자가 직접 나서서 이런 직원들에게 어려운 과제를 안겨 주는 것이다. 이 과제를 해결할 수 있는 방법을 스스로 배우든지 아니면 낙오할 수밖에 없는 것이다. 다만 여기에서 관리자는 직원이 낙오하지 않도록 든든한 안내인이 되어주어야 한다.

나는 얼마나 잘하고 있는가

자신이 해야 할 일을 정확하게 파악하고 있는 것은 우리에게 매우 유익하지만, 이것이 실효를 거두려면 매 단계에서 자신이 과연 목표에 근접해 가고 있는지 여부를 알아야만 한다. 가령 크고 어두운 강당 끝에 손전등이 하나 놓여 있고 당신은 그 손전등이 있는 곳까지 가야만 한다고 상상해 보자. 당신은 필사적으로 거기에 도달하려고 하는데, 공교롭게도 눈가리개를 하고 있는 데다가 양손이 묶여 있어 어둠 속에서 손마저 사용할 수 없는 상황이라고 가정해 보자. 만약 이런 상황이라면 아무리 굳은 의지를 지녔다 할지라도 곧 좌절감에 빠지게 될 것이 분명하다. 자기가 앞으로 나가고 있는지 아니면 그냥 빙글빙글 제자리를 맴돌고 있는지 도저히 알 도리가 없기 때문이다.

물론 위의 가상 시나리오만큼 열악한 상황은 아니지만, 기획이 제대로 이루어지지 않은 업무들은 종종 사람들로 하여금 자신의 성과에 대한 정보 부족 때문에 당혹스러운 처지에 빠지게 한다. 자신의 업무 진척도를 지속적으로 파악하고 당면한 과제에 집중하기 위해서는 일상적인 활동의 일부분으로서 세 가지 중요한 피드백의 공급원을 개발하는 것이 바람직하다. 그중 첫 번째는 다른 사람들로부터 받는 피드백이다. 이 피드백은 앞서 논의한 바 있고 좀 더 일반적인 주제인 '커뮤니케이션'의 범주에 속한다고 할 수 있다. 사실 상당수 경영인들은 커뮤니케이션이야말로 자기들이 지닌 책임 중에서 가장 중요한 것이라 생각하는데 정작 기업 내부에서는 커뮤니케이션의 부족 현상이 나타나는 경우가 많다.

CEO들은 자기들 나름대로 지속적인 피드백을 얻기 위한 조치로써 관련 업계의 다른 CEO들과 끊임없는 교류를 나눌 뿐 아니라, 내부적으로는 회사 내부의 주요 인물들과의 유대를 갖는다. 예를 들면, 존 리드는 시티코프의 최고 경영자로 있을 때 적어도 일 년에 두 번 이상 세계적 수준의 메이저급 은행의 은행장들 대여섯 명과 개인적으로 만났을 뿐 아니라 GM, GE, IBM 등 대기업 CEO들과 이보다 좀 더 빈번한 만남을 가졌다. 또한 그는 적어도 아침 반나절은 시티코프 내부의 주요 인물 삼십여 명과 전화로 대화를 나누었고 중요한 의사 결정을 내릴 때는 반드시 이 사람들 중 일부로부터 조언을 얻었다.

이보다는 좀 더 비공식적 방법이긴 하지만 애니타 로딕 역시 항상 다른 사람들로부터 정보를 흡수한다. "나는 이야기하는 것을 무척 좋아한답니다. 난 실내에 있으면 언제든지, 그리고 어디에 있든 항상 수화기를 들고 전화로 사람들과 이야기를 나눕니다. 세계 곳곳에 있는 사람들 중에서 제가 정말로 존경해 마지않는 일곱 또는 여덟 명 정도의 사람들과 대화하느라고 말입니다. 그저 허물없이 이런저런 이야기를 나누는 겁니다." 티머시 로 역시 전화를 이와 비슷한 방식으로 사용한다.

저는 '자문단'이라고 우리가 이름 붙인 독특한 방식을 이용합니다. 일종의 전화 회의 같은 것을 말합니다. 마드리드에 있는 친구, 샌프란시스코에 있는 친구, 최근까지 런던에 있던 친구, 그리고 저 이렇게 넷이서 전화로 만나 이야기를 나누는 것을 의미하지요. 우리는 2주마다 한 번씩 전화로 두 시간 정도 세상 돌아가는 이야기를 나눕니다. 이 친구들은 오랫동안 친하게 지내던 벗들인데, 우린 서로에게 조언을 구합니다. 우리가 하는 일들에 관해 이해 관계가 개입되지 않은 객관적인 깨달음을 서로에게 주거니 받거니 하는 것이지요.

대다수 경영인들은 다른 기업의 경영인이나 전문가들로 구성된 일종의 자문 시스템을 구축해 두었다가 필요할 때 조언을 구한다. 애플 컴퓨터의 공동 창업자인 마이크 매컬러는 이렇게 말한다. "30년 동안 제 주변에는 제가 전화를 걸어 고민을 토로할 수 있는 사람들이 있었습니다. 이들은 저에게 언제나 지원을 아끼지 않았습니다." 물론 이런 인맥은 자동적으로 형성되는 것이 아니다. 자신 역시 개방적이며 다른 사람들을 신뢰하고 서로 도움을 주거니 받거니 할 자발적 의지가 있어야 한다. 다만 이런 소중한 요인들이 기업 환경에서 항상 높은 평가를 받는 것은 아니다.

기업을 성공적으로 경영하기 위해서는 그 기업을 구성하는 각각의 부분들도 속속들이 잘 알고 있어야 한다. 특히 그중에서도 기업이 제대로 기능할 수 있도록 만들어 주는 임직원들을 잘 파악하고 있어야 하는 것이다. 유럽 대형 보험사인 아시쿠라치오니 제네랄리의 회장직을 역임한 엔리코 란도네는 회사 내부에서 직위가 높아질수록 이탈리아의 밀라노에서 필리핀의 마닐라에 이르기까지 거의 만 명에 달하는 지점장들을 개인적으로 알게 되었다고 말한다. 또한 자신이 결국 회사 내부에서 최고의 위치까지 오르게 된 것은 수많은 직원들과 친분을 갖고 있었기 때문이라고 말한다.

커민스 사의 J. 어윈 밀러는 고대의 역사적 사례를 이용하며 리더가 그 조직 구성원들의 말에 귀 기울이고 친해지는 게 얼마나 중요한지 역설한다.

가장 훌륭한 리더들은 언제나 다른 사람들이 능력을 발휘할 수 있도록 도움을 주는 인물들이었습니다. 투키디데스였는지 아닌지 잘 모르겠습니다만, 부하 장병들로부터 존경과 사랑을 한몸에 받던 고대 그리스의 장군이 있었지요. 그는 요즘 비즈니스 컨설턴트들이 CEO들의 행동 지침으로 제시하는 특징들을 당시에 정확하게 가지고 있었던 인물입니다. 자기 부하들을 잘 파악하고 있었고, 이들과 대화를 나누었지요. 이들로부터 조언을 구하기도 하고 그렇게 받은 조언을 심사숙고했답니다. 그러곤 다시 부하들에게 결과를 알려주었어요. 그가 하던 행동을 생각해 보면 오늘날 피터 드러커가 조언하는 내용과 비슷한 것 같습니다. 그런데 당시가 지금으로부터 2,500년 전이었다는 걸 생각하면 정말로 대단하지요.

대기업의 경영인은 회사 문제에 대해 정확한 감각을 지니기 어려운 경우가 많다. 그 까닭은 보고서 내용이 흔히 문제를 솔직하게 밝히길 꺼려하기 때문이다. 어느 다국적 대기업의 회장은 커뮤니케이션과 피드백의 기회를 언제나 열어 두기 위해 다음과 같은 전략을 채택한다.

2주 전에 저는 일주일, 아니 근무일 기준으로 닷새 동안 도시 일곱 군데를 돌아다니며 직원들과 회의를 했습니다. 저는 하루에 두 번씩 약 한 시간 동안 이백 내지 삼백 명의 직원들과 대화를 나누었어요. 그것도 매번 각각 다른 사람들이었습니다. 그때 저는 직원들에게 제 견해를 밝혀 준 다음, 한 시간 반 동안 저에게 질문을 하도록 시간을 할애했습니다. 회사 내에서 실제로 돌아가는 생생한 상황을 파악할 수 있는 절호의 기회였지요.
저는 고객과 직원들과 함께 시간을 보내야만 합니다. 그리고 현장에 나가 실제로 돌아가는 상황과 분위기를 파악함과 아울러 동기를 유발해 주어야 하지요. 저번 주에는 일주일 내내 아시아 지역에 있었습니다. 여기에서도 마찬가지였습니다. 현장 직원들을 만나고 공장을 방문하며 이들이 실제로 하는 일에 대해 관심을 보여 주었습니다. 그렇게 현장에 직접 나가야만 이런 일을 할 수 있지 사무실에서 앉아만 있으면 할 수 없거든요.

데버러 베세머는 피드백을 얻을 수 있는 또 다른 중요한 공급원에 대해 이렇게 설명한다.

> 업무 진척도를 점검할 수 있는 방법에는 여러 가지가 있다고 생각합니다. 그중 하나는 고객의 반응을 통해 점검하는 것입니다. 기업의 명성을 동종 업계의 제품 시장에서 점검할 수도 있지요. 제 생각엔 경영인 자신이 어떤 가치관을 가지느냐에 따라 기업의 평판이 좌우되는 것 같습니다. 우리 회사는 고객들을 대상으로 설문조사를 실시하는데요, 전에는 이곳에서 그런 일이 한 번도 없었답니다. 현재 우리는 일 년에 두 번 고객들을 대상으로 우리 회사에 대한 인식을 묻는 설문조사를 실시하고 있습니다.

경영자들은 의사 결정을 내릴 때 다른 사람들로부터 영향을 받는 것을 주저하는 경우가 너무나 많다. 따라서 결과적으로 '준비, 조준, 발사'가 아닌 '발사, 조준, 준비'의 순서로 일을 성급하게 처리하다 보니 많은 노력이 허사로 돌아가는 경우도 있다. 그렇지 않다면 "시간이 별로 없다."라는 핑계를 대며 다른 사람들로부터 조언을 듣는 일을 게을리한다. 경영상 중요한 의사 결정을 내리거나 시행하기 전에 전략적 자문을 얻으면 장기적으로 볼 때 엄청난 시간을 절약할 수 있는데도 말이다.

자문 못지않게 회사 내 팀원들이 업무를 즐기면서 스스로 성숙할 수 있도록 적절한 피드백을 제공해 주는 것 역시 중요하다. 이 목적을 위해서는 정신력을 투입해야만 한다. 각 부하 직원의 구체적인 성과에 주의를 기울이며 직원 개개인의 강점과 약점을 파악해야 한다. 일년에 한 차례의 인사고과로는 불충분하다. 매분기 또는 매월 정기적으로 직원들에게 피드백을 제공하는 것도 대개의 경우 별다른 도움을 주지 못한다. 정말로 실력 있는 관리자는 오케스트라의 지휘자에 비유할 수 있다. 지휘자는 오케스트라가 연주하는 각각의 악기 소리를 세심하게 들어가면서 전체적으로 아름다운 화음이 이루어지도록 모든 연주자들을 인도하고 안내한다.

성과에 주의를 집중하는 방법은 다양하지만, 그중에서 일부는 리처드 디보스가 설명하듯 조직 차원에서 실시되는 방식도 존재한다.

저는 우리 회사 홍보 담당 부서에 지시하여 신문이나 잡지 기사에서 평소에 주위에서 보기 드문 훌륭한 일을 한 사람들에 관한 내용을 발췌할 것을 당부했습니다. 그래서 우리는 이 사람들에게 축하 서신을 보내는 작은 일을 시작했습니다. 그 서신에는 제가 직접 일일이 서명을 한 뒤 발송했습니다. 10년이나 15년이 지난 뒤에도 이 사람들은 저를 보면 "아, 당신이 나한테 편지를 보냈었죠!"라고 말합니다. 사람들을 격려하는 일은 그리 거창하고 어려운 게 아니지요. 평소에 자주 할 수 있는 작고 사소한 일입니다.

물론 경영인이 '평소에 자주 할 수 있는 작고 사소한 일'에 주의를 집중하려면 상당한 시간을 할애해야 하는지도 모른다. 그런데 피드백은 경영인 외에도 직장 내에서 조언과 지도를 해 줄 좋은 선배들을 통해서 이루어질 수도 있다. 거의 모든 경영인들은 사업이나 사회 생활에서 자신의 실력이 향상될 수 있도록 도움을 준 사람들을 기억한다. 이렇게 조언과 지도를 해 주는 선배들은 좀 더 실무 경험이 많을 뿐 아니라 성품이나 가치관에 있어서 다른 사람들에게 호감을 주는 인물들이 대부분으로, 후배 직원들을 교육하도록 별도로 지명된 인물은 아니다. 데버러 베세머는 조언과 지도를 해 주는 좋은 선배들의 역할이 왜 중요한지 이렇게 지적한다.

왜냐하면 직장 상사에게는 할 수 없거나 해서는 안 될 이야기라도 자신을 지도해 주는 선배에게는 할 수 있어야 하기 때문입니다. 가령 "우리 부서장은 정말로 형편없는 사람이에요. 이런 상황에서 제가 어떻게 일을 하겠어요?"라는 말은 이런 선배에게나 할 수 있는 것이지요. 때로는 직장 동료들과의 인간관계에 대해서도 선배의 훌륭한 조언과 지도를 받아야 할 때가 있을지도 모릅니다. 가령 "그 양반하고는 도무지 어떻게 일을 해야 할지 모르겠어요. 그 사람 때문에 정말로 미칠 지경이거든요. 그 사람이라면 너무너무 싫습니다." 이밖에도 비슷한 경우가 얼마든지 있을 수 있습니다. 저라도 이런 말은 직장 상사에게 절대 하지 않으려 할 겁니다.

즉각적이고 구체적인 피드백은 직원들이 업무 성과를 높이도록 유도하는 데 무척 효과적인 수단이다. 어떤 업종에 종사하느냐에 따라 피드백의 형식과 내용은 달라질 수 있다. 가령 매일같이 공장을 이리저리 돌아다니며 점검하는 경우도 있고, 메모를 읽거나 계획안을 점검하는 경우도 있고, 매출액을 점검하고 관리해야 하는 경우도 있을 수 있다. 또한 이런 과정에서 경영인 또는 관리자는 직원들에게 질문을 던지거나 의견을 구할 수도 있고, 자신의 견해나 제안을 제공할 수도 있고, 잘한 것은 칭찬하고 못한 것은 고쳐줄 수도 있다. 물론 이런 종류의 피드백을 과도하게 제공하면 자칫 '마이크로매니지먼트'가 될 수도 있다. 마이크로매니지먼트란 부하 직원의 업무와 관련해서 아주 사소한 것까지 일일이 점검하며 관리하는 방식을 말한다. 또한 경영인이나 관리자는 업무가 원만하게 잘 진행되고 있을 때는 부하 직원의 업무에 간섭하지 않도록 자제하는 법을 배워야 한다. 마이크로매니지먼트라는 용어가 그에 걸맞은 악명을 얻게 된 것은 이런 관리자일수록 업무를 제대로 파악하고 처리할 수 있는 사람은 자기 혼자뿐이라는 생각을 하는 경우가 많기 때문이다. 그러므로 다른 사람들은 누구든 자기를 모범으로 삼아 그대로 따라야 한다는 것이다. 하지만 경영인이나 관리자가 어떻게 하면 업무를 개선할 수 있을지 직원의 도움을 받아 배우려 노력한다면 이것이 훨씬 더 지혜로운 것이다.

　사회심리학에서 이미 잘 알려진 한 가지 사실에 따르면 사람들에게 "당신은 이걸 잘못했어."라고 말하는 것보다 "더 잘 될 수 있는 다른 방법을 우리 함께 알아봅시다."라고 말하는 것이 더 효과적이라고 한다. 잘못된 것을 지적할 때 상대방에 초점을 맞추면 상대방은 심리적으로 자신을 방어하려는 마음이 생기기 때문에 새로운 것을 배우고자 하는 의지와 능력이 방해를 받게 된다. 반면에 지적을 할 때 성과 그 자체에 초점을 맞추게 되면 상대방은 이것을 덜 위협적인 것으로 받아들이게 되며, 따라서 학습 가능성은 그만큼 증가된다.

자신이 잘하고 있는지 여부를 알기 위한 두 번째 정보 공급원은 업무 자체로부터 나타나는 피드백을 들 수 있다. 업무에 따라서는 자체적으로 성과를 측정할 수 있는 수단이 마련되어 있는 것들이 있다. 가령 하루에 발생한 불량 제품 수가 몇 개인가 또는 고객들에게 얼마나 많은 제품을 판매했는가 하는 것들이다. 그러나 대부분의 경우 업무 성과가 쉽사리 파악되지 않는다. 전사적 품질 관리 등 최근의 일부 경영 기법들이 성공을 거둔 일부 원인은 기업의 업무 성과를 수치로 측정할 수 있는 이른바 계량화가 가능하다는 이유 때문이다. 그러나 안타깝게도 업무 성과를 수치화할 수 있는 방법들은 때때로 상당히 자의적일 뿐 아니라 진정한 가치를 제대로 반영하지 못하는 경우가 있다. 그러나 노력의 결과 측정이 가능한 기준이 있다는 사실은 무척 매력적인 것이다. 또한 이는 업무를 좀 더 재미있고 즐거운 것으로 만들어 준다.

어떤 경영 기법이 사용되었든 간에 기대치를 명확하게 제시하는 것은 경영인의 책임이다. 직원들이 기대치에 대한 정보를 얻을 수 있도록 하고 자신들이 얼마나 성과를 올리고 있는지 스스로 평가하도록 하는 것이다. 아울러 경영인들은 자신의 업무 성과에 대해서도 서로 비교할 만한 기준을 마련해 두어야 한다. 일부 CEO들은 '처리 대상 업무' 목록을 가지고 있을 뿐 아니라 심지어 자신이 지닌 목록들을 일목요연하게 정리한 별도의 목록들도 가지고 있으면서 매일 그 내용을 업데이트해 나간다. 할 일을 하나씩 처리해 나가면서 이에 따라 목록의 처리 대상 항목을 차례대로 삭제해 나갈 때마다 적잖은 만족감을 느끼게 된다.

마지막으로 피드백은 개인적인 기대 수준에서 나올 수도 있다. 진정한 리더는 외부의 평가보다는 일을 훌륭하게 마무리했을 때 느끼는 내면적인 성취감을 더 중시한다. 이런 확신은 경험에 바탕을 두고 있지만, 이것이 익숙해짐에 따라 몸에 배게 되면 직관적이고 자연스러운 판단이 된다.

경영인이 직원들에게 이런 감각을 불어넣어 주기란 그리 만만치 않다. 하지만 가장 좋은 전략은 자기 자신에 대한 기대 수준을 명확하게 설정한 뒤 기회가 있을 때마다 회사에서 일할 때 적용해 보는 것이다. 그렇게 하다 보면 다른 사람들이 이것을 보고 배울 수 있게 된다. 어떤 경우에는 자신의 기대 수준에 맞추기 위해 이미 끝낸 업무라도 가급적 완벽에 가까운 수준으로 높일 때까지 몇 번이고 반복해야 한다. 이것은 시간적인 압박을 받고 있는 경우에도 마찬가지로 적용된다. 그런데 이와 반대로, 만약 리더가 업무에 완벽을 기하지 않고 건성으로 처리하게 되면 직원들 역시 목표가 되는 기준을 진지하게 받아들이지 않거나 자기 편한 대로 쉽게 이를 내팽개치는 경우가 생긴다.

만약 성과가 점차 떨어지는 경우가 생기면, 성과가 부진한 프로젝트 중에서 하나를 공개적으로 선택해 기본적인 기대 수준을 확인시키는 계기로 삼으면 도움이 될 것이다. 다만 이 프로젝트에 참여했던 사람들을 비난하거나 당혹스럽게 하지 않으면서 프로젝트 진행 관련 상황을 점검하고 경영 위원회와 함께 프로젝트 전체 과정에서 각각의 단계를 하나씩 평가해 보아야 한다. 또한 이와 동시에 개선 방안을 찾아야 한다.

　피드백을 얻거나 제공하는 것은 무척 시간을 많이 빼앗는 일이며 리더가 지닌 정신력의 대부분을 소진시킬 수도 있다. 하지만 이런 활동은 시간을 투자한 만큼 보람 또한 있다. 이 외에 회사가 처한 상황을 제대로 파악할 수 있는 다른 방법은 없을 것이다. 조직 전체에 존재하는 정보의 흐름은 내적인 변화와 외적인 변화에 적절히 대응하면서 그 기업 내부에 흐르는 피라고 할 수 있다. 더 적절히 표현하자면 피드백이 없으면 학습이란 것도 없으며 성장도 없다. 다만 일상적이고 기계적인 무관심만 존재하게 될 뿐이다.

과제와 실력의 균형

　직원이 회사 내에서 얼마나 자기 계발을 할 수 있느냐 하는 것은 근무 환경에 상당히 크게 좌우된다. 어떤 사람들은 자신이 어디에 있든 상관없이 나름대로 최선을 다한다. 하지만 직원 개개인이 실력을 발휘하고 실력을 연마할 수 있도록 기회를 제공하는 것은 관리자의 책임이다. 이런 의미에서 '실력'이라 함은 지식이나 기술만을 의미하는 것이 아니며 오히려 개인이 보유한 인간 능력의 전체 영역을 가리킨다. 여기에는 개인의 가치관, 정서, 유머, 동정심 등이 포함된다. 만약 이 모든 요소들이 직장에서 표현되지 못한다면 회사는 앞서 말한 '복잡성'이 꽃 피는 곳이 되지 못한다.

　회사의 관리자는 신규 직원을 고용할 때 가장 먼저 '과연 이 지원자는 우리 회사의 목표나 가치관에 부합하는 인물인가?' 하는 질문을 스스로에게 던져 보아야 한다. 회사들은 뉴기니에 거주하는 다양한 원주민 부족처럼 그야말로 천차만별이다. 회사에 따라서는 무시무시한 식인 부족 같은 회사도 있고 평화로운 농경 부족 같은 회사도 있다. 맥킨지 같은 회사에서 편안함을 느끼는 당차고 젊은 여성이라면 레저용품 및 의류 제조업체인 L. L. 빈 같은 회사에서는 따분함을 느낄지도 모른다. 환경 보호에 높은 가치를 두는 청년이라면 파타고니아 같은 회사에 꼭 필요한 인재일 수 있지만 엑슨 같은 회사와는 불협화음을 낼 게 분명하다. 기업 문화가 다양하기 때문에 A 회사에서는 탁월한 실력을 발휘할 영업 사원이나 디자이너도 B 회사에서는 맥을 못 추는 경우가 있을 수 있다.

만약 직원들이 서로 다른 가치관을 지니고 있다면 그 회사는 일관성 있는 기업이 될 수 없다. 따라서 직원들 사이에 조화로운 대인관계가 이루어지도록 배려하는 것은 모든 사람에게 이득이 된다. 그렇다고 해서 회사의 모든 직원들이 MBTI 성격 유형 지표에서 동일한 성격 유형에 속하는 인물들로만 이루어져야 한다는 뜻은 아니다. 오히려 다양한 성격과 관점을 지닌 인물들이 있다는 것은 균형 잡힌 회사를 만들기 위한 무척 유용한 구성 요소라 할 수 있다. 그러나 어떤 사안이 가장 중요하고 어떤 방식으로 일을 진행시켜야 하는지에 대한 근본적인 우선순위가 서로 공유되지 않으면 회사 내부에 혼란이 일어날 가능성이 있다. 불행히도 우리는 직원들의 가치관을 하나로 통일시킬 수 있는 완벽한 방법을 지니고 있지 않다. 따라서 직원의 고용에 관한 의사결정 중에서 상당 부분은 경영인의 직관에 의존하게 마련이다.

만약 한 기업의 이사회가 CEO를 영입할 때 후보자가 다른 회사를 성공적으로 경영했다는 사실만을 고려하고 그의 가치관과 회사의 가치관이 일치하는지 여부를 고려하지 않는다면, 그 기업은 쉽게 무너질 수 있다. 가치관의 옳고 그름과 무관하게 회사의 가치관과 반대되는 가치관을 지닌 인물들이 그 회사에 들어오게 되면, 어느 회사든 원래 가지고 있던 핵심적인 가치관이 잠식되어 가는 경향이 있다. 바로 이런 이유 때문에, 『오래가는 기업』의 공동 저자인 콜린스와 포러스가 연구 대상으로 삼은 '비전 있는' 기업들은 대부분 회사 내부에서 리더를 양성했는 데 반해 문을 닫는 기업들은 외부에서 '구세주'를 찾으려 했던 것이다.

일단 신규로 직원을 채용하면 가장 난이도가 낮은 업무를 맡기는 것이 바람직하다. 그렇게 해야만 담당 부서장은 신입 직원의 강점과 약점을 쉽게 파악하게 되며, 아울러 혹시라도 그가 실수를 범하더라도 그 영향이 심각하지 않을 것이기 때문이다. 이와 대조적으로 일부 기업들은 최근에 새로 영입된 직원들에게 힘들고 까다로운 업무를 맡기는 경우가 있다. 말하자면 과연 신입 직원이 그 업무를 잘 견뎌낼 수 있을지 두고 보자는 식이다. 이런 방법은 능력과 적성이 따르지 않는 직원을 조기에 선별해 냄으로써 시간을 절감할 수 있을지는 모른다. 하지만 이런 경우에 신입 직원들은 얼마 가지 않아 열의를 잃게 되며 자연히 이직률 또한 높아지게 된다.

신입 직원의 성품과 자질을 평가해 보려면 아주 쉬운 업무를 맡겨 보면 된다. 가령 편지 봉투에 주소를 기입하는 일이라든지 파일정리를 시켜볼 수 있으며, 만약 지위가 높은 신입 직원의 경우라면 그 지위에 따라 상응하는 쉬운 일을 맡겨 보면 된다. 나폴레옹은 하사관에게 명령을 받는 법을 배우지 못한 사람은 훌륭한 장군이 될 수 없다고 말한 바 있다. 직원들의 개인적인 단점은 간단한 업무가 주어졌을 때 이것을 건성으로 처리하거나 하찮게 여기는 태도를 보임으로써 나타난다. 이것은 관리자가 그 직원에게 적절한 피드백을 제공함과 동시에, 그 직원이 업무의 본 궤도에 오를 수 있도록 시동을 걸어 줄 수 있는 절호의 기회를 제공한다.

아울러 경영인은 신입 직원이 한 단계 높은 수준의 책임을 맡을 수 있을 시점에 이르렀는지 예의 주시해야 한다. 열의를 잃는 것은 일이 지나치게 많을 때도 일어나지만 너무 적을 때도 일어난다. 이 양극단 사이에서 적절한 균형을 이루어 나가기란 쉽지 않은 일이지만 경영인은 이런 과제에 주의해 직원들이 잠재력을 십분 발휘할 수 있도록 유도해야 한다.

직원들에게 능력에 맞는 업무를 주기 위해서는 개개인의 독특한 자질을 파악하는 것이 바람직하다. 개인의 인지 능력을 측정하거나 외향성, 인내성, 창의성 등 타고난 성격적 특성을 분류하기 위해 다양한 심리 테스트 기법이 개발되었다. 그리 오래되지 않은 과거 한때, 사람들은 이런 심리 테스트의 결과를 면밀히 검토하여 어휘나 협상 능력 등 자신에게 가장 취약한 분야를 강화하는 데 힘쓰라는 조언을 받았다. 하지만 최근에 제기된 견해들은 이와 정반대의 접근 방법을 선호한다. 즉 자신의 강점을 파악하고 강화하여 관련 분야에서 일을 하라는 것이다. 적성을 거스르며 억지로 일하느라 고군분투하지 않고 자신의 적성에 맞는 일을 하는 게 확실히 좀 더 즐겁고도 생산적이다.

다만 회사 내에서 자신의 전문성이나 적성을 살릴 수 있는 기회가 있어야 한다.

여기에서 다시 제4장에서 제시한 〈그림 2〉로 돌아가 보기로 하자. 그림을 참조하며 당신 회사의 소중한 직원들이라면 그림에 제시된 다양한 영역 중 어떤 영역에서 가장 많은 시간을 보낼 것이라 생각하는가? 어떤 직원은 스트레스에 시달리는 것처럼 보이는 경우가 많고 또 어떤 직원은 우울해하는 경우가 많은가? 이것은 혹시 이들 직원에게 주어진 업무의 난이도와 관계가 있지는 않을까? 만약 그렇다면 이들을 몰입 영역으로 유도하기 위해 어떤 일을 할 수 있을까? 사실상 이런 질문들을 자신에게 던져 보는 것도 괜찮을 것이라 생각된다.

과제의 난이도와 실력 수준 사이에 이상적인 균형이 이루어진 상태는 결코 오랫동안 안정적으로 지속되지 않는다. 이따금 과제와 실력 중에 한 가지 요소가 더 우세해지는 경우가 발생하는데, 이런 시점에 이르면 업무 조정이 불가피하다. 결혼을 앞두고 있거나 집을 사려 하거나 아기의 출산을 기다리고 있는 직원이라면 사생활의 작은 변화들에 대처하느라 이미 정신력을 일부 소진해 버린 상태로 직장에 출근하게 된다. 따라서 이전 같으면 아무렇지도 않게 선뜻 받아들였을 업무에도 쉽게 스트레스를 받을지도 모른다. 이런 경우 훌륭한 관리자라면 상황이 안정적으로 될 때까지 해당 직원의 업무량을 조금 줄여 줄 수도 있는 것이다.

데버러 베세머는 이런 상황들에 대처하는 한 가지 방법을 이렇게 설명한다.

우리 회사에서는 그 직원과의 대화를 통해서 이것이 잠시 동안 있다가 사라질 잠정적인 상황인지 아니면 근본적인 성격의 문제인지 파악한답니다. 가끔씩은 직원 자신이 마주 대하고 싶지 않은 사람을 어쩔 수 없이 응대하는 경우처럼 잠정적인 상황이 발생하기도 하지요. 예를 들면 잔뜩 불만을 가진 고객이나 마음에 들지 않는 동료 등을 응대해야 하는 경우처럼 말입니다. 우리는 이것이 단기적으로 해결될 문제인지 장기적으로 해결해야 할 고질적 문제인지 판단합니다. 만약 후자의 경우라면 업무적으로 완수해야 할 일과 직원 자신이 행복 사이에 조화가 이루어지기 어렵습니다. 하지만 잠정적 상황이라면 어떻게 해야 상황을 개선할 수 있는지 해결책을 강구합니다.

업무의 균형은 자주 언급되는 문제들 중 하나입니다. 어떤 직원들은 간혹 직장에서 업무로 인해 다른 일을 할 시간이 전혀 없기 때문에 불행하다는 느낌을 받기도 합니다. 저는 이런 상태를 유심히 눈여겨봅니다. 왜냐하면 과거 몇 년 동안 일 때문에 녹초가 되어 열의를 잃게 된 직원들을 수없이 보아 왔기 때문이지요. 이럴 때는 어떻게 해야 할까요? 회사에서 제품을 출시하느라 야간 근무와 휴일 근무를 하게 되는 경우가 있다면 이것은 잠정적인 상황에 속한 경우라 할 수 있지요. 그런데 회사 차원에서 모든 사람이 많은 시간 외 근무를 해야 한다고 기대하고 있다면, 이것은 일종의 기업 문화 때문이라고 말할 수 있습니다. 그런데 업무에서 요구되는 실력을 충분히 갖추고 있지 않기 때문에 이렇게 시간 외 근무를 오랫동안 하는 경우도 있을 수 있습니다.

간혹 직원 중 어떤 사람은 실적이나 성과가 너무 형편없어서 회사 차원에서는 그 직원을 그만두게 하는 것 외에 다른 방도가 없는 경우도 있을 수 있다. 관리자들은 부하 직원을 해고하는 일이 자신이 맡은 업무 중에서 가장 안 좋은 부분이라고 한다. 마이크 매컬러는 직원을 해고하는 방법의 대체안으로 직원의 실력에 따라 난이도가 좀 더 떨어지는 업무를 맡기는 방법을 생각해 냈다고 한다. 그는 악명 높은 '피터의 법칙'에 나름대로의 변화를 가해 이것을 '피터 갱생의 법칙'이라고 부른다. '피터의 법칙'이란 기업에 몸담고 있는 직원은 자신의 최고 능력의 한계까지 도달하며, 결국 능력이 허락지 않는 바로 윗단계까지 승진한 뒤 그 수준에서 계속 머물러 있게 된다는 내용의 법칙이다. 반면 마이크 매컬러가 생각해 낸 '피터 갱생의 법칙'이란 이런 법칙을 뒤집어 다시 한 번 그 직원의 실력에 맞는 업무를 제공해 준다는 내용이다.

그런 직원이 있을 경우 저는 이렇게 말한답니다. "자네가 성과를 내지 못해 고전하고 있군. 하지만 자네 실력을 보면 여기 있는 이 업무가 오히려 더 적합할 것 같은데, 어떤가? 지금 하고 있는 일에 비해 생색은 나지 않네만, 일단 본궤도를 찾게 되어 업무를 성공적으로 완수하면 다시 제자리를 찾도록 해 주겠네. 하지만 지금 상태를 더 이상 지속시킬 순 없단 말일세." 이런 경우 어떤 직원들은 자존심이 짓밟혔다고 생각하며 회사를 그만둡니다. 또 어떤 직원들은 제가 제시한 새로운 업무를 맡아 결국 훌륭한 성과를 낸 사람들도 몇 명 있지요. 그게 바로 문제를 해결할 수 있는 방법이라고 봅니다.

여기에서 명심해야 할 사항은 직장에서 개인의 발전이란 실력 수준과 그 실력을 발휘할 수 있는 기회 사이의 적절한 균형에 있다는 사실이다. 성인들에게 있어서 분화와 융합을 이룰 수 있는 절호의 기회는 직장에서 얻을 수 있다. 만약 일을 통해 자신만의 고유한 실력을 계발하려는 욕구라든지 공통된 사업 목표를 향해 나아가는 집단의 일원이라는 소속감을 얻지 못한다면 복잡성이 높은 인물이 되기 어렵다.

도전할 만한 새로운 과제들이 끊임없이 존재한다는 점은 기업 활동을 흥미롭고 즐거운 경험으로 만드는 요소 가운데 하나이다. 경영인들에게 자신이 맡을 일에 대해 어떤 점이 가장 마음에 드는지 물어보면 대부분은 이 점을 꼽는다. 뉴밸런스 사의 제임스 데이비스 회장은 직원들을 하나의 단합된 팀으로 만드는 매력과 업무적인 '도전'으로부터 영감을 얻는다며 다음과 같이 의견을 피력한다. "사실 직원들을 단합시키는 것 역시 업무적인 도전의 일부라고 할 수 있지요. 아마도 다른 어떤 업무보다 까다롭고 만만찮은 일일 겁니다." 데버러 베세머는 이렇게 설명한다.

저는 급변하는 비즈니스 환경을 무척 좋아합니다. 이런 변화들을 통해 언제나 새롭게 도전할 수 있는 일을 만나게 되지요. 도전을 통해 발전할 수 있는 기회가 주어지면 저는 기쁨으로 흥분을 감출 수 없습니다. 저는 다운사이징 따위는 싫어한답니다. 정말로 싫어요. 오히려 직원들에게 여러 팀을 구성해 팀워크를 이루게 합니다. 저는 그런 일을 하고 싶다는 의욕을 느낍니다. 이럴 때면 마치 제가 부모나 되는 것처럼 직원들에 대해서

뿌듯한 자부심을 느끼지요.

리더 중에서 상당수는 새로운 도전들에 자극을 받으면 개인적인 발전이 촉진될 수 있다고 이구동성으로 말한다. 맥도날드 사의 잭 그린버그 역시 그런 부류에 속하는 인물이다.

사람은 발전하지 못하면 오히려 쇠퇴하게 된다는 게 제 생각입니다. 현상 유지를 할 수 있다는 것은 잘못된 생각이라고 봅니다. 기업에서는 그런 일이 불가능하거든요. 그래서 우리 회사의 창립자도 이렇게 말했던 것이죠. "여러분이 과일이라고 했을 때 만약 초록색을 띠고 있다면 성장하고 있는 겁니다. 하지만 만약 과일이 완전히 익어 더 이상 익을 수 없게 되면 이제는 점점 썩게 되고 맙니다." 직원들이 지속적으로 업무에 대한 관심과 에너지를 유지하려면, 그리고 회사 전체를 위한 단합된 노력을 기울이고 수익을 창출할 수 있는 기회를 제공하는 기업을 이룩하려면 반드시 개인적인 발전을 필요로 합니다.

업무상 몰입 경험을 유도하는 또 하나의 조건은 업무에 온 정신을 집중시킬 수 있는 기회가 존재해야 한다는 것이다. 회사 업무 중에서 상당수의 경우, 일에 집중을 하다가도 빈번하게 나타나는 방해 요인 때문에 이것이 중도에 끊기는 사례가 많다. 업무상 스트레스는 일을 너무 열심히 해서 나타나는 경우보다 오히려 자신도 어떻게 할 도리가 없이 이 업무 저 업무 번갈아 가면서 신경을 쓰다 보니 나타나는 경우가 많다. 특정 문제를 놓고 몇 시간 동안 씨름을 하던 사람이 전화 때문에 업무 흐름이 끊기는 경우, 이전 수준의 집중력으로 되돌리는 데 30분이라는 시간이 걸릴 수도 있다. 당신이 관리자의 입장이고 A라는 직원이 개인적인 문제 때문에 상담을 하러 왔다고 가정하자. 이럴 경우 당신은 그 직원의 입장에서 문제를 보기 위해 머릿속에 있는 생각들을 다시 정리해 보아야 한다. 물론 여기까지는 별 문제가 나타나지 않고 무난히 해낼 수 있을 것이다. 그런데 B, C, D라는 다른 직원들이 차례로 개인적인 문제 때문에 상담을 청했다고 하자. 이런 경우 직원에 따라 개인적인 문제가 다르기 때문에 이들과 매번 상담할 때마다 이전의 생각을 머릿속에서 지우고 그 직원의 성격, 개인적 특성, 그가 지닌 개인적 문제들에 맞추어 생각을 새롭게 짜 맞추어야 한다. 따라서 이런 경우에는 아무래도 업무에 대한 정신 집중이 그만큼 흐트러질 수 있다. 이런 식으로 몇 시간을 정신없이 보내다 보면 머리가 지끈지끈 아파 올 것이다.

매일 조금씩이나마 생각을 정리하는 시간을 따로 갖지 않는 관리자는 정신적으로 금세 탈진 상태에 이르게 되기 십상이다. 마찬가지로 관리자들이 부하 직원들의 정신 집중을 방해하는 요인들을 적극적으로 차단하지 않으면 직원들은 곧 좌절하고 말 것이다. 복잡하게 얽혀 있는 사무실에서 직원들이 다른 요인들로부터 방해받지 않도록 개인적인 공간을 존중해 주려면 직원들에 대한 신뢰가 없으면 불가능하다. 하지만 직원들로 하여금 필요한 경우에 업무에 방해되는 요인들을 차단할 수 있도록 권고하는 관리자들은 아마도 자신의 결정에 대해 결코 후회하지 않을 것이다.

정신 집중을 방해하는 것은 비단 동료 직원들만 있는 것이 아니다.

첨단 기술로 탄생한 제품들도 직원들의 집중력을 분산시켜 놓는다. 가장 최근의 사례로는 인터넷의 대두를 들 수 있다. 가령 이메일은 예전에는 상상도 하지 못했을 만큼 통신을 획기적으로 변화시킨 놀라운 발명품이다. 1583년, 예수회 소속의 마테오 리치 신부가 중국에서 선교 사무소를 설치했을 때 그가 쓴 편지가 유럽에 위치한 교단 본부에 도착하는 데는 꼬박 일 년이란 시간이 걸렸다. 그리고 교단에서 보낸 답장이 다시 그에게 당도하는 데도 역시 일 년을 기다려야만 했다. 하지만 지금은 베이징에서 이메일이 왔다면 불과 몇 분 사이에 답장을 보낼 수 있게 되었다. 하지만 동시에 인터넷에 지나치게 의존하는 태도를 갖게 된 것도 사실이다. 어떤 관리자들은 이메일에 너무 몰두한 나머지 모니터 스크린에서 눈을 떼지 않는다. 디지털과 관련이 없는 외부의 현실 세계를 바라보려고 고개를 들지도 않는다. 수신된 이메일은 반드시 즉각적인 회신을 해야 한다고 생각하기 때문에 조금이라도 회신이 지연되면 죄책감마저 느낀다. 이런 경우 경계선을 분명히 그어 매체의 이용을 적절하게 조절해야 한다. 이메일 '받은 편지함'에 노예처럼 예속되지 않더라도 세상은 무너지지 않는다. 만약 어떤 방법을 동원하더라도 이런 습관이 고쳐지지 않는다면 회사 차원에서 직원들에게 워크숍을 개최하는 방안도 있다. 워크숍을 통해 나머지 다른 업무를 방해하지 않는 선에서 이메일이나 인터넷 활용을 적절히 관리하는 요령을 가르쳐 주는 것이다.

    일에 대한 통제가 업무 만족도에 기여한다는 사실은 충분히 논의했기 때문에 다시 논의할 필요조차 없겠다. 그러나 여기에서 명심해야 할 사항은 '통제'라는 용어의 의미가 종종 오인된다는 점이다. 어떤 사람들은 모든 상황이 자신이 원하는 대로 흘러가야만 통제가 제대로 이루어진다고 믿는다. 자기가 모든 걸 통제하고 싶어 안달하는 사람의 경우, 다른 모든 사람들이 자기 뜻대로 따라 주기를 바란다. 통제하기를 좋아하는 사람들은 동료 직원들이 독립적으로 행동하는 것을 존중하지 않는다. 이런 종류의 통제는 몰입 상태에서 경험하는 것과는 차원이 다르다.

외과의사는 수술을 완전히 통제할 수 없다. 미리 예측하지 못한 사항들이 너무나 자주 발생하기 때문이다. 가령 수술을 받는 환자가 체질적으로 마취약에 거부 반응을 일으키거나 혼수 상태에 빠지는 경우도 있다. 시인은 자기가 쓰는 시를 완전히 통제하지 못한다. 하나하나의 단어를 사용할 때마다 미리 생각하지 못했던 기발한 아이디어와 정서를 써내려 가야만 하기 때문이다. 이런 경우에 '통제'라는 의미는 필요한 경우에 사람들이 저마다 궁극적인 목표를 달성하기 위해 새로운 전략을 세우는 데 필요한 실력을 갖춘 것을 의미한다. 가령 환자를 치료하거나 훌륭한 시를 창작하는 활동에 필요한 실력이 있다는 뜻이다.

이것이야말로 직원들이 직장에서 몰입 상태에 빠지기 위해 필요한 통제라 할 수 있다. 사람들은 일터에서 자신이 하는 일에 대해 스스로 선택권이 있다는 느낌을 받아야 하며, 또한 주어진 상황에서 요구되는 최적의 해법을 제시할 만한 사람이라는 신뢰를 받고 있다는 생각이 들어야 한다. 그러나 이 경우에도 첨단 기술로 태어난 발명품이 오용되고 있는 실정이다. 가령 상하수도 및 전기 등 공익 설비 관련 서비스를 전문으로 하는 한 대기업이 직원들에게 휴대 전화와 위치 확인 장치를 주기로 결정했다고 한다. 이 위치 확인 장치는 직원들의 위치를 시내 한 블록 정도의 오차 범위 내에서 찾아내는 장비다. 이 회사의 중앙 컴퓨터는 고객들로부터 들어오는 서비스 요청 전화를 모니터링한 뒤, 각각의 신청 건에 따라 가장 가까운 위치에 있는 직원에게 연락을 취하여 필요 장비를 가지고 방문하도록 지시한다. 더욱이 컴퓨터가 직원에게 고객이 있는 장소까지 가장 빨리 갈 수 있는 길을 가르쳐 준다.

이런 업무 처리 방식이 놀라우리만큼 효율적이고 합리적이라는 점에는 의문의 여지가 없을 것이다. 하지만 결과적으로 예전까지만 해도 관할 지역이 구체적으로 정해져 있던 직원들은 이제 신청이 들어올 때마다 관할 구역을 가리지 않고 호출에 응해야 하는 신세가 되었다. 이런 시스템이 도입되기 이전에는 직원들이 스스로 방문 일정을 계획하고 일의 우선순위를 다른 사람들에게 구애받지 않고 혼자서 결정했다. 하지만 선택권을 박탈당한 직원들은 이제 자신이 한낱 기계의 부속품으로 전락하고 말았다는 느낌을 가지게 될 것이다.

새로운 기술이 도입될 때마다 이런 질문을 해 보는 것도 도움이 될 것이다. 이것이 과연 업무적인 즐거움에 어떤 영향을 줄 것인가? 컴퓨터를 이용한 위치 확인 장치를 적절히 활용하여 본부보다는 실무 현장에서 일하는 직원의 통제하에 두는 것은 어렵지 않은 일이다. 직원들이 어떤 선택을 내리는지에 관한 모니터링은 계속 유지할 수 있으며, 만약 직원들이 이를 남용하는 경우에는 관리자가 시정하도록 할 수 있다. 그러나 한편으로 실무 현장에서 일하는 직원들은 자신의 권한을 통제하고 제한하는 이런 장비가 없을 때 더 많은 몰입 상태를 경험하게 마련이다. 뿐만 아니라 아마도 장기적으로는 생산성이 더 높아질 것이다.

실리콘밸리의 벤처 캐피털리스트인 크리스틴 코머퍼드 린치는 직원들을 통제하는 문제를 명확하게 이렇게 규정한다.

주변에서 흔히 직원들을 통제하려고 안달하는 관리자들을 너무나 자주 봅니다. 그래서인지 다른 사람들에게 권한을 부여하는 관리자들을 보면 무척 기분이 좋습니다. 그렇게 해야만 직원들도 애사심을 가질 수 있고 업무에 대한 완벽한 동기 유발이 가능해지거든요. 게다가 심지어 언제나 창의적인 생각이 머리에서 떠나지 않는 직원들도 나오게 되지요. 이런 직원들은 샤워를 하다가도 이런 생각을 합니다. '어떻게 하면 마케팅 캠페인을 정말로 훌륭하게 완수할 수 있을까?' 하고 말입니다. 왜냐하면 그 업무에 대한 권한이 있는 데다 자신이 완전한 책임을 져야 하기 때문이죠. 그게 바로 진정한 차이를 낳게 합니다. 저는 그런 사례를 보면 정말로 기분이 좋답니다. 일부 대기업에서도 직원들에 대한 권위 부여가 이루어지는 사례를 보곤 합니다만 신생 기업들의 경우들이 훨씬 더 재미있는 편입니다. 그건 직원들이 리스크를 감수하며 도전할 때 처벌을 받지 않고 오히려 보상을 받게 되기 때문입니다. 따라서 직원에 대한 권한 부여란 정말로 굉장한 것이랍니다. 이것은 직원들을 밀어주고 기회를 제공하는 것이니까요.

다양한 통제의 측면 중에서 여기에서 특별히 언급할 만한 것이 있는데, 그것은 바로 '시간의 통제'라고 할 수 있다. 우리는 앞에서 몰입 상태에 빠진 사람은 물리적인 시간 감각을 잃게 된다는 사실을 알게 되었다. 노력과 휴식의 리듬은 서로 유기적으로 번갈아 가며 나타난다. 특히 시간 측정이라는 추상적인 시스템이 아닌, 개인이 벌이고 있는 활동 자체와 내적인 기분 상태에 따라 나타나는 경향이 있다. 그러나 지난 이백 년 간 인간의 활동은 산업 생산의 필요에 따라 정해진 일정에 점차 영향을 받게 되었다. 예전에 스탈린은 소련을 현대화하기로 결정한 적이 있었는데, 그때 그는 일주일에 두 번 이상 지각하며 공장에 늦게 출근하는 직원들을 사살하라는 명령을 내렸다. 산업 사회의 정확한 시간 개념에 익숙하지 않은 러시아 농부들이 시간을 정확하게 지키는 데 익숙해지기까지는 상당한 시간이 걸렸음은 말할 것도 없다.

지난 수십 년간 업무와 관련된 사항 가운데 가장 많은 변화를 겪은 것은 엄격한 근무 시간의 변화를 들 수 있다. 현재의 추세는 점차 근무 시간이 유연해지고 있는 것이다. 미국에서 가장 빠르게 성장하는 분야에서 일하고 있는 지식 근로자들의 40퍼센트가 비정규 근무 시간 동안 일을 하고 있는 것으로 밝혀졌다. 네브라스카 주의 갤럽 등과 같은 상당수 기업에서는 직원들이 회사측과 업무 처리를 위한 적절한 근무 시간을 협의한다. 그렇게 되면 업무를 밤이나 주말에 처리하고 주중에는 오히려 집에서 머물 수 있는 것이다.

마지막으로 몰입 경험의 일부로서 보편적으로 언급되는 마지막 조건은 '자아의 상실'이다. 사람들은 자아에 대해 상당한 관심을 가지고 있기 때문에 어떤 이유에서든 자의식을 느끼게 하는 일이 있으면 업무에 대한 완전한 몰입에 방해가 된다. 이것은 비단 개인적인 비판뿐 아니라 기대하지 않았던 칭찬도 마찬가지이다. 비판이나 칭찬을 들으면 직원들은 즉각적으로 해고를 당할지도 모른다는 두려움에 사로잡히거나, 아니면 승진 대상이 될지도 모른다는 기대감에 빠지게 된다. 이 두 가지의 영향으로 말하자면 당장은 물론이요 그날 온종일 또는 그보다 오래갈 수도 있다.

따라서 피드백과 관련해 말한 내용을 기억하는 것이 무척 중요하다. 다시 말해서, 사람이 아닌 성과에 초점을 두라는 것이다. 일부 관리자들은 자신의 권위를 세우기 위해 다른 동료들이 있는 자리에서 부하 직원에게 호통을 치는 경우가 종종 있다. 이런 행동을 하고 싶은 충동을 느끼더라도 이것은 자제하는 것이 바람직하다. 여러 사람 앞에서 망신을 당하는 것만큼 사람의 자존심과 의식에 막심한 피해를 주는 것은 없기 때문이다. 부하 직원을 훈계해야 하는 경우라면 반드시 일대일로 만나서 해야 한다.

항상 자의식에 사로잡혀 다른 사람들에게 어떤 영향을 미칠까 전전긍긍하는 직원, 허영심이 있고 다른 사람의 성공을 시기하는 직원, 자신의 권리만 내세우며 자신의 이득만 챙기려는 직원들은 아마도 몰입에 쉽게 빠져들고 그 상태를 유지할 만큼 심리적인 자본을 충분히 모으지 못한 사람들이라 생각된다. 이런 직원들에게는 상담을 통해 조언을 제공해 주며 신뢰와 책임을 부여하는 것이 도움이 된다. 만약 자신의 불안감을 극복할 수만 있다면 자신의 업무에 완벽하게 몰입할 수 있게 된다. 물론 관리자가 자신의 권위를 내세우지 않고 자제한다면 효과가 그만큼 높아진다. 다시 한 번 강조하지만, 관리자의 모범적인 행동은 조직의 분위기를 좌우하는 요인이다. 업무적인 성과를 냈을 때마다 항상 직장 상사가 그 공을 혼자서 챙기려 들며 업무의 질보다는 성공 그 자체를 더 중요시한다면 다른 사람들은 곧 상사가 가장 원하는 것이 무엇인지 그 속셈을 알게 된다.

경영인이 회사를 이끌 후임자를 선임함에 있어서 과연 그가 자신의 이익과 권위만을 앞세우는 이기적인 인물인지, 아니면 조직의 이익을 가장 먼저 생각하는 인물인지 생각하고 판단을 내려야 한다. 조직 전체의 목표보다는 자신의 이익을 앞세우는 사람이 회사 내에서 승진이 되면 자칫 나머지 직원들에게 잘못된 인식을 심어 줄 우려가 있다. 즉 직장 내에서 앞서 나가려면 이기적인 인물이 되어야 한다는 식이다. 조직 전체가 잘되기를 원하는 경영인들이라면 J. 어윈 밀러가 하는 말에 공감을 표시할 것이다.

> 경영 대학원을 나온 젊은이들 가운데 상당수는 "나는 서른 살이 되기 전까지 백만 달러를 모으고 싶다."라고 말합니다. 이들은 "나는 열심히 능력을 발휘하고 일을 훌륭하게 완수해 기업 설립을 돕겠다."라고 말하는 법이 없어요. 이런 친구들은 자기 자신보다는 다른 사람을 위하는 이타적인 면이 부족합니다. 자신의 가치관에 이타적인 요소가 없는 사람은 결국 실패를 맛보게 됩니다.

밀러의 견해는 몰입의 경우에도 마찬가지로 적용된다. 지나친 이기심은 실패로 이어지는데, 그 이유는 훌륭한 일을 하거나 다른 사람들을 돕고 회사의 건전한 발전에 공헌할 줄 아는 즐거움에 둔감해지기 때문이다. 결론적으로 이기적인 목적을 지닌 사람들은 결코 성공을 거둔 사람이라고 다른 사람들이 인정하지 않을 것이다.

제7장
비전을 지닌 기업과 경영인

> 비전을 지닌 경영인들에게서 공통적으로 나타나는 특징은
> 상황에 구애받지 않는 낙관적인 태도와 성실성이다.
> 이들이 직업적인 소명을 유지하는 데 도움이 되는 특성은
> 야망과 인내심을 들 수 있다.
> 그리고 실제로 이들을 움직이게 하는 것은 깊은 몰입 경험이다.

몰입에 반드시 필요한 요소들을 제공한다고 해서 즐겁게 일할 수 있는 직장 분위기가 보장되는 것은 아니다. 등산가들이 활력을 얻기 위해서는 험난하고 높은 산이 필요하고 외과의사가 수술에 전념하는 데는 위급한 상황이 도움이 된다. 이와 마찬가지로 직원들 역시 업무에 모든 에너지를 쏟을 수 있는 확실한 이유가 필요하다. 윌리엄 폴러드는 "사람들은 생계에 필요한 돈벌이를 위해서가 아니라 뭔가 의미 있는 일을 하고 싶어 한다."라고 말했다. 어떤 직원들에게는 월급만으로도 동기를 유발시킬 수 있는데 이들은 대체로 적장히 체면치레할 수 있을 정도로 최소한의 일만 해내는 경우가 많다. 또 어떤 직원들에게는 승진하고야 말겠다는 도전 의식이 잠시나마 동기 부여의 요인이 된다. 그러나 이런 인센티브들만으로는 직원들이 업무에 최선을 다하

기 위한 강력한 동기가 되지 못한다. 이를 위해서는 업무에 의미를 부여하는 전반적인 목표와 비전이 필요하다. 그렇게 해야만 업무에 몰두하고 후회나 의심 없이 몰입을 경험할 수 있게 된다. 이런 비전의 구성 요소 중에서 가장 중요한 것은 우리가 '영혼'이라고 부르는 요소를 들 수 있다.

영혼이란 무엇인가?

'영혼'이란 대체로 오래된 구식 용어에 해당한다고 할 수 있겠다. 철학자 칸트는 영혼을 정의하려고 시도하는 것은 어림도 없는 일이라고 선포한 바 있는데, 그 이후 영혼이라는 용어 자체가 철학자들로부터 등한시되어 왔다. 또한 백여 년 전에 윌리엄 제임스는 심리학 용어 사전에서 영혼이라는 표제어를 아예 삭제하기에 이르렀다. 이 용어 자체가 과학적인 목적에 부합하지 않는다는 이유 때문이었다. 오늘날 영혼이라는 개념은 종교의 영역에서만 간신히 명맥을 유지하고 있다. 그러나 인간의 육체 속에는 한낱 물질로만 몰아붙일 수 없는 생명력 넘치는 본질이 존재한다는 생각이 아직도 우리의 의식 속에 강력하게 남아 있다. 과연 영혼이란 것을 현대 과학 지식으로 어떻게 설명해 낼 수 있을까? 그리고 영혼이란 것이 만약 기업 경영과 어떤 형태로든 관계가 있다면 구체적으로 무슨 관계를 지니고 있을까?

영혼이란 우리의 신경계가 고도의 복잡성에 도달하여 이것이 발현되어 생긴 것이라 할 수 있겠다. 물질로 이루어진 어떤 조직이든 그

구성 요소들이 일정 수준의 복잡성에 도달하면 하위 단계의 조직에서 존재하지 않던 새로운 특성들을 나타내기 시작한다. 원자력, 전자기장, 중력 등은 각기 다른 단계에 속한 무기물에 질서를 부여한다. 무기물의 분자들이 서로 결합하여 빛을 합성하고 생식을 시작하게 된 것이 바로 식물이다. 무기물은 생명체가 아니었던 반면 식물은 '살아 있는' 생명체에 속한다. 바로 이런 이유 때문에 철학자들은 식물들 속에 '식물적 영혼'이 있다고 주장한 것이다. 식물적 영혼이란 생명이 깃들지 않아 활력이 없는 물질에 새롭게 추가된 요소로 볼 수 있다. 그러나 식물을 살아 있도록 만드는 것은 무기 물질에 추가된 생명력이 아니라는 게 우리의 의견이다. 오히려 무기물 자체가 일정한 복잡성의 단계에 도달하여 결과적으로 생명이 탄생하게 되었다는 것이다.

이와 마찬가지로 과거의 이론에 따르면 동물들에게는 '감각적 영혼'이 깃들어 있다고 한다. 동물들은 움직이며 돌아다닐 수 있고 식물들과는 달리 다양한 감각을 경험하기 때문이다. 이 경우에도 우리는 과거의 이론과 달리 동물과 식물 사이의 차이를 독특한 생명 물질의 차원에서 설명하고자 하지 않겠다. 동물의 경우, 물질 조직의 단계에서 분화와 융합이 좀 더 고도로 이루어지게 되었다. 그러한 발전에 걸맞은 행위를 가진 유기체가 바로 동물인 것이다. 마지막으로, 인류는 동물이나 식물과는 달리 생각하고 의지를 가지고 인식한다는 증거가 존재한다. 따라서 인간은 '합리적 영혼'을 가진 존재로 생각되는 것이다. 대다수 종교를 들여다보면, 인간의 영혼은 신이 인체에 불어넣은 신적인 본질을 일부 가지고 있다는 믿음이 존재한다.

인류의 조상으로 하여금 영혼의 존재를 믿게 했던 현상은 이렇게 풀이될 수 있겠다. 인간의 신경계는 고도의 복잡성 단계에 이르게 되자, 생각하고 느끼고 의지를 가지는 과정이 가능해지게 되었고 인간은 자아 성찰적 의식을 계발하게 되었다. 이것은 자신의 잘못된 점을 머릿속으로 면밀하게 살펴보는 것이다. 다시 말하면 외부에서 내면을 살펴보는 행위가 된다. 자신의 내면을 새로운 형태의 객관적 현실처럼 생각하는 것이다. 비록 이렇게 관찰된 현상은 오로지 두뇌의 신경 세포와 그 신경 세포의 연접부 내부에서 일어나는 것이긴 하지만 말이다.

하지만 이런 설명은 우리가 직관적으로 '영혼'이라고 말하는 현상에 대해 속시원하게 밝혀 주지 못한다. 그도 그럴 것이 우리가 영어로 직역할 때 '영혼이 없는 은행가'라고 말하는 경우가 있는데, 이것은 실제로 그 은행가가 생각이나 의지, 느낌을 가지지 못하는 것을 의미하지는 않는다. 실제로는 비열한 성품의 은행가를 의미한다. 또한 우리가 애완견의 종류인 코커스패니얼이 영어로 직역할 때 '영혼이 깃든 표정'을 지니고 있다고 말하는 경우가 있다. 그때 실제로 이 애완견이 은행가의 경우보다 오히려 생각이나 의지, 느낌을 더 많이 가지는 것을 의미하지는 않는다. 실제로는 숭고한 느낌이 드는 표정이란 뜻으로 볼 수 있다. 영혼이란 것에는 표면적인 의미보다 훨씬 심오한 뜻이 내포되어 있다.

아마도 '영혼'이라는 말의 속뜻을 가장 잘 설명하는 방법으로는 이것을 들 수 있겠다. 어떤 시스템이 아무리 고도의 복잡성을 띠고 있다 하더라도, 모든 에너지를 그 자신이 생존하고 성장하는 데만 사용한다면 거기에는 영혼이 없다고 판단할 수 있겠다. 자신만을 위해서만 에너지를 투입하지 않고 다른 사람들과 접촉하고 이들을 보살피기 위해 에너지를 투입하는 조직이나 존재는 영혼을 지니고 있다고 할 수 있겠다. 이런 맥락에서 볼 때 위에서 예로 든 '영혼이 없는 은행가'란 자신의 목표 외에는 다른 어떤 관심도 일체 갖지 않는 경우를 말하며 '영혼이 깃든 코커스패니얼'은 충성스러울 뿐 아니라 자신을 아끼지 않는 모습일 것이다. (물론 단순히 이 애완견의 큰 갈색 눈을 보고 이런 생각을 할 수도 있지만 이는 별로 논지와 맞지 않는다.)

따라서 특정 시스템이 여분의 에너지 중에서 일부를 외부의 다른 시스템에 투자할 때 우리는 비로소 여기에서 영혼의 존재를 추론할 수 있다. 또한 그 시스템은 이런 과정에서 자신보다 더 규모가 큰 실체에 대한 자신의 지분을 지니게 된다. 인간적인 차원에서 볼 때 이것이 뚜렷하게 발현된 예로는 호기심, 감정 이입, 관대함, 책임, 자선 등을 들 수 있다. 영혼이 실천적인 차원에서 구현된 가장 비근한 예는 개인이 자신의 이득과 물질적 목표에만 관심을 쏟기보다는 다른 사람들의 필요나 대자연을 관장하는 우주의 힘에 관심을 기울일 때 나타난다. 따라서 영혼의 종교적인 의미는 일부 개인들이 신적인 존재에 경배하려는 노력에서 나온다.

개인적인 이득을 초월하는 능력은 인간 의식에서 나타난 능력 중에서 가장 최근에 나타난 것이다. 또한 인간 의식 자체는 인간의 신경계가 물질 조직의 높은 복잡성 수준에 도달했을 때 나타나는 결과물이다. 그러나 이렇게 설명한다고 해서 영혼을 비하하고자 하는 것은 결코 아니다. 영혼이란 물질에 불과하다는 의미가 아니기 때문이다. 오히려 물질로 구성된 유기체가 다른 존재와 접촉하여 대자연의 일부가 된다는 사실은 진화가 고도로 전개된 것이라 할 수 있다. 분명 우리 인간은 항상 영혼에 충만한 상태를 유지할 수는 없다. 이기심의 구심력이 우리의 본성 내부에 너무도 강력하게 자리 잡고 있기 때문이다. 우리에게 적대감을 갖는 사람들이나 외부 환경으로부터 위협을 받는 상황에서는 자기 자신을 보존하는 데 주의를 기울이지 않으면 오랫동안 생존해 나갈 수 없다. 하지만 모든 에너지를 자신의 이익 추구에 쏟는다면 인간으로서 발전을 멈추게 된다. 그런 의미에서 우리가 영혼이라고 부르는 것은 변화와 변형을 위해 투자하는 여분의 에너지로 볼 수 있다. 따라서 진화의 정점에 있다고 할 수 있겠다.

영어 단어 중에서 지금은 잘 사용되지 않지만 이런 원칙에 따라 행동하는 사람을 묘사하는 단어가 하나 있다. 영어로 '관대하다'는 의미의 'magnanimous'라는 단어는 말 그대로 위대한 영혼을 가진 사람을 가리키며, 라틴어에서 '위대하다'라는 의미의 'magnus'와 '영혼'을 의미하는 'animus'가 결합된 말이다. 전쟁에서 패배한 적을 용서하는 전사들이나 가난한 사람들에게 자선을 베푸는 부자들을 말할 때 관대한 사람이라고 표현했다. 인도의 공용어인 힌디 어에서 이와 상응하는 용어로 '마하트마(mahatma)'라는 말이 있는데, 이것 역시 '위대한 영혼'이란 의미로 간디와 같이 대중에게 존경받는 정신적 지도자들에게 주어지는 호칭이다. 어쨌든 '관대하다'는 용어가 오늘날에 접어들어 거의 사용되지 않게 된 것은 이런 호칭이 막강한 권력을 쥐고 있는 사람들에게 주어지게 됨에 따라 나타난 현상이다. 정말로 관대하고 자비로운 행동이 아님에도 불구하고 여기에 특별한 도덕적 가치를 지닌 용어를 함부로 남발하는 것은 우리의 도적적 감수성에 비추어 볼 때 용납하기 어려운 일이기 때문이다.

하지만 이런 용어가 남용되었다는 이유 때문에 관대함의 개념을 내던져 버리기보다는 오히려 이를 활성화시키고 더욱 광범위하게 적용해야 한다. 겸손한 사람이든 부유한 사람이든 상관없이 공평무사하게 행동하는 사람에게 이런 용어를 사용해야 하는 것이다. 정년 퇴직한 간호사로서 무료 건강 진료 센터에서 일하는 사람은 자신이 지닌 사회적 자본과 비교해 볼 때 관대함에 있어서 공공 도서관 설립을 위해 수백만 달러를 기증한 앤드루 카네기와 다를 바 없다.

이상으로 간단하게 영혼의 개념을 살펴보았으니 이번에는 영혼이 조직, 그중에서도 특히 기업과 어떤 관계를 가지고 있는지 알아보기로 하자.

영혼과 비전

비즈니스에 종사하는 사람들이 '비전'을 논할 때는 대개 영혼의 명확한 표출을 가리킨다. 바꿔 말하면 비전이란 아직 존재하지 않는 삶의 표현이다. 즉 기대되는 기업의 미래 상태를 의미하는 것이다. 비전을 갖기 위해서는 현재의 시스템을 새롭고 바람직한 형태로 변형시키기 위해 에너지를 투입해야 한다. 여기에서 에너지란 재정적 · 사회적 · 심리적 자본을 말한다. 따라서 비전이란 자신의 잠재력을 의식하게 된 조직이 미래에 이루고자 기대하는 발전 상태라고 정의할 수 있겠다.

우리의 인터뷰 대상이 되었던 경영인들 중에서 대부분은 영혼이 충만한 상태라고 특징지을 수 있는 기업의 비전을 바람직하게 생각한다. 기업의 비전은 기업주나 주주의 이익을 초월하며 더 원대한 목표를 지향한다. 가장 빈번하게 언급되는 기업의 목적 가운데 하나는 탁월한 우수 기업이 되려고 노력하는 것이다. 자신이 하는 일에서 최고가 된다면 자연히 수익과 명성은 저절로 생긴다. 따라서 이러한 탁월성의 추구에는 이기적인 목표가 개입된다. 그러나 최고가 되는 것에는 초월적이면서도 좀 더 발전된 형태의 동기도 존재한다. 완벽할 정도로 이상적인 수준에 도달하려고 기울이는 노력은 개인으로 하여금 한 단계 더 높은 성과를 내도록 유도할 뿐 아니라 그 부산물로써 물질적인 발전도 따르게 된다.

가령 록히드 마틴 사의 노먼 오거스틴은 자신의 업무에서 가장 성취하고 싶었던 가장 중요한 일은 무엇이었는가 하는 질문을 받자 이렇게 대답했다.

아마도 법적인 차원에서 답변을 드린다면, 주주의 이익을 향상시키는 일이 제가 성취해야 할 목표라고 말씀드려야 하겠습니다. 하지만 실제로 제가 이루고자 했던 꿈은 세계 최대의 항공 우주 기업을 만들어 내는 것이었지요. 이 꿈을 이루게 되면 주주의 이익 역시 향상될 것이라고 생각했습니다. 하지만 저 스스로는 돈을 버는 것보다 더 숭고한 목표를 가져야만 합니다.

노먼 오거스틴의 말은 우리가 앞서 정의를 내린 영혼의 표출을 적절히 대변한 것이라 할 수 있다. 현재와 자아, 그리고 이익에 관심을 갖기보다는 오히려 지금은 존재하지 않더라도 좀 더 바람직한 미래의 상태를 추구하는 것이 바로 비전인 것이다. 우리가 이런 비전에 대해 붙이는 또 다른 이름은 '창조성'이다. 창조성이란 새로운 사물과 새로운 행동 방식이 구체적으로 실현되는 과정을 말한다. 맥도날드 사의 잭 그린버그 역시 자사가 동종 업계에서 최고가 되기를 희망한다.

> 우리는 패스트푸드 업계에서 세계 최고가 되고 싶다는 비전을 갖고 있습니다. 사실상 이미 가장 큰 규모의 기업이 되지 않았습니까. 우리에게 최고란 모든 국가, 모든 시장, 모든 요식업소에서 모든 고객에게 언제나 최고가 되는 것을 의미합니다.

그러나 탁월성을 향해 매진하기 위해서 반드시 자기 분야의 최고가 될 필요는 없다. 수많은 사람들에게 있어서 그것은 단순히 개인적인 차원에서 최선을 다하는 것을 의미하지 않는다. 또한 주어진 재정적·인간적 자본을 바탕으로 조직 차원에서 성취할 수 있는 최선을 의미하는 것도 아니다. 궁극적으로 어떤 결과가 탁월하다는 평가를 받으려면 가용한 자원 여건에서 자신이 기대했던 것 이상으로 성과가 이루어져야 한다.

경영인의 비전에서 영혼이 발현되는 두 번째 방법은 다른 사람들에게 이득이 될 만한 일을 하는 것이다. 존 템플턴 경은 이러한 가치관을 다음과 같이 간결하게 표현했다. "주고자 하는 사람은 받을 것이요, 얻고자 하는 사람은 얻지 못할 것이다." 또한 테드 터너는 이렇게 말한 바 있다.

진정한 성취감을 갖기 위해서는 사람들에게 형편없는 물건을 팔면서 돈을 버는 따위의 일을 해서는 안 됩니다. 지속적인 가치를 지닌 일을 창출하고, 인류와 환경에 혜택을 제공하는 일을 해야 합니다.

직원들에게 비전을 제시하는 경우도 상당히 빈번하게 나타난다. 이런 경우에 기업의 비전 속에는 직원들이 만족감을 갖고 일할 수 있는 인간적이고 친밀한 환경을 조성하는 일이 포함되어 있다. 다음의 사례는 자칫 성차별처럼 오인될 소지가 있지만, 여성 경영인들이 이런 목표를 특히 강조하는 경우가 많은 것을 보면 상당히 놀랄 정도이다. 가령 애니타 로딕은 이렇게 설명한다. "나는 대리점들은 물론, 저의 가장 소중하고도 사랑스러운 친구들이라 할 수 있는 직원들과의 인간관계를 너무나 좋아한답니다. 이들은 저에게 있어서 하나의 대가족이라 할 수 있어요." 벤처캐피털의 경영인인 크리스틴 코머퍼드 린치는 직원들에 대한 사랑을 고객들에게까지 연장시킨다.

저는 사람들을 연결시켜 주는 일을 무척이나 좋아해요. 마치 화학 교실 같은 느낌이 들거든요. 이런 사람과 저런 사람을 연결시켜 주면 놀라운 일이 발생하지요. 물론 어떤 경우에는 잘못 연결시켜 주는 바람에 폭발 사고를 내는 경우는 있지만 대체로 효과적인 성과를 냅니다. (웃음) 이런 과정에서 뭔가 더 좋은 것이 탄생합니다. 그래서 저는 사람들을 한데 모으는 것을 무척 좋아한답니다.

코머퍼드 린치가 자신의 정신력을 통해 창출하려는 것은 새로운 인간관계라 할 수 있다. 달리 말하자면 새로운 사회 조직을 형성하는 것이다. 그런데 만약 그녀가 자신의 이기적인 목표에만 관심을 집중한다면 아마도 이런 조직은 존재할 수 없을 것이다.

우리가 인터뷰를 실시했던 대부분의 경영인들은 다채로운 자선 프로젝트에 참여하고 있었다. 예컨대 빈민가 어린이들을 위해 여름 캠프를 개설한다든지 콘서트홀이나 학교 설립 등 다양한 사회적 활동에 능동적으로 참여했던 것이다. 정말로 대단한 것은 경제계 지도자들이 이런 활동에 재정적인 기부를 했다는 것이 아니라 개인적으로도 직접 시간과 관심을 투입했다는 것이다. 이런 능동적인 참여는 재정적인 기부에 비해 더욱 보기 드문 일이라 할 수 있다. 어떤 경우라 하더라도 그들은 일반적으로 이런 활동을 기업 가치의 자연스런 확장으로 간주한다. WSJ 프로퍼티스 사의 리처드 제이컵슨이 제시한 견해는 다른 경영인들도 대부분 이런저런 형태로 공감하는 부분이다. "우리가 각자 비즈니스 세계에서 얻은 전문 지식과 재능을 결집해 공동체 내에서 활용하는 것은 무척 흥미롭고 만족스러우며 도전할 만한 가치가 있을 것으로 생각됩니다." 기업 조직의 도전할 만한 과제들에 통제가 제대로 이루어진다면 완전히 새로운 기회들이 더 넓은 세계에서 나타나게 된다.

몇몇 경영인들은 기업 활동과 자선 활동을 나름대로의 방법으로 결합하고 있다. 가령 파타고니아 사의 수익 중 10퍼센트는 환경 보호 지원에 사용된다. 해마다 파타고니아 직원들은 자체적으로 위원회를 구성하고 이 자금이 어떻게 할당되어야 할 것인지 결정한다. 이본 쉬나르는 자신의 비전을 이렇게 설명한다. "우리의 사명은 기업 활동을 통해 환경 문제에 대한 해결책을 찾는 것입니다. 때문에 저는 모든 직원들에게 우리가 사업을 하는 이유를 깨닫도록 끊임없이 노력합니다. 우리는 결코 영리만을 목적으로 기업 활동에 임해서는 안 됩니다. 제품을 만들기 위해서 기업 활동을 하는 것도 물론 아닙니다. 우리가 기업 활동을 수행하는 목적은 다른 기업들의 경영 방식에 진정한 변화가 창출되도록 모범을 보이는 것입니다."

일부 경영인들은 박애주의적 비전을 철저히 추구하는 나머지 기업 경영을 더 이상 지속할 수 없다고 생각하기도 한다. 기업 경영보다 더 위대한 사명에 많은 에너지를 투입해야 하기 때문이다. 가령 상업용 부동산 전문 기업 트래멜 크로의 돈 윌리엄스 회장은 수년 동안 회사가 자선 활동에 참여하도록 이끌어 왔다. 결국 그는 공공의 이익을 위한 활동을 계속하기 위해 경영 일선에서 물러나게 되었다.

오늘날 일이란 것은 저에게 있어서 사회 참여를 위한 일종의 기반이라 할 수 있습니다. 현재 저는 댈러스 주에 거주하는 영세민들의 전반적인 갱생에 대한 열정을 지니고 있지요. 너무나 많은 사람들이 제대로 된 교육을 받지 못하고 제대로 된 일자리나 보금자리조차 얻지 못하고 있다는 것은 불공평한 일입니다. 그야말로 사회적 부조리라 할 수 있지요. 제대로 교육을 받은 인력이 사회에 조달되지 않으면, 또한 사회가 마약과 범죄로 물들어 가고 있다면 기업 활동에도 좋을 리가 없어요. 물론 기업 활동에 도움이 된다는 차원에서 그런 일을 하는 것은 아닙니다. 하지만 여기에는 회사 차원에서도 챙길 만한 좋은 점이 있는 것입니다.

비전이란 것에는 종교적 신앙에 기반을 둔 가치관이 포함될 때가 너무도 많다. 하지만 이것은 별로 놀랄 만한 일이 아니다. 과거에 종교는 더 좋은 세상의 꿈이 담긴 가장 중요한 보고였다. 세계적으로 분포되어 있는 주요 종교들은 인간의 존재에는 물질이나 인체 그 이상의 것이 존재한다고 주장했다. 또한 이들 종교들은 기본적으로 지나친 이기심은 사악한 것이라고 가르쳤다. 생물학적으로 일종의 프로그램화되어 있는 본능과 욕망에서 관심을 떼어 냄으로써 이들은 영혼이 발전할 수 있는 방법을 제시한다. 마이크로소프트 등 첨단 기업 내부에서도 마이클 머리와 같은 리더가 존재한다. 그의 비전은 종교적인 믿음에 그 기반을 두고 있다.

저는 죄를 짓고 실수를 저지르는 불완전한 인물입니다. 하지만 하느님이 원하는 저의 모습을 이루기 위해 이런 잘못을 고치려고 노력합니다. 그래서 제 자신 안에 존재하는 모든 잠재력을 발휘하고자 하지요…… 그렇게 하는 것이 하느님에 대한 평생에 걸친 저의 의무라고 생각합니다.

리처드 디보스는 종교적인 가치가 항상 명시적으로 관찰되는 것은 아니지만 개인으로 하여금 일관성 있고 효과적인 방법으로 의사결정을 하도록 도움을 준다고 지적한다.

우리가 모두 알고 있듯이, 우리 중에서 종교적 가치를 완벽하게 실천하며 사는 사람은 아무도 없습니다. 하지만 이런 원칙은 자신의 목표가 되고 안내자가 됩니다. 따라서 잘못된 길로 접어들면 제 자신이 어디에서 잘못

되었는지 알게 됩니다. 만약 이런 원칙이 없다면 인생에서 지향하는 가치 판단의 기준이 없는 것입니다. 가치관이 존재하지 않으면 어떤 행동을 하더라도 양심의 가책을 받지 않습니다. 가치관을 갖고 있지 않은 사람들이 과연 무슨 행동을 하는지 알 도리가 없습니다. 이럴 경우에는 무엇이 옳은 행동이며 무엇이 그릇된 행동일지 도대체 알 수가 없는 것입니다. 자신이 옳다고 결정하는 것이면 무조건 옳다는 식으로 행동하기 십상이지요.

종교에서 도출된 가치들이 건전한 경영 활동에 도움이 되며, 결코 방해가 되지 않는다는 것은 거의 보편적으로 인정되고 있는 사실이다. 커민스 사의 J. 어윈 밀러는 다음과 같은 의견을 밝히는데, 이것은 인터뷰에 응한 거의 모든 응답자들이 공감하고 있는 내용이다.

저는 기독교적 가치관을 믿는 가정에서 성장했습니다. 기독교의 종파를 초월한 광범위한 의미의 기독교적 가치관을 가진 가정이었지요. 책임 있는 행동이란 훌륭한 장기 계획으로 묘사할 수도 있습니다. 윤리적 행동에 대해서 저는 아무런 어려움이 없다고 생각합니다. 오히려 손쉬운 방법을 택하고 책임 있는 행동을 요리조리 피해 다니는 생활에 많은 어려움이 도사리고 있고, 대개 큰 후회를 하게 된다는 것이 저의 믿음입니다. 장기적으로는 윤리적인 행동이야말로 기업 경영에 있어서 현명하고 분별력 있는 방법이라고 할 수 있습니다.

맥도날드의 잭 그린버그 역시 이와 비슷한 견해를 제시한다.

우리 기업이 속해 있는 공동체에 우리가 받은 것을 되돌려준다는 것은 훌륭한 행동입니다. 개인이든 기업이든 우리는 모두 사회적 의무를 갖고 있기 때문에 그렇게 하는 것이 옳은 일입니다. 하지만 이것은 기업 차원에서도 이득이 되는 일이지요. 이런 활동을 하면서 분명히 우리 회사 브랜드에 도움이 되거든요. 그렇지만 회사에 도움이 된다는 이유 때문에 그렇게 하는 것은 물론 아닙니다. 동기는 다르지요. 하지만 회사 브랜드에 도움이 된다는 결과는 마찬가지랍니다.

종교는 오랜 세월 동안 수많은 세대를 통해 전수되고 축적되어 온 지혜를 담고 있다. 따라서 종교라는 문화적 자본을 활용할 기회가 있다는 것은 정신력 낭비를 상당히 절약할 수 있게 해 준다. 종교적 가르침을 따르는 사람은 의사 결정을 내릴 때마다 이것이 과연 옳은 것인지 그릇된 것인지 의문을 가질 필요가 없다. 어떻게 해야 할지 심사숙고할 필요조차 없이 당장 행동에 옮길 수 있는 것이다. 인생의 의미에 대해서도 의심을 갖지 않기 때문에 죽음에 대한 공포나 우울증을 피하도록 도움을 준다. 물론 여기에도 단점이 존재한다. 즉 시간의 흐름에 따라 종교는 영혼과는 적대적인 관계에 있는 편견이나 선입관을 갖게 되기 십상이라는 점이다. 왜냐하면 어떤 종교이든 인간의 의식이 발전하도록 자양분을 제공하기보다는 자기들의 교리나 제도를 보호하려 드는 경향이 있기 때문이다. 만약 종교가 지닌 진정한 통찰력과 실제로는 종교와 아무런 관련이 없는 편견 사이에 존재하는 차이를 구분하는 데 주의를 기울이지 않는다면, 자칫 부적절한 도덕적 잣대를 가지고 인생을 살아갈 가능성도 있다.

불교 사찰에서 승려 입문 과정과 명상 훈련을 몇 년 간 받은 적이 있는 크리스틴 코머퍼드 린치는 불교에 기반을 둔 인생 철학을 얻게 되었다고 한다. 그녀는 이런 경험이 자신에게 남아 있는 에너지를 다른 사람을 돕는 데 활용하도록 안내자 역할을 해 준다고 말한다.

저는 사람들이 도움을 요청하면 적극적으로 도움을 주어야 한다고 생각해요. 처음에는 자신에게 아무런 이득도 없는 것처럼 느껴지지만, 일단 행동에 옮기기 시작하면 형언할 수 없는 에너지가 작용하는 것을 알게 됩니다. 저는 젊은 시절에 한때 이렇게 생각한 적이 있어요. "내가 아무개 아무개한테 이런저런 일을 해 주었으니 내가 어려울 때 그쪽에서도 도움을 주겠지……." 하고 말입니다. 하지만 이것이 얼마나 어리석은 생각인지 곧 깨닫게 되었답니다. 세상일이 그렇게 움직이지 않는다는 걸 알게 되었거든요. 만약 다른 사람을 도와주게 되면 제 자신이 곤경에 빠졌을 때는 반드시 그 사람이 아니더라도 다른 어떤 사람이 저를 도와주더군요. 세상일은 이런 식으로 이루어진답니다. 그리고 만약 당신이 돈이 많을 때 어려운 사람에게 사랑의 손길을 보내면 더 많은 돈이 굴러들어 온답니다. 이 세상에는 일종의 '우주의 법칙'이 있다는 생각이 들어요. 그러니까 이런 법칙의 상당 부분이 사람들에게 도움을 준다는 것이지요. 이것이야말로 정말 큰 차이를 만들어 낸다는 게 저의 믿음입니다.

반면에 존 템플턴 경의 이기주의에 대한 정의는 영혼의 수준에 못 미치는 비전을 생생하게 묘사해 준다.

저는 이기주의에 대해 분명한 결론을 내릴 수는 없습니다. 하지만 이기주의란 자기 자신만을 바라보는 것이고 사랑이란 자신 밖의 세계를 바라보는 것이라고 생각합니다. 따라서 하느님을 섬기며 좀 더 하느님을 닮기 위해서는 우리가 일을 통해 다른 사람들에게 얼마나 많은 도움을 줄 수 있는지 생각해야 합니다. 아울러 이렇게 도움을 베푼 행위가 자신에게 보답이 되어 돌아올 것을 기대해서는 안 됩니다. 여기에 대한 보답은 어떻게든 자신에게 돌아오기 때문이지요.

그러나 종교적인 전통에 의존하고 싶지 않다면, 자신의 존재에 의미를 부여하는 나름대로의 의미 체계를 세워야 한다. 그러나 이런 의미들이 자신의 내부에서만 나와서는 곤란하다. 이렇게 나타난 의미들은 우리의 삶이 종언을 고하고 나면 사라져 버리기 때문이다. 오히려 이런 의미들은 제인 폰다의 말처럼 다른 사람들과의 관계를 통해 나오는 것이다. 제인 폰다는 자신의 의견을 이렇게 밝힌다.

대부분의 사람들도 마찬가지일 거라고 생각합니다만, 저 역시 인생에 대한 의미를 가지고 싶어요. 죽는 것이 두렵진 않지만 인생의 마지막 단계에 도달했을 때 많은 후회를 하지나 않을까 하는 두려움을 갖고 있습니다. 제가 생각하는 후회란 세상을 떠나고 나서 가족이나 아이들을 비롯해 저를 사랑하는 사람이 아무도 없는 것이지요. 그리고 제가 실천에 옮기지 못한 여러 가지 안타까운 일들도 마찬가지랍니다. 단순히 이 세상에 태어나서 살다가 세상을 떠나는 것 외에 다른 어떤 의미나 중요성을 두지 않는 삶이야말로 후회스러운 인생이라고 할 수 있어요. 저는 제 인생이 어떤 의미를 가진 삶이 되기를 희망합니다.

자신의 물질적 존재를 넘어 '의미와 중요성'을 지닌 삶의 추구는 여러 가지 측면에서 영혼의 가장 큰 관심사라 할 수 있다. 이것이야말로 자신의 유한성을 인식하는 인간에게 정말로 필요한 것이며, 자신보다 더 위대하고 영속적인 존재의 일부가 되고자 동기를 부여하는 것이다. 예컨대 경영인이 직원들에게 회사를 위해 일하는 것이야말로 인생에 중요한 의미를 부여하는 것임을 확신시켰다고 가정해 보자. 직원들이 일을 통해 자신의 유한한 육체의 틀에서 자유롭게 벗어나 좀 더 의미 있는 실체와 연결되도록 한다면 경영인이 이렇게 제시한 비전은 직원들에게 힘과 활력을 불어넣게 될 것이다. 또한 직원들은 자연스럽게 이 기업의 구성원이 된다는 점에 매력을 느낄 것이다.

리더의 비전이 업무에 최선을 다한다든지 인류 발전이나 환경 보전에 공헌한다든지 우주의 위대한 섭리에 순종한다든지 하는 목표를 포함하면 그 기업은 우리가 정의 내린 개념에서 볼 때 영혼을 지닌 조직으로 거듭난다. 이들은 자사의 발전과 자사에 자본을 투자한 주주들의 이득을 위해서만 존재하지 않는다. 이들은 영리를 초월한 목적을 갖고 외부를 바라보며 다른 시스템에게도 도움이 될 뿐 아니라 다른 유형의 조직체들도 형성하며 그 조직이 발전을 이룰 수 있도록 기여한다.

그러나 자아를 초월한 비전에 의해 동기 유발이 이루어진다 하더라도 경영인이나 기업이 실제로 이것을 실천할 수 있다는 보장은 없다. 이러한 가치관이 이기적인 행동을 방지하는 데 유용하게 활용되는 것은 사실이지만, 그 이상을 넘어 능동적인 방향으로 발전되지 않는 경우가 비일비재하다. 앞서 논의했던 바와 같이, 무엇이든 바람직한 요소들이 많을수록 오히려 본질적인 내용은 무시한 채 그 외형만을 모방하려는 사람들에게 착취를 당할 가능성도 커진다. 젊음, 건강, 섹스, 오락 등의 이미지가 논리적 관련성도 없으면서도 상품 판매 광고에 폭넓게 활용되는 것은 바로 이런 이유 때문이다. 마찬가지로 애국심, 종교적 신앙, 이타주의라는 양가죽 밑에 탐욕스런 늑대가 숨어 있는 것 역시 이런 이유 때문이라 할 수 있다.

그러나 진정한 비전을 품고 이를 실천에 옮긴다면, 이것은 조직 구성원의 에너지를 결집할 수 있는 강력한 요인이 된다. 또한 업무를 통해 실현되는 외부적 보상을 초월한 원대한 목표가 제공될 수 있다. 비전이 존재하지 않을 경우, 일을 해야 할 동기 요소로는 급여와 승진 외에 아무것도 없다. 물론 이 두 가지도 강력한 인센티브가 될 수 있는 것이 사실이지만 직원들에게 동기를 부여하는 힘에 있어서는 제한적일 수밖에 없다. 따라서 직원들이 급여나 승진에 대해 불만을 품는 경우에는 그만큼 회사 업무에 대한 집중력이 떨어지게 마련이다. 반면 다른 보상들이 그다지 매력적이지 않다고 하더라도 자신의 업무가 원대한 사명을 성취하는 데 공헌할 때도 있다. 이 경우 창조적인 기업 활동에 참여했다는 만족감은 직원들에게 강력한 동기 유발 요인으로 작용하며, 따라서 직원들은 더 많은 에너지를 업무에 투입하게 된다.

위대한 영혼의 구성 요소

어떤 사람들은 하느님의 뜻을 따르고 다른 사람들을 돕거나 탁월한 인물이 되는 데 많은 관심을 쏟음으로써 자신의 개인적인 목표와 자아를 초월한 원대한 사명을 결합시키기도 한다. 그런데 이들은 어떻게 그런 관심을 갖게 되었을까? 사실상 현시점에서 이런 의문에 대한 명확한 해답은 아직 없다. 우리의 인터뷰에서 대부분의 응답자들은 자신의 가족적인 배경이 강력한 가치관과 종교적인 신앙을 제공해주었다고 말했다. 미래를 지향하는 비전을 지닌 이들 지도자들은 일찌감치 인생의 틀을 형성하기 시작했다. 유전적 요인 때문이든 아니면 어린 시절부터의 깨달음 때문이든 그 원인과는 무관하게 말이다. 이들은 호기심과 인생에 대한 열정을 갖고 있어서 점차 더 어렵고 도전적인 과제를 추구하며 생산적인 활동에서 몰입을 경험했다.

이들 중에서 상당수는 근근이 생계를 유지할 정도의 가정에서 자라났고, 몇몇의 경우에는 훌륭한 교육을 받지 못했다. 심지어 그 중 일부는 고등학교 교육도 마치지 못했다. 이들의 부모 중에서 상당수는 자녀들의 일에 별로 관여하지 않으며 거리를 두었지만, 한편으로 충분히 자유롭게 지낼 수 있도록 내버려두었다. 어린 시절부터 이런 상황에 놓여져 있었음에도 불구하고, 아니면 이런 여건이 조성되었기 때문에 이들 리더들은 성공해야겠다는 강력한 의지를 갖고 성장했고 자기 중심적인 태도를 일찌감치 버릴 수 있었다.

비전을 가진 경영인들이 말하고 실제로 행동하는 면면을 검토하건대, 이들의 인생관에는 다섯 가지 중요한 특징이 관찰된다. 그중 첫 번째로는 어떤 상황에도 구애받지 않는 낙관적 태도를 들 수 있다. 낙관주의는 다른 사람들을 일반적으로 좋게 생각하고 미래를 긍정적으로 바라보는 것이다. 이러한 낙관주의는 사명감 또는 소명 의식에 그 바탕을 두고 있는데, 여기에서 소명 의식이란 인생이라는 무대에서 자신이 수행해야 할 의미 있는 역할이 있다는 확신을 말한다. 두 번째 특징으로는 성실의 중요성에 대한 강력한 믿음을 들 수 있다. 바꿔 말하면 상호 신뢰의 바탕이 되는 원칙들을 일체의 심리적 동요 없이 철저하게 고수하는 자세를 의미한다. 이러한 인물들의 세 번째 특징은 매우 높은 수준의 야망과 그에 부합하는 인내심이라 할 수 있다. 여기에서 인내심은 그들로 하여금 역경을 극복하고 점차 어려운 과제들을 과감하게 받아들이도록 해 준다. 네 번째의 뚜렷한 특징으로는 끊임없는 호기심과 배움에 대한 열망을 들 수 있다. 마지막으로, 이들이 공통적으로 언급하고 있는 특징으로는 다른 사람들의 입장에서 생각하는 이른바 '감정 이입'의 중요성과 상호 존중의 자세를 들 수 있다. 이런 특징들을 좀 더 구체적으로 하나하나 살펴보면 큰 도움이 될 것이다.

이들 리더들 사이에서 가장 뚜렷하게 나타나는 특징을 언급한다면 이들 중 한 사람이 지적한 것처럼 아마도 '철저한 낙관주의'를 들 수 있겠다. 예를 들면, 크리스틴 코머퍼드 린치는 자신을 성공으로 이끈 것이 과연 무엇이냐는 질문에 대해 다음과 같이 대답했다.

격려와 칭찬이라고 할까요. 저는 여러 사람들과 하나가 되어 일하면서 전체적인 성과에 공헌하는 것이 너무나 마음에 듭니다. 다른 사람의 격려를 받으면 정말로 힘이 납니다. 진부하게 들릴지도 모르겠지만 정말로 동료 간의 격려는 무척 중요한 것 같습니다. 내가 세상을 떠나 하늘로 올라가면 하느님이든 부처님이든 알라신이든 그곳에 계신 분이 누구든지, "정말로 잘했어, 자매여!"라는 격려와 칭찬을 듣고 싶어요. 그리고 둘이서 함께 손을 높이 치켜들며 마주치는 겁니다. "세상에 있는 동안 소명을 다했군그래! 정말 수고했어!" 인생이란 우리에게 주어진 선물이라고 생각합니다. 인생을 살 수 있는 기회를 가졌다는 것은 정말로 특별한 선물이지요. 그것도 바로 이 시대를 살아갈 수 있으니 말입니다.

이들 경영인들이 한결같이 이런 화려한 언어로 자신의 경험을 들려주는 것은 아니지만, 인생은 기회와 책임을 동시에 가져다주는 특별한 선물이라는 점에서는 모두 공감하고 있다. 그들은 이 시대를 살아가고 있다는 데 감사한 마음을 가지고 있다. 이 시대야말로 살기 좋은 시대이며 점점 더 좋아지는 시대라고 믿고 있다. 이런 점에서 이들 경영인들은 성공한 정치 지도자들 사이에서 공통적으로 나타나는 낙관주의적 속성을 나타내고 있다. 심리학자들에 따르면 성공한 정치 지도자들은 개인적 이익을 초월하여 이것을 좀 더 원대한 목표로 승화시킨다는 것이다.

기업을 이끄는 지도자들에게 낙관주의는 반드시 필요한 속성이라 할 수 있다. 낙관주의는 사람들이 어려운 문제들을 해결하는 데 필요한 자신감을 제공한다. C. 윌리엄 폴러드는 업무적인 난관에 봉착할 때 사용할 수 있는 가장 효과적인 전략은 '모든 문제점엔 해결책이 숨어 있다.'고 단순하게 믿어 버리는 것이라고 주장한다.

실제로 말로 표현하진 않더라도 심리적으로는 그런 생각을 갖고 있습니다. 뭔가 해결책이 있을 거라는 것이지요. 문제를 해결할 수 있는 방안이 숨어 있다는 말입니다. 어떤 문제이든 해결이 불가능할 정도로 어렵고 까다로운 문제는 없어요. 이런 사고 방식이 문제 해결 능력을 가져다줍니다. 그리고 그것이 아마도 가장 중요한 전략이 아닐까 생각합니다.

백인계 미국인들을 제외한 기타 인종으로 구성된 이른바 유색 인종 시장을 전문으로 하는 대규모 광고 회사로 유니월드 사가 있는데, 이 회사의 창업자인 바이런 루이스 시니어는 자신의 낙관주의는 흑인계 미국인의 전통에 뿌리를 두고 있다고 말한다.

흑인들의 문화는 일들이 좋게 풀려 나갈 것이라는 종교적 신앙에 기반을 두고 있습니다. 저는 기회라고는 찾기 힘들었던 시대에도 꿋꿋하게 인내하며 살았던 선조들을 무척 존경합니다. 하지만 우리는 열심히 일해야 한다는 의무감을 가지고 있어요. 왜냐하면 미국이란 나라가 여러 가지 허점을 지니고 있음에도 불구하고 열심히 일할 수 있는 기회를 제공하기 때문이지요. 유색 인종들의 사회에서 흔히 볼 수 있는 것은 열심히 일하려는 철저한 노력입니다. 카리브해 연안에서 이민 온 지 얼마 되지 않은 사람들, 미국 남부에서 대거 올라온 흑인들, 아시아 지역에서 건너온 사람들은 인종을 불문하고 근면을 철칙으로 삼고 살아가고 있을 뿐 아니라, 가족과 유대를 강화하고 작은 사업체를 꾸려 열심히 일하겠다는 생각을 갖고 있습니다. 저는 이런 수많은 사람들의 종교적 기반을 강조하지 않을 수 없습니다. 저는 앞을 향해 열심히 매진하는 데 있어 종교가 매우 강력한 요소로 작용한다고 생각합니다. 저는 수많은 사람들이 그런 결론을 내리는 것을 보아 왔습니다.

이러한 낙관주의적 인생관은 이들 지도자들에게 자신의 일에서 쉽게 몰입을 경험하며 새롭고 도전적인 과제를 추구하는 데 전념하도록 하는 원동력일지도 모른다. 염세적인 세계관을 지닌 수많은 학자들의 시각에서 볼 때, 이런 태도는 어쩌면 유치하고 순진하게 보일지도 모르는 일이다. 하지만 실제로 이런 낙관적인 태도는 효과를 발휘한다. 따라서 이런 태도를 지닌 사람들은 인생을 즐길 뿐 아니라 다른 사람들의 행복과 복지를 위해 일한다. 우리가 이런 낙관적 태도를 삶에 적극적으로 도입하지 않는다는 사실은 무척 안타까운 사실이 아닐 수 없다.

낙관주의는 다른 사람들을 바라볼 때 대체로 긍정적인 태도를 지니게 해 준다. 신뢰는 기업을 이끌어 갈 때 핵심이 된다고 할 수 있을 정도로 중요한 요소이다. 따라서 인류의 근본적인 존엄성을 믿지 않는다면 기업을 경영하는 과정에서 반드시 어려움에 봉착하게 마련이다. 리처드 디보스는 이런 태도에 대해 다음과 같이 표현한다.

대부분의 사람들은 놀라울 정도로 책임감이 강합니다. 그렇지 않다면 모든 체계가 무너지게 되고 맙니다. 직원들이 열심히 일하고 있는지 감시하기 위해 경찰을 배치한다고 해서 제대로 경영이 이루어지는 것도 아닐 뿐 아니라, 직원들이 아프다는 이유로 무단결근을 했을 때 사실 여부를 확인하는 전문 요원을 둘 수도 없는 노릇이지요. 일이란 것은 신뢰를 바탕으로 이루어지는 것입니다. 세상이 돌아가는 것도 바로 이런 원리를 따르기 때문이지요. 만약 사람들에게 이런 신뢰감이 없다면 세상은 붕괴되고 맙니다. 그렇지만 이 세상이 원만하게 제대로 잘 굴러가고 있는 게 현실입니다. 우리가 살고 있는 세상은 바로 이런 세상이지요.

이러한 낙관주의에는 소명 의식이 뒤따르게 마련이다. 달리 표현하면 자신의 삶에는 무엇인가 목적이 있으며 위대한 업적을 이룩해야 할 운명을 타고났다는 믿음을 갖는다는 뜻이다. 이에 대한 적절한 예를 들기 위해 존 템플턴 경의 어린 시절에 대한 회상을 들어보자.

저는 아주 어린 시절, 그러니까 아마 여덟 살쯤 되던 시절에 인간은 왜 세상에 태어나는가라는 생각에 잠긴 적이 있었습니다. 굳이 인간이 세상에 나와야 될 이유가 있을까 하는 생각이었지요. 제 고향은 원래 종교적 분위기가 강한 곳이었기 때문에 저는 하느님이 분명히 뭔가 목적이 있어서 인간을 창조했을 것이라 생각했습니다. 그리고 아마도 그 목적 중에 하나는 하느님의 창조성을 가속화하는 것이리라 생각했어요. 위대한 창조의 섭리가 이 세상을 지배하며 더욱 속도를 높이는 것이 분명하게 느껴졌습니다. 어린 시절에 얻은 이런 인생관 때문에 저는 인생을 효과적으로 활용하고 싶었지요. 하느님이 제 자신이 하기를 원하는 일이 과연 무엇일까 발견하고 싶었답니다. 저는 그중에 하나는 아마도 하느님의 창조 과정을 더욱 가속화하는 데 도움이 되는 일이라고 생각했습니다.

이와 비슷한 견해를 밝히는 또 다른 경영인으로는 WSJ 프로퍼티스 사의 리처드 제이컵슨을 들 수 있다.

그것은 인생 전반에 걸친 목적이나 계획이 있다는 믿음입니다. 그런 계획 속에서 개개인이 일정한 자리를 차지하고 있다는 것이지요. 저는 이런 믿음을 가지기 때문에 모든 것을 이런 관점에서 보게 됩니다. 제 자신이 하고 있는 일 자체가 보다 원대한 그림의 일부분이라는 느낌을 갖게 되거든요. 다시 말해 개인적인 일을 하고 있는 것이 아니라, 개인의 자아보다 더 위대한 존재의 일부분이 되었다는 느낌이랍니다. 제가 주님의 심부름을 하고 있으며 하느님이 제가 하는 일에 관심을 갖고 있다는 느낌을 갖게 되는 것이지요.

크리스틴 코머퍼드 린치 역시 소명 의식에 대해 이와 똑같은 믿음을 지니고 있다. 그녀는 다른 직원들에게 권한을 이양하는 이른바 '임파워먼트(empowerment)'의 사명이 자신에게 왜 그토록 중요한지 다음과 같이 설명한다. "그것이야말로 제가 당연히 해야 할 일이라고 생각하기 때문이랍니다. 제가 '자, 하느님! 제가 이 육신으로 해야 할 일이 무엇인가요? 저를 통해 계획하고 계신 일을 알려 주세요. 주님을 정말로 잘 섬길 수 있도록 말입니다.'라고 질문할 때 제가 얻는 답변이 바로 그런 것입니다."

중대한 사명을 완수하도록 선택되었다는 이런 믿음이 과연 어디에서 나오는지 분명하게 알 수는 없다. 대부분의 경우 이들 경영인들이 어린 시절부터 부모나 다른 어른들로부터 높은 평가를 받고 성장했다는 증거는 찾을 수 없다. 오히려 이들의 전형적인 어린 시절의 특징을 지적하자면, 어른들로부터 별다른 간섭을 받지 않고 성장했다는 것이다. 그렇다고 해서 이들이 인생을 확 바꿔 놓을 만한 극적인 사건을 경험했기 때문에 소명 의식을 갖게 된 것은 더욱 아니다. 어떻게 된 영문인지 이들은 분명한 사명감을 갖고 인생을 시작했으며 점차 성장하면서 자신의 직업을 선택했다. 최선을 다해서 인생을 살아가야 한다는 이들의 소명 의식은 삶에서 어쩔 수 없이 겪게 되는 수많은 역경과 실패와 좌절에도 불구하고 사라지지 않았다.

낙관적인 태도 외에도 리더들에게서 가장 뚜렷하게 나타나는 또 하나의 공통된 덕목은 성실성이다. 이것은 위에서 논의된 신뢰성의 거울 속에 비친 모습이라 할 수 있다. 다른 사람들을 신뢰하기 위해서는 자신을 신뢰해야 할 뿐 아니라 다른 사람들로부터 신뢰를 받아야 한다. 성실성이란 너무나 기본적인 가치이기 때문에 회사 내에서 아예 화제로 삼을 여지도 없다는 게 이들 경영인들이 이구동성으로 말하는 내용이다. 앨프리드 자이엔은 이렇게 말한다. "저는 성실성과 투명성을 중요한 가치로 삼지 않는 직장에서 근무한 적이 한 번도 없습니다. 그리고 저는 항상 직원들에게 어떤 직책을 맡더라도 자신이 법정의 증인석에 서 있는 모습을 상상해 보라고 말합니다. 시종일관 정직하게 말하고 행동하라는 것이지요." 속임수나 거짓을 통해 단기적으로 성공하는 것은 가능한 일이지만 언젠가는 이런 사실이 폭로되고 말 뿐 아니라 동료들로부터 신뢰와 존경을 잃게 된다는 것이 이들의 공통된 견해이다. 부정하게 이득을 얻는 사람들은 결국 다른 사람들로부터 따돌림을 당하게 된다는 것이다. 잭 그린버그는 다음과 같이 설명한다.

우리 회사에 납품하는 업체들의 수는 세계적으로 수백 수천에 이릅니다. 우리 회사가 유일한 고객이거나 사업의 90퍼센트를 차지하고 있는 업체들도 상당수에 달합니다. 하지만 어떤 경우에 속하든 우리 회사의 모든 거래는 신뢰를 바탕으로 이루어집니다. 우리 회사는 매년 120억 내지 140억 달러에 달하는 식품, 종이류, 포장용품 등을 구매합니다. 그것도 별도의 계약도 맺지 않고 악수 한 번으로 이루어지지요. 이 모든 것이 상호 신뢰와 인간관계를 바탕으로 이루어지고 있는 것입니다.

일반적으로 성실성을 중시하는 이들의 태도는 가정 내 분위기 속에서 자연스럽게 형성된 것으로 생각된다. 응답자 중에서 한 사람은 '어머니가 신문에서 절대로 읽지 않았으면' 하고 바라는 일이라면 절대로 하지 말아야 한다는 교훈을 어린 시절부터 일찌감치 깨달았다고 이야기한다. 어떤 응답자들은 자신의 부친이 동료들로부터 존경을 받았고 따라서 자신도 아버지의 모범적인 행동을 따라해야 한다고 생각했다고 말한다. 로버트 샤피로는 성실성의 개념을 자신이 개발한 '진정성'의 개념으로 확대한다. 다른 많은 사람들 역시 이와 비슷한 개념을 다른 용어로 설명할 뿐이다. 즉 자신에게 거짓됨이 없는 존재가 될 뿐 아니라 동시에 다른 사람들과 밀접한 관계를 갖는 태도를 말한다. 샤피로의 진정성에 대한 개념은 분화와 융합이라는 두 가지 차원으로 구성되어 있다. 우리가 앞에서 살펴보았듯이 분화와 융합이라는 개념들은 진화가 추구하는 방향이라 할 수 있는 복잡성의 구성 요소이다.

진정성이란 자신과 깊은 연관을 맺으면서 자신을 합리적이고 성실하게 표현할 수 있는 상태를 말합니다. 여기에서 '성실하다'는 의미는 어느 차원에서 보든지 일관성 있는 태도로 행동하는 것을 말하지요. 또한 '다른 사람을 배려한다'는 것은 동기 부여가 자신의 탐욕이나 두려움의 차원을 넘어서야 한다는 것입니다. 탐욕과 두려움은 사실상 서로 연관된 개념이거나 동일한 개념이라고 할 수 있거든요. 이상적으로 볼 때 적어도 함께 일에 참여하고 있는 사람들과는 얼마간의 상호 유대감을 느껴야 합니다. 더욱이 그 일로 인해 영향을 받게 될 사람들과의 상호 유대감은 말할 것도 없지요.

직업적인 소명 의식을 유지하는 데 도움이 되는 두 가지 다른 특성으로는 야망과 인내심을 들 수 있다. 야망이란 자신이 몸담고 있는 회사를 최고의 기업으로 만든다거나 최고 품질의 제품을 제공하고자 하는 열망으로 표현되며 자아를 완전히 몰입시킨 형태라고 할 수 있다. 그런데 여기에는 개인적인 야심도 상당 부분 들어간다는 사실을 부인하는 경영인은 아무도 없다. 존 소브라토가 바로 그 전형적인 예라고 할 수 있다.

자신이 하는 일에서 능력을 인정받고 싶다는 열망은 언제나 제 자신을 떠나지 않은 것 같습니다. 대학 시절에 주택 판매 활동을 할 때에도 사무실 내에서 가장 높은 성과를 내는 세일즈맨이 되는 것이 저에겐 무척 중요한 일이었습니다. 대학을 졸업한 후에도 마찬가지였어요. 부동산 분야에서 최고의 세일즈맨이 되는 것이 제겐 가장 중요했거든요. 결과적으로 모든 일이 제대로 풀려서 좋은 성과를 냈지만, 이렇게 하기 위해서 정말로 일을 열심히 했습니다. 제가 하는 일이라면 무엇이든 간에 최고가 되고 싶다는 생각은 제게 정말로 강한 원동력이 되어 준 셈입니다.

몰입 이론에서 알 수 있듯이 과제의 난이도가 점차 높아지지 않고 동일한 활동을 계속해서 반복하다 보면 즐거움을 느끼기가 무척 어렵다. 시러스 로직 사의 마이크 해크워스가 밝히듯 야망이란 사람들이 자신의 일을 계속해서 즐길 수 있도록 해 주는 강한 동기 유발 요인이다. "저는 매우 원대한 야망을 목표로 세우는 게 중요하다고 생각합니다. 사람들은 당초에 성취하고자 했던 목표 범위까지만 성취하게 마련이거든요. 누군가 한때 이런 말을 들려준 적이 있었는데 오랫동안 제 뇌리에서 지워지지 않더군요. 그것은 바로 "사람이 팔을 뻗는 거리는 쉽게 움켜잡을 수 있는 거리보다 멀어야 한다."는 말이었습니다. 쉽게 달성할 수 있는 것보다는 더 성취하기 어려운 목표를 설정하여 매진해야 한다는 의미입니다. 그래서 저는 항상 무척 공격적인 목표를 세우는 경향이 있습니다."

인내심은 이들 리더들 모두가 소중하게 여기는 또 다른 덕목이다. 그들 중에서 몇몇 사람들은 우리가 인터뷰를 했던 사람 중에서 자신이 가장 고집이 세고 의지가 굳은 인물일 것이라며 자랑스럽게 이야기했다. 뉴밸런스 사의 제임스 데이비스 회장은 이렇게 말한다. "저는 끈기도 중요하고 성실성도 중요하며 애사심도 중요하다고 생각합니다. 근로 윤리라는 것은 끈기와 맥을 같이 하는 요소라고 봅니다. 그것은 그야말로 무척 기본적인 원칙입니다. 사실 그렇게 복잡할 것도 없지요. 그저 자신이 하고 싶은 일이 무엇인지 마음먹고 나서 실천에 옮기면 되거든요." 인터뷰에 응한 많은 사람들이 비즈니스 분야에 진출하려는 젊은이라면 고려해야 할 가장 중요한 요소가 있다고 말한다. 그것은 바로 난관에 부딪혔을 때 절대로 포기하지 않는 불굴의 정신이라고 한다.

이따금 승리하고자 하는 열망 또는 최고가 되고 싶다는 열망이 너무나 강렬한 동기 유발 요인이 되어 그 개인으로 하여금 끊임없이 건전한 경쟁심을 가지도록 해 주기도 한다. "저에게 있어서 인생이란 언제나 승리하고 싶다는 마음이 드는 게임이나 전투와도 같았습니다. 마치 체스 경기나 모노폴리 게임처럼 말입니다." 테드 터너의 말이다. 일단 자신의 삶이 분명한 규칙과 목표를 지닌 게임으로 바뀐다면 역경을 인내하기가 그만큼 쉬워진다. 게임에서 그런 것처럼 주어진 과제들이 즐겁게 느껴지기 때문이다. 제3자가 보기에는 이들 경영인들이 끊임없이 일을 하도록 유도하는 원동력은 엄격하고 삭막한 결단력이라고 생각하기 쉽다. 하지만 실제로 이들을 움직이게 하는 것은 깊은 몰입 경험인 것이다. 제인 폰다는 이런 상황을 다음과 같이 묘사한다.

일은 언제나 제 삶 속에 존재합니다. 항상 머릿속이나 마음속으로 일을 생각하거든요. 저는 항상 책을 읽거나 글을 쓰거나 말을 하거나 생각하거나 계획을 수립합니다. 그런데 몬태나에서 낚시를 하는 동안에 또는 하이킹이나 승마를 즐기고 있는 동안에도 그런 일을 하는 경우가 가끔 있습니다. 약간의 강박관념 때문이라고 할까요? 테드는 저더러 일벌레라고 부릅니다. 하지만 저 자신은 그렇게 생각하지 않아요. 저한테는 그게 일이 아니라 제 삶의 일부이니까요. 그게 바로 제가 사랑하며 실천하는 것입니다. 일이야말로 제 자신을 규정하는 요소라 할 수 있어요.

그러나 활력이 넘치는 비전은 반드시 소명 의식이나 야망에만 기반을 두고 있지는 않다. 소명 의식과 야망이라는 요소들만 존재한다면 고작해야 개인적인 욕심을 채우기 위한 바탕이 될 뿐이며 아무런 혁신을 일으키지 못한다. 비전을 지닌 리더들의 소명 의식에는 자신이 완벽하지 않고 무엇인가가 부족한 존재라는 믿음과 아울러, 이미 알려진 세계의 경계를 초월하고자 하는 소망이 포함된다. 이들이 가장 좋아하는 존재 방식은 끊임없이 새롭게 변화하며 발전하는 것이다. 이것은 다양한 호기심과 모든 종류의 경험에 대한 개방된 태도를 통해 나타난다. 베인앤드컴퍼니의 오비트 개디시 회장은 바로 이런 전형적인 예라고 할 수 있다.

저는 역사와 전기, 전쟁사 등을 무척 즐겨 읽는 편입니다. 수학과 과학에 관한 책을 읽기도 하고 철학 서적을 읽기도 합니다. 저는 외국으로 여행을 떠날 때마다, 특히 휴가 여행일 경우에는 그 나라의 작가들이 저술한 책들을 몇 권 구입해서 읽곤 하지요. 그렇게 하다 보면 그 나라의 국민들이 실제로 생각하고 느끼는 점들에 대해 상당한 통찰력을 얻게 됩니다. 저는 그 무엇이든 상관없이 어느 정도의 관심을 가집니다. 다만 모든 것에 전문가가 될 수는 없답니다.

다양한 분야에 관심을 가지는 태도는 에너지를 자신에게만 편중되지 않도록 할 뿐 아니라 보다 복합적인 관계의 형성이 가능하도록 허용한다. 이들 모두는 평생 동안 끊임없이 배우는 사람들이다. 호기심 때문에 계속해서 더 많은 것을 배우며 자기를 향상시키고자 노력한다. 애니타 로딕은 다음과 같이 설명한다. "성공이란 어떻게 하면 일을 더 잘할 수 있는지 일관성 있게 배우는 것입니다." 개디시는 이렇게 말한다. "언제나 끊임없이 계속해서 배운다는 것은 제가 지닌 즐거움의 하나입니다." 우리는 배움을 통해서 성장하며 이전의 모습보다 향상된다. 그런 의미에서 볼 때 배움이란 이기적인 것과는 반대의 개념에 속한다. 그 까닭은 교육을 통해 이전의 모습을 새롭게 변화시키는 결과를 낳기 때문이다. 달리 말하자면 보다 높은 수준의 복잡성을 위해 구태의연한 자아를 뒷전으로 물리는 것이다.

사람들의 이기심을 물리치는 나머지 하나의 속성은 바로 다른 사람들이 필요로 하는 것들에 민감하게 반응하며 배려하는 이른바 '감정 이입'이다. 이들 리더들이 자신의 행동을 통해 직원들과 고객들, 사회 전체와 주변 환경에 도움을 준다는 믿음을 갖는 것이 얼마나 중요한지 계속해서 관찰해 왔다. 마이크 해크워스는 감정 이입을 통해 도움을 얻은 자신의 경험담을 들려준다.

사회에 첫발을 내디딘 이후 제가 직업상 가장 많은 도움을 얻은 것 중 하나는 바로 역지사지의 정신이라고 생각합니다. 다른 사람의 입장에서 상황을 바라보는 태도가 저에게 도움을 준 것입니다. 협상을 진행 중이든 업무 수행을 위해 팀원들의 동기를 유발하든 단시일 내에 상당히 까다로운 과제를 성취해 내든 별로 상관이 없습니다. 다른 사람들의 문제를 고려하며 해결책을 찾도록 도움을 주는 태도는 아마도 역지사지의 정신이라 할 수 있는 감정 이입 때문이라고 봅니다. 그렇게 하면 사람들은 목표 달성을 위해 극적일 정도로 헌신적인 노력을 기울입니다. 노력을 배가하며 일에 매진하게 되어 결국 예상치 못한 놀라운 결과를 성취하게 됩니다.

또 다른 리더 한 사람은 감정 이입의 태도를 자신의 성공 요인으로 파악하고 있다. "고객들을 대할 때 이들이 과연 무엇을 필요로 하는지 이해할 수 있게 된다는 점에서 감정 이입은 무척 중요한 요소입니다. 감정 이입이 고객 만족과 상당한 관계를 지녔다는 생각이 듭니다." 감정 이입이 발현되어 나타난 중요한 결과는 바로 존경심이다. 동료나 고객, 부하 직원들을 대할 때 존중하는 태도는 우리의 리더들이 빈번하게 언급하는 중요한 가치 중에 하나로 볼 수 있다. 제임스 데이비스는 이것에 관해 다음과 같이 말한다. "존경심은 매우 중요한 태도입니다. 특히 상호 존경의 태도는 무척이나 중요한 요소라고 강조해서 말씀드리고 싶습니다. 나와 함께 일하고 있는 상대방은 과연 어떤 생각을 품고 있을까 생각하며 상대방과 입장을 바꾸어 보는 것입니다." 존경심이 없다면 기업 조직을 하나로 묶고 있으며 비즈니스 거래의 원동력으로 작용하는 미세하고 정교한 조화가 붕괴되고 만다. 그 결과로 상호 불신과 적대감이 나타나게 된다.

모범적인 경영인들 사이에서 뚜렷하게 나타나는 특징들과, 과학이나 예술 등 다른 분야에서 두각을 나타내며 존경을 받고 있는 지도급 인사들의 특징을 비교해 보면 무척 흥미로운 결과가 나온다. 양 그룹에서 공통적으로 나타나는 특징들도 상당히 많다. 가령 과학자들과 예술가들은 성실성을 존중하고 원대한 야망과 인내심을 지니고 있을 뿐 아니라 상당한 호기심을 나타낸다. 비전을 가진 경영인들에게서 독특하게 나타나는 특징을 언급하자면, 상황에 구애받지 않는 낙관적 태도와 동료들에 대한 신뢰, 감정 이입과 존경심에 대한 높은 평가 등을 들 수 있다. 이런 특징들은 다른 전문 분야의 지도급 인사들 사이에서는 훨씬 드물게 나타난다. 따라서 이런 것들이야말로 경영인 그룹을 다른 그룹과 구별시키는 뚜렷한 특징이며 속성이라 할 수 있다.

하지만 이런 주장들은 한편으로 경영인 자신들에게나 이득이 될 뿐이라며 이를 일축하는 의견도 있을 수 있다. 하지만 이들 지도자들이 자신의 업무에 몰두하며 비전을 효과적으로 전개할 수 있는 이유는 자신들의 노력이 더 살기 좋은 세상을 만드는 데 공헌한다는 확신이 있기 때문이다. 경영인들의 메시지는 인간 영혼에 호소할 뿐 아니라 우리가 자아를 초월한 보다 원대한 목표를 지향해야 한다고 역설한다. 다른 사람들이 경영인들의 방침을 따르며 업무에서 몰입을 경험하는 것은 바로 이런 이유 때문이다.

제8장

삶에서 몰입을 창조하기

나는 무엇이 되고자 하는가?
내 능력을 백 퍼센트 활용할 수 있는 곳,
내 가치관과 실력을 유감없이 발휘할 수 있는 기회가 존재하는 직장을 찾아라.
업무를 통해 몰입을 경험할 수 있는 근무 환경을 찾아라.

　삶 속에서 몰입을 가급적 많이 경험하려면 먼저 우선순위를 정해야 한다. 즉 삶의 목적으로 삼을 수 있는 것들이 과연 무엇인지 결정해야 한다는 것이다. 인생의 우선순위를 알게 되면 아무런 목적 없이 방황하던 기존의 삶을 즐겁고 보람 있는 모험으로 변화시켜 줄 전반적인 목표가 생기게 된다. 직원들에게 회사 업무에 정열을 쏟도록 동기를 부여할 수 있는 비전 정립에도 도움이 될 것이다. 경영인은 자신이 가장 중요하게 생각하는 가치관과 기본적인 정체성을 표현하지 않는 한 일관성 있는 비전을 명확하게 제시하는 데 어려움을 느낄 것이다. 누구든지 자신은 분명한 정체성을 지니고 있다고 생각하고 있지만 사실 자신의 본성만큼 거짓의 베일에 싸여 있는 존재는 거의 없다. 바로 이런 이유 때문에 우리는 진정한 영혼을 지닌 비전을 창조하기 위해 자아 발견의 장도에 올라야 한다.

나는 누구인가?

지금까지 가장 오래된 조언 가운데 하나로 고대 그리스 델포이의 신전 출입문에 새겨져 있는 "네 자신을 알라."는 문안을 들 수 있다. 그 이후로 철학자들은 행복한 삶의 필요 조건으로 이러한 훈령을 거듭 사용해 왔으며, 비전을 가진 경영인들로부터 공감을 얻고 있다. 크리스틴 코머퍼드 린치는 비즈니스 분야에서 직장 생활을 하길 희망하는 젊은이들에게 어떤 조언을 하겠는가 하는 질문에 대해 이렇게 대답했다.

저는 젊은이들에게 자신을 가장 먼저 아는 대열에 설 수 있도록 하라고 강조하고 싶습니다. 아무런 생각이나 개념도 없고 자신이 누구인지 자신이 믿고 있는 게 과연 무엇인지 파악하지도 않은 채 살아간다면 평생토록 패배를 면치 못하게 됩니다. 자신에게 적합하지 않은 배우자와 결혼하게 되고 수많은 실수를 거듭하게 될 게 분명합니다. 이것은 나중에 심각한 문제점이 됩니다. 20세, 50세 아니면 90세의 나이에 접어든 미래의 어느 날, 정신이 번쩍 들고 보니 "아니, 이런! 이렇게 되면 안 되는데." 하며 후회할지도 모르거든요. 가급적이면 인생의 젊은 시절에 이런 깨달음을 얻는 게 낫지 않겠어요? 사람들은 자신과의 관계를 정립하지도 않고 자신이 믿는 정신적인 요소들과도 교감을 갖지 않습니다. 그렇게 되면 세상은 정말로 혼란스러워지게 됩니다. 이러한 기반이 없다면 올바른 일을 한다는 **희망**을 어떻게 갖게 될까요? 이런 기반을 아예 마련해 두지 못했기 때문에 과연 어떻게 해야 옳은 일인지 알 도리가 없을 겁니다. 그렇게 된다면 자신이 무슨 일을 하든지 별로 중요하지 않은 것처럼 생각하게 될 겁니다.

그렇다면 어떻게 해야 자신을 파악할 수 있을까? 이런 질문에 대해 철학자들과 경영인들은 서로 다른 노선을 걷는다. 철학자들은 이런 질문에 대한 해답을 찾기 위해 내적 성찰, 특히 비판적 관점의 내적 성찰과 끊임없는 점검, 신념과 지식의 기반에 대한 회의 등의 과정을 지난다. 우리 시대에 접어들면서 이러한 노력에는 심리 분석학적 연구도 가세하게 되었다. 따라서 자신이 특정 행동을 취했을 때 그 이유는 무엇인지, 그리고 신경계의 근원은 무엇인지 따져 보게 되었다는 것이다. 아니면 모든 확실성을 의심하는 디컨스트럭션(deconstruction, 원문의 출전이나 배경, 작가의 의도 등은 전혀 고려하지 않고 원문 그대로를 자체적으로 분석하는 사상을 말한다. 따라서 특정한 작품이나 사상 등을 객체로만 보면서 나름대로 자유롭게 해석하는 것을 말한다.—옮긴이)주의자들로부터 끊임없는 비판의 대상이 될지도 모른다. 철학자들의 자신을 이해하기 위한 노력은 평생 동안 이루어지며 그 자체로써 목적이 된다고 할 수 있다. 이것은 자칫 허무주의를 유도하는 위험한 노력인지도 모른다. 심지어 최악의 경우에는 자멸을 불러올 수도 있는 일이다.

그러나 경영인들은 자신을 알기 위해 이런 방식을 쓰지는 않는다. 이들에게 있어서 자신을 파악하는 일은 그 자체가 목적이 아니라 수

단일 따름이다. 이들의 궁극적인 목적은 현실 세계에서 효과적인 활동을 전개하는 것이다. 또한 그렇게 하기 위해서 이들은 자신이 누구인지 제대로 파악해야 하는 것이다. 따라서 자기 존재의 뿌리를 끊임없이 찾기보다는 평생 동안 자신을 지탱해 줄 확실한 신념을 추구하게 되는 것이다. 그리고 올바른 신념을 찾았다고 느끼면 이것을 적극적으로 수용하며 더 이상 회의를 품지 않는다. 앞서 살펴본 바와 같이 이런 핵심적인 신념은 전통에 뿌리를 둔 종교적 가치나 문화적 가치를 바탕으로 삶의 초기 단계에서 얻게 된다.

철학자의 방식과 경영자의 방식 중에서 어떤 방식이 더 바람직한가? 자신의 정체성을 찾기 위해서는 지적인 노력이 더욱 중요하다고 주장하는 사람이 있을지도 모르겠다. 진정한 이해를 도출할 가능성이 보다 높다는 점에서 그렇다. 그러나 이 경우, 내적인 성찰에 치중하면서 외부의 세계와 단절되면 자칫 우리가 의미하는 개념의 '영혼'을 상실할 수도 있다. 반면 경영자의 방식은 피상적이고 왜곡된 자아 개념을 가질 수 있는 위험성을 안고 있다. 그 가치관은 사실상 자신이 스스로 찾아낸 것이 아니라 타인으로부터 얻게 된 것이기 때문이다. 하지만 경영인의 방식은 개인이 에너지를 자유롭게 분출할 수 있도록 유도할 뿐 아니라 현실 세계에서 활동을 전개할 수 있도록 함으로써 복잡성을 높여 준다. 이렇듯 두 가지 방식은 각각 나름대로의 장점을 가지고 있다.

경영자들에게는 '자신을 파악하는 일' 자체가 철학자들의 경우만큼 어렵고 힘들지는 않다. 하지만 그럼에도 불구하고 이것이 힘겨운 일이라는 점은 분명하다. 자신을 파악하는 일은 자신의 경험을 진지하게 고찰해 보는 것을 의미한다. 스스로 이렇게 질문해 보는 것이다. "나에게 가장 중요한 것은 무엇인가? 내가 가장 존경해 마지않는 인물들은 누구인가? 내가 결단코 되고 싶지 않은 인물의 유형은 무엇인가? 어떠한 여건에서든 내가 결코 양보할 수 없는 가치관은 무엇인가?" 사무용 가구 디자인 회사인 허먼 밀러의 CEO 맥스 디프리의 말을 들어보자. "경영은 해답을 찾는 일과 관련이 많습니다. 하지만 리더십은 여러 가지 질문을 던지는 일이지요. 리더의 역할에서 볼 때 가장 우선적으로 던져야 할 질문은 바로 '우리는 무엇이 되기를 원하는가?' 하는 것입니다. 다시 말해서, '우리는 무엇이 될 것인가?'라는 질문이 아니라 '우리는 무엇이 되고자 하는가?'라는 질문을 던져야 한다는 뜻입니다."

자신을 파악하는 일은 자아 내부에 무엇이 존재하는지 발견하는 문제가 아니라 자신이 되고자 희망하는 누구인가를 창조해 내는 것이다. 가령 서구 문화는 자아를 피부와 뼈대로 이루어진 인체에 의해 제한을 받는 실물이라고 생각하는 데 익숙해 있다. 그러나 아시아와 아프리카에서는 자아를 인간관계의 매듭이라고 생각하는 경우가 많다. 바꿔 말하면 자신을 조상, 부모, 형제 자매, 사촌 등의 관계 속에서 생각하는 것이다. 그래서 나무의 뿌리처럼 과거에 살았던 수많은 세대의 인물들로 확장된다. 이러한 인간관계의 맥락에서 벗어나면 개인은 실질적으로 아무런 존재도 아니며 얼간이가 되고 만다. 영어에서 얼간이를 의미하는 'idiot'는 본래 그리스어로 혼자 사는 사람을 말한다. 동물성 유기체를 인간으로 변형시켜 주는 공동체로부터 홀로 떨어져 살아가는 사람을 뜻하는 것이다.

"나는 무엇이 되기를 원하는가?" 하는 질문에 대한 대답은 현재의 차원에서만 고려되지 않고 평생을 두고 생각해 보아야 할 문제이다. 티베트에서 중남미 지역에 이르기까지 지역을 막론하고 대다수 종교에서 인생의 지혜를 깨달은 사람들이 우리에게 전하는 조언이 있다. 그것은 죽음을 자신의 상담자로 삼으라는 것이다. 이런 충고는 언뜻 들으면 섬뜩하게 느껴질지도 모르지만, 실제로는 사람들을 상당히 자유롭게 해 준다. 죽음을 두려워하는 대신 자신에게 이러한 질문을 던진다고 생각해 보라. "정말이지 이것이 과연 좋은 아이디어일까? 이 직업을 선택해야 할까? 이 사람과 결혼해야 할까? 내가 죽음을 앞둔 시점에서 이 선택으로 인해 과연 기쁨을 누릴 것인가 아니면 후회를 할 것인가?" 어차피 죽음을 면하기란 어려운 만큼, 차라리 우리가 살아 있는 동안은 죽음을 자신의 조언자로 삼는 것도 괜찮을 것이다.

제인 폰다는 자신의 인생을 3막으로 구성된 연극으로 비유하며, 60번째 생일을 맞은 후 자신이 인생의 마지막 단계인 제3막에 접어들었다는 판단을 내리며 다음과 같은 결론에 도달했다. "저는 혼자 이런 생각을 했어요. 인생에서 제가 두려워하는 것은 죽음이 아니라 후회로 삶을 마감하는 것입니다. 따라서 인생의 종착점에 도달했을 때 자신이 하지 않아서 또는 성취하지 못해서 후회가 될 만한 것에는 어떤 것이 있을까 생각해 보아야 하지요. 곰곰이 따져 보니 그것은 사람들과 친밀한 관계를 맺고 뭔가 다른 삶을 사는 일이었습니다." 달리 말하면 그녀가 인생을 마감하기 전에 성취하고자 희망하는 것은 분화(뭔가 다른 삶을 사는 것)와 융합(친밀한 관계를 맺는 것)을 통해 심리적으로 더 높은 수준의 복잡성에 도달하는 일이다.

재능을 찾고 기회를 발견하라

자아를 창조하기 위해서는 자신의 장점을 기반으로 삼는 것이 바람직하다. "모든 인간은 평등하게 창조되었다."라는 선언은 현명한 정치 사상이기는 하지만 인간 세계의 현실을 그대로 보여 주지는 못한다. 우리 가운데 일부는 천부적으로 탁월한 체력을 갖고 태어났으며 또 다른 어떤 이들은 공간 지각 능력이 뛰어나다. 어떤 이들은 별로 힘들이지도 않고 음악을 기억하는 능력을 가지고 있는 반면, 다른 어떤 이들은 숫자를 분명하게 기억하는 재주를 지녔다. 특별한 재능을 갖춘 사람들은 일반적으로 자신이 잘하는 분야를 추구하려 한다.

그러나 재능을 발휘할 기회조차 얻지 못해서 자신의 능력이 무엇인지도 깨닫지 못하는 사람들도 많다. 예를 들면, 존 가드너는 평범한 대학 강사로 지내다가 제2차 세계대전을 맞아 군에 입대하게 되면서 새로운 전기를 맞은 경우에 해당한다. 당시에 그는 군대 내에서 관리 업무를 맞게 되었는데, 이것이 강의를 하는 일보다 훨씬 자신의 적성에 맞는다는 것을 알게 되었다. 제대하여 민간인이 된 후 그는 점차 어려운 관리 및 행정 업무를 담당하게 되었고 카네기 재단의 회장직을 역임하기도 했다. 급기야 그는 린든 B. 존슨 미국 대통령의 요청으로 건강·교육·복지 담당 장관으로 임명되기에 이르렀다. 그가 워싱턴 정가에 진출한 것은 오십 대 말이었는데 여기에서 그는 새로운 깨달음을 얻게 되었다. 그것은 자신이 정치적 수완이 있을 뿐 아니라 대규모 관료 조직을 운영하는 데 탁월한 소질을 갖고 있으며 그걸 무척 좋아한다는 사실이었다. 이런 경험을 통해 가드너는 대부분의 사람들이 자신의 천부적인 능력 중에서 극히 일부만을 사용할 뿐이며 결국 진정한 잠재 능력을 발견하지 못한다는 사실을 알게 되었다.

비전을 지닌 일부 경영인들은 인생의 초기 단계부터 자신의 소질과 능력을 일찌감치 파악한다. 존 템플턴 경은 대학 시절에 한때 선교사가 되겠다는 꿈을 갖고 있었다고 한다. 그러나 이 분야에서 자신보다 뛰어난 능력을 가졌거나 동등한 수준의 능력을 지닌 다른 젊은이들이 많다는 사실을 알게 되었다. 이 사람들은 설교와 상담에 있어서 가드너보다 외향적일 뿐 아니라 실력 측면에서도 출중했다. 따라서 가드너는 자신의 소질이 다른 직업에 더 적합하다는 결론을 내리게 되었다.

저는 대학 시절에 하느님이 제게 주신 능력을 면밀히 살펴보았습니다. 하느님은 누구에게든 많은 재능을 주시지요. 다만, 모든 사람에게 동일한 재능을 주는 것은 아닙니다. 따라서 우리는 각자 인생의 일정 단계에 이르면 자신이 어떤 능력을 지녔고 자신에게 부족한 능력은 무엇인지 생각해야 합니다. 자신에게 주어진 능력을 최대한 발휘하기 위해서죠. 저는 대학 시절에 난생 처음으로 투자를 하는 사람들이 있다는 것을 알게 되었어요. 그런데 우리 반 친구들의 부모님들이 하는 이야기를 듣다 보니 특정 국가의 영역을 넘어서 투자를 하는 사람들은 거의 없다는 사실을 깨달은 겁니다. 그런데 저는 이런 현상 자체가 무척 편협하다는 느낌이 들었지요. 바꿔 말해서, 한 국가나 산업에 국한하지 않고 기회를 찾는다면 어디든 상관없이 더 훌륭한 일을 해낼 수 있을 거라는 생각이 들었습니다.

그는 자신이 다른 사람들보다 능력을 발휘할 만한 도전적인 일을 찾아냈다고 생각했고, 오랜 노력 끝에 결국 최초이자 가장 성공적인 국제 투자 기금을 만들어 내는 쾌거를 이룩했다.

자신의 소명을 발견하는 것은 어린 시절부터 이루어지는 경우도 종종 있다. 크리스틴 코머퍼드 린치는 어린 시절에 길가에서 레모네이드와 컵케이크를 팔던 기억을 떠올린다. 당시에 그녀는 이런 깨달음을 얻었다고 고백한다. "당시에 저는 '와, 이거 참 재미있구나!' 하는 생각을 했어요. 정말로 재미있었답니다. 한나절 열심히 팔아서 결국 모두 팔고 나면 정말로 재미가 있었지요. 먹어치워서 없애는 것이 아니라 모두 다 파는 그 재미가 쏠쏠했어요." 리처드 제이컵슨 역시 그녀와 거의 비슷한 견해를 밝힌다.

제가 처음으로 비즈니스에 입문한 것은 열 살쯤이었어요. 친구와 저는 거창하게 B&J 음료 회사라는 간판을 내걸었지요. 왜건 한 대와 아이스박스를 장만한 우리는 음료 회사를 찾아가 청량 음료를 케이스 단위로 사들였습니다. 당시에 우리가 살던 지역에는 건설 현장이 여기저기 있었기 때문에 우리는 왜건을 끌고 공사 현장을 다니며 인부들에게 음료수를 팔았던 겁니다.

그러나 비즈니스라는 것이 얼마나 재미있는가 하는 깨달음은 고등학교 졸업 이후에 가서야 비로소 느끼는 경우가 많다. CEO들 중에서 어떤 이들은 법률, 회계, 공학 등의 분야에서 잠시 일을 하고 난 후에 비즈니스에 매료되었다고 한다. 자신의 재능을 파악할 때 중요하게 고려해야 할 요인은 여러 가지 다른 일들을 하면서 어떤 느낌이 드는지 주의를 기울이고 자신의 능력 발휘에 대한 객관적인 평가를 내리는 것이다. 존 소브라토는 다음과 같이 설명한다. "저는 제가 하는 일에서만큼은 잘하고 싶어 합니다. 그렇지 않다면 아예 하지를 않지요. 저는 카드 게임을 하지 않습니다만, 그것은 제가 카드 게임에 소질이 없기 때문입니다. 저는 뭔가 잘하지 못하는 일이 있으면 아예 이것을 포기하고 다른 일을 선택합니다." 더글러스 이얼리는 원래 공학 교육을 받은 인물이었지만 하버드 대학에서 경영학 과정을 이수하고 나서 자신이 비즈니스에 더욱 즐거움을 느낀다는 사실을 깨닫고 진로를 변경하면 더 높은 부가가치를 창출할 것이라는 결론을 내렸다. 그의 말을 들어보자. "스스로 판단하기에 저는 공학 분야에 소질이 없었습니다. 그러던 차에 경영학을 알게 되었다는 것이 천만다행입니다."

목소리가 따르지 않는데도 오페라 가수가 된다는 것은 분별없는 선택이다. 마찬가지로 운동 신경이 무딘 사람이 메이저리그에서 유명 선수가 되겠다는 것 역시 잘못된 판단이다. 또한 피를 보면 질색하는 사람이 의사나 수의사가 되겠다는 것도 고려할 만한 가치가 없다. 물론 이것은 당연한 논리적 귀결이라고 말할 수 있지만, 그럼에도 사람들은 현실을 무시한 채 자신이 성취할 수 없는 목표를 추구하느라 안달하는 경우가 너무도 많다. 게다가 설령 이렇게 해서 원하는 목표를 성취했다 하더라도 여기에서 별로 즐거움을 얻지 못한다.

우리가 잘할 수 있을 뿐 아니라 즐거움을 느낄 수 있는 분야이면서 충분한 수요가 존재한다면 이 분야의 재능과 능력을 진지하게 계발할 필요가 있다. 다만 숨겨진 잠재 능력을 아깝게 놓치지 않기 위해서는 자신의 능력을 다각도로 탐색하는 노력을 기울여야 한다. 애니타 로딕은 비즈니스 분야로 진출하길 희망하는 젊은이들을 위한 조언을 부탁받자 이렇게 대답한다.

글쎄요, 저라면 젊은이들에게 이렇게 조언하고 싶군요. "이봐요, 제 말 좀 들어보세요. 비즈니스에 대해 운운하지 마세요. 언어에 구애받지 마세요. 비즈니스라는 단어 자체를 입 밖으로 꺼내지 말고 묻어 두세요. 오히려 살아가는 방식에 대해 말해 보세요. 자신을 위해 창출할 수 있는 당신의 인생 방식, 당신에게 자유를 제공하는 영광스러운 인생 방식을 논의해 보세요." 자신이 가진 실력은 과연 무엇일까요? 자신의 실력을 연마하다 보면 생계에 도움이 될 수 있는 관심거리로 발전시킬 수 있을 겁니다. 거창하게 생각할 필요없습니다. 그런 생각을 가진다는 것 자체가 우리 문화가 지닌 집착이지요. 우리는 항상 미래의 계획은 거창해야 한다고 생각하거든요. 하지만 거창한 것을 꿈꾸기보다는 차라리 가장 바람직하거나 가장 창조적이거나 가장 유머 감각이 있는 사람이 되는 것은 어떨까요?

여기에서 인용한 내용들을 통해 알 수 있는 것처럼, 실력과 과제는 각각 따로 떼어놓고 생각하기 어려운 요인들이다. 자신이 도전장을 던질 만한 기회를 인식하려면 어느 정도의 실력이 필요하다. 이와 반대로 특정한 과제를 다룰 때 탁월한 성과를 낸다면 이 분야에 소질을 가지고 있는지도 모른다. 따라서 이 두 가지 요인은 동전의 양면과도 같다.

무관심이나 느긋함의 영역에서 삶의 대부분을 보내는 사람들은 자기 주변에 널려 있는 다양한 기회를 인식하지 못한다. 설령 인식한다 하더라도 자신은 그 기회를 포착할 만한 인물이 못 된다고 속단한다. 이런 사람들에게서는 자신의 위치를 마치 숙명으로 여기는 태도가 엿보인다. 이들은 새롭거나 시도해 보지 않았던 것들이라면 무조건 자신이 달성할 수 있는 범위를 넘어선다고 판단해 버린다. 이러한 태도는 개인의 가능성을 처음부터 차단시킬 뿐 아니라 숨겨진 능력을 발굴하기 어렵게 만든다.

비전을 가진 경영인들이 지닌 호기심, 관심, 개방성 등의 다양한 속성이 진가를 발휘하는 영역이 바로 여기다. 좀 더 많은 기회를 활용해 보려고 할수록 자신의 강점을 발견할 가능성이 그만큼 높아진다. 하지만 자신의 장점을 일찌감치 발견하는 것에는 그 나름의 단점도 존재한다. 자칫하면 자아 발견과 성장의 과정을 중단시킬 우려가 있기 때문이다. 가령 위기 관리에 탁월한 능력을 지닌 관리자의 경우에는 눈앞에 놓인 위기를 수습하는 데 지나치게 의존하는 나머지, 자기 나름의 전략이나 비전을 능동적으로 개발하려 들지 않기 십상이다. 또한 이런 상태에서 업무 성과를 인정받아 승진이라도 하게 되면 자신이 할 바를 제대로 파악하기 어렵게 된다. 마찬가지로 직장 업무와 직접적인 관련이 있는 일에만 도전 의식을 느끼는 사람들은 정년 퇴직을 맞게 되면 삶 자체가 재미없고 무의미해지기 십상이다. 끊임없이 몰입을 경험하기 위해서는 자신의 흥미와 호기심을 지속적으로 계발하고, 다양한 기회에 반응하며 가급적 다양한 실력을 연마해야 한다.

따라서 사람들은 각각 다른 두 가지 방식으로 자신을 파악하게 된다. 그중 첫 번째는 자아 발견을 추구하는 사상가의 방식이며 두 번째는 행동을 중시하는 사람들의 창조적인 인내 방식이다. 경영인들은 대체로 두 번째 범주에 속한다. 이들은 자신의 강점과 문화적·가족적 배경, 주변의 가능성들을 파악하며 이 모든 것으로부터 이상적인 자아를 창조한다. 이렇게 자아가 표현된 것이 바로 경영인들의 비전인 것이다.

자신의 위치를 발견하라

자작농, 예술가, 전문직 종사자들을 비롯한 극소수 인물들을 제외한 대부분의 사람들은 회사나 단체 등 조직 내에서 일한다. 따라서 이상적으로는 회사가 직원들에게 몰입 경험을 제공할 수 있는 활동을 마련해 주어야 한다. 일터에서 자신의 실력 수준에 부합하는 난이도의 과제가 주어지도록 하기 위해 개인이 취할 수 있는 방법에는 크게 두 가지가 있다. 첫째는 자신이 직접 회사를 설립하는 방법이다. 창업의 매력 중 하나는 스스로 목표를 설정할 수 있고 자신의 실력 수준에 부합하는 과제를 결정할 수 있다는 점이다.

두 번째 방법은 기존의 환경 중에서 자신의 능력에 맞는 곳을 발견하는 것이다. 직업을 찾는 것은 결코 수입원을 발견하는 일이 아님을 명심해야 한다. 당신이 몸담고 있는 직장은 당신의 정체성 전체를 좌우하게 될 것이다. 직장에 따라서 당신은 발전할 수도 있고 제자리걸음을 할 수도 있다. 직장에 따라서 당신은 활력을 얻을 수도 있고 원기를 잃을 수도 있다. 직장에 따라서 당신의 가치관이 강화될 수도 있고 냉소적인 태도가 형성될 수도 있다. 소브라토는 다음과 같이 조언한다. "시간을 두고 서서히 당신의 길을 안내해 줄 직장에서 일하도록 하세요. 아니면 동종 업계를 주도하는 것으로 인정받는 인물 밑에서 또는 그런 기업에서 일하도록 하세요."

자신이 희망하는 미래상이나 현재의 능력 수준에 대한 확신이 없는 상태에서 첫 직장을 얻는 사람들이 상당히 많다. 그런데 바로 이런 시기의 직장 경험이 개인의 진로 향방을 결정할 가능성이 높다. 애니타 로딕은 다음과 같은 전형적인 조언을 제시한다.

자신이 정말로 열광하는 분야가 무엇인지 파악해 보세요. 당신을 흥분하게 하고 즐겁게 하는 일은 과연 무엇인가요? 당신 자신이 정말로 좋아하고 경탄해 마지않는 기업에서 일하도록 하기 바랍니다. 이 기업에 대해서 당신이 경탄하는 부분은 무엇인가요? 만약 가능하다면 이런 기업에서 인턴 사원으로 일해 보거나 무작정 찾아가 문을 두드리며 이렇게 말해 보세요. "이봐요, 월급을 적게 받아도 좋으니 이곳에서 일할 수 없을까요?" 가급적이면 당신에게 활력을 주는 기업을 발견해 보세요. 그런 기업과 함께 일을 하면서 즐거움을 느껴보도록 하세요. 정말로 즐거워할 부분이 상당히 많이 발견될 겁니다. 만약 당신 인생에서 95퍼센트를 직장에서 보내야 한다면 근무 환경이 자신의 체질에 전혀 맞지 않아서는 안 되지요.

만약 첫 직장에서 기대했던 효과를 얻지 못하거나 근무 환경에서 활력을 찾을 수 없을 정도로 맥이 풀릴 경우가 있을 수 있다면 이런 문제가 해소될 기미가 전혀 없는 상태에서 고생하느니 차라리 자신에게 맞는 기업을 다시 찾아나서는 게 더욱 바람직하다. 존 템플턴 경은 이렇게 논평했다.

> 가장 우선적으로 드릴 수 있는 조언은 현장 조사를 실시하여 가장 선진화되어 있고 존경할 만한 기업을 선정해 입사토록 하는 것입니다. 최초의 선택이 언제나 올바른 선택이 될 것이라고 생각해서는 안 됩니다. 직장을 한 국가에 국한시키지 말고 전 세계적으로 확장시켜 자신의 재능을 가장 필요로 하는 곳은 어디일까 끊임없이 자문하고 궁리해 보아야 하지요. 그저 "이 직장이 내 평생의 일터야."라는 생각을 버려야 합니다. 오히려 이렇게 생각해 보아야 합니다. "우선 여기에서부터 시작하겠지만, 내가 사람들에게 좀 더 많은 도움을 줄 수 있는 일은 어디에 있는지 알기 위해 전 세계를 대상으로 알아봐야겠어." 그런 태도를 지녀야 합니다.

언뜻 보면 방금 제시한 두 가지 제안은 거의 상충되는 것으로 보이기 십상이다. 애니타 로딕은 열정과 즐거움에 의사 결정의 기반을 두는 반면, 템플턴 경은 청교도 윤리를 논하고 있다. 즉, 하느님이 주신 내 재능을 가장 바람직하게 사용할 수 있는 곳은 과연 어디일까 하는 문제를 언급한다. 그러나 두 가지 제안을 좀 더 깊이 살펴보면 근본적으로 동일한 메시지를 담고 있음을 깨닫는다. 두 경영인은 모두 이렇게 촉구한다. 자신의 능력을 100퍼센트 활용할 수 있는 곳을 찾을 것. 특히, 자신의 가치관과 실력을 유감없이 발휘할 수 있는 기회가 존재하는 직장을 찾으라는 것이다. 바꿔 말하면 업무를 통해 몰입을 경험할 수 있는, 이른바 영혼을 지닌 근무 환경을 찾으라는 것이다.

의식을 지배하라

대기업의 CEO를 비롯해 비범한 능력을 갖춘 사람들 중에는 수십억 달러가 소요되는 프로젝트에 관한 의사 결정을 할 때에는 완벽할 정도로 분명한 의식을 갖고 있는 사람들도 있지만, 그럼에도 자신의 의식 자체를 온전히 통제하지 못하는 경우를 심심찮게 볼 수 있다. 이런 부류에 속하는 사람들은 구습을 좇거나 기존에 익숙한 방법을 아무런 의식도 없이 그냥 따라 하는 경향이 있다. 이들 경영인의 권한은 워낙 강력하기 때문에 수천 명에 달하는 직원들 사이에서 공포감을 자아낼 정도이다. 그럼에도 이들은 안타깝게도 스스로 선택할 수 있는 능력을 상실하고 말았다. 경영인들은 주주의 가치 및 시장 점유율, 브랜드 인지도 등을 높이도록 우리의 행위를 관장하는 프로그램의 일부가 되어 버렸다. 즉 심리적 복잡성 측면에서는 발목을 잡히고 말았다. 이들의 행동과 사고, 느낌이 모두 예측 가능해지며 일상적인 관행이 되어 버린다는 뜻이다.

직장 환경에서 능력의 한계에 도달해서 발전을 멈추게 되는 일은 너무나 흔한 일이다. 평생에 걸쳐 몰입을 경험하기 위해서는 자신의 정신력을 제어할 만한 능력을 갖출 필요가 있다. 워런 베니스는 '자기 관리'야말로 최고 경영인의 십계명 제1호라고 말하는데, 이것은 경영인과 조직을 모두 건전하게 하는 데 필수적인 요인이다. 몰입 이론의 관점에서 볼 때, 자기 관리의 가장 중요한 측면은 주의 집중, 시간, 자아의 비전과 관련한 습관을 동일선상에 맞추는 법을 배우는 것이다.

1. 주의 집중

제4장에서 우리는 개인이 평생 동안 얻는 경험의 양은 뇌가 처리하는 정보의 양에 의해 제한된다는 사실을 살펴보았다. 우리가 어디에 주의를 집중하는가, 얼마나 오랫동안 그리고 얼마나 강한 정도로 주의를 집중하는가에 따라 우리 삶은 영향을 받게 되어 있다. 주의 집중은 사람의 의식 속에서 변화가 일어나도록 만드는 요인이기 때문에 이를 정신력이라고 생각해도 될 법하다. 어떤 사람들의 경우에는 주의 집중 요인이 외부로부터 오기도 하는데, 가령 외부적인 긴급 상황이라든지 직장과 가정에서 스스로 해야만 하는 일 따위가 바로 그것이다. 또 다른 어떤 사람들의 경우에는 개인적인 심사숙고의 과정 없이 문화적 환경으로부터 단순히 가치관이나 목표를 받아들이기도 한다. 자신을 알라는 충고를 따르는 사람들은 자신의 적성이나 가치관을 신중하게 고려한 연후에 어디에 에너지를 투입할지 결정한다.

크리스틴 코머퍼드 린치에게 어떻게 해서 성공적인 여성 기업가가 되었느냐는 질문을 던지자 그녀는 처음에 자신의 직관을 성공 요인으로 언급했다. 그러나 그녀는 자신의 말을 정정하며 자신이 말하는 직관이란 단순한 직관이 아니며, 주의를 집중함으로써 나오는 직관이라고 설명한다. "우리는 주의를 집중하면 할수록 산만해지기 쉽지요. 제 경우에는 여러 가지 일을 한꺼번에 처리하는 걸 좋아합니다. 잡다하게 일을 동시에 진행시키는 것보다는 두어 가지에 집중하는 게 더 바람직할 텐데 말입니다. 여하간 사정이 이렇다 보니 집중을 하지 않으려야 않을 수 없습니다." 우리가 앞서 살펴본 바와 같이 현실적으로 우리가 동시에 처리할 수 있는 일은 고작해야 두 가지 또는 세 가지에 불과하다. 그것도 한 가지 일에서 재빠르게 다른 일로 계속해서 넘어가야만 가능하다. 따라서 언뜻 보기에는 우리가 여러 가지 일을 동시에 처리하는 것처럼 보이지만, 실제로는 복수의 일을 순차적으로 처리하는 것이다. 하지만 코머퍼드 런치의 지적은 일리가 있으며 주목할 만한 가치가 있다. 우리가 어떤 일을 성취하며 얼마나 좋은 성과를 내느냐 하는 것은 우리가 기울이는 주의 집중의 강도와 방향에 따라 달라진다.

우리는 스스로 마음에 들고 관심이 끌리거나 실력 발휘를 할 수 있는 일에 주의를 집중하는 것이 보통이다. 그러나 이러한 관계는 역으로도 성립한다. 다시 말해 우리는 스스로 신중하게 주의를 기울이는 일을 좋아하게끔 되어 있다는 것이다. 따라서 처음에는 별다른 관심이 끌리지 않는 일이라 하더라도 개인적인 발전을 지속시킬 가능성이 있다면 그 일에 에너지를 투입하는 것은 바람직한 전략이라 할 수 있다. 왜냐하면 일을 배워 나감에 따라 궁극적으로는 관심을 일깨울 수 있기 때문이다. 일에서 풍부한 참여 의식을 느낄 수 있는 방법의 하나로는 당면한 일의 구체적인 세부 사항에 관심을 기울이며 완벽을 기하는 태도를 들 수 있다. 소브라토는 사업 성공의 비결에 대한 질문을 받자 이렇게 대답했다.

세부 사항에 대한 철저한 관심이라고 할 수 있습니다. 저는 세부 사항에 완벽을 기하는 편입니다. 가령 우리 회사가 프로젝트를 전개하고 있다면 다른 회사보다 탁월한 결과를 내기 위해 아주 세세한 부분까지 철저히 챙깁니다. 만약에 협상을 벌이고 있다면 아주 세세한 사항까지 지켜볼 정도로 완벽을 기합니다. 저는 그런 방식으로 일하는 것을 즐기거든요.

위대한 현대 건축가 미스 반 데어 로에는 한때 "신은 세세함 속에 존재한다."라고 이야기한 바 있다. 그가 전달하고자 한 의미는 어떤 과제를 맡았든 간에 세심한 주의를 기울이면 깊은 몰입 경험을 얻을 수 있으며, 아울러 이런 상태에서 개인은 잠시나마 현실 세계와 다른 좀 더 승화된 존재 영역 속에 사는 것과 같은 느낌을 가지게 된다는 것이다.

다른 경우에도 마찬가지이겠지만, 주의 집중을 관리하려면 양극단 사이에서 적절한 균형을 유지할 수 있는 능력이 구비되어야 한다. 어떤 사람들은 관심 영역이 너무 협소해서 주변에서 어떤 일이 벌어지고 있는지조차 눈치 채지 못하기도 한다. 이런 부류에 속한 사람들은 전문 분야에서는 능력을 발휘하지만 자신의 세계가 너무 제한되어 있어서 머지않아 기회의 고갈을 맞게 된다. 또 어떤 사람들은 정신력을 너무 방만하게 활용하는 경향을 나타낸다. 가령 이것저것 가리지 않고 다양한 문제를 추구하다 보니 어떤 특정 분야에 대한 전문성을 쌓거나 실력을 연마할 수 없게 된다.

이러한 극단적인 사례를 피하기 위한 한 가지 방법은 노벨 평화상과 노벨 화학상을 수상한 바 있는 라이너스 폴링이 사용하는 전략을 그대로 활용하는 것이다. 그는 자신이 정신력을 사용하는 방법에 대해 이렇게 설명한다.

저는 의식 속에 일종의 그림을 지니고 있어요. 다시 말하면 수십 년에 걸쳐 머릿속에 구축해 온 일반 이론을 가지고 있다는 뜻입니다. 저는 논문이나 기사를 읽거나 세미나 강연을 들을 때마다 제 자신이 당시까지 미처 깨닫지 못했던 과학적 정보를 얻곤 합니다. 저는 이럴 때마다 '저 이론이 나의 우주관에 어떤 식으로 부합되는가?' 하며 자문해 봅니다. 만약 제 우주관에 맞지 않는 경우에는 '왜 부합되지 않을까?' 하는 질문을 스스로 던져보기도 합니다.

폴링의 고백은 복잡성이 높은 인간의 의식이 어떻게 기능하는지 잘 보여 주는 사례라 할 수 있다. 처음에는 오랜 시간에 걸쳐 자신이 구축한 일종의 '일반 이론' 또는 핵심적 가치관이나 비전으로 시작했다가, 여기에 이와 관련된 모든 정보를 통합시키는 것이다. 그 정보가 기존에 구축된 자신의 이론을 뒷받침하든 위배되든 상관없이 행해져야 한다. 이런 방식으로 개인은 안정적인 기반에서 출발하여 지속적인 성장을 이룰 수 있게 된다. 자신만의 독특한 관점을 유지한 상태에서 관련 영역을 점차 확대해 나가는 것이다.

2. 시간

주의 집중과 시간은 그 이면을 살펴볼 때 동일한 과정에 속하지만 각각 다른 두 가지 형태로 나타나는 요인들이다. 주의력을 높이기 위해서는 시간 개념에 익숙해져야 하며 이것의 역도 성립한다. 가령 골프 경기나 특정 프로젝트에 얼마나 많은 정신력을 투입해야 하는지 알게 되면 시간을 어떻게 사용할지에 관해서는 별로 걱정하지 않아도 된다. 첫 번째 등식을 해결하면 두 번째 등식 역시 해결되게 마련이기 때문이다. 경영인들은 시간의 유한성을 잘 알고 있을 뿐 아니라 이것이 성취되어야 할 과제와 어떤 관련을 맺는지 인식하고 있다. 이들은 모두 크리스틴 코머퍼드 린치의 다음과 같은 고백에 공감을 표시할 것이다. "우리에게 주어진 가장 소중한 선물은 시간입니다. 시간은 극히 제한된 양만큼 주어지기 때문이지요. 사람들은 일반적으로 스스로 생각하는 것만큼 많은 시간을 지니고 있지 않습니다."

리처드 제이컵슨은 우리 모두가 경험하는 시간적 위기감을 개인적인 이미지로 표현하며 설명한다.

> 시간은 미세한 방울들의 형태를 띠고 나타납니다. 이런 시간의 방울들은 속성상 사람들을 무척 괴롭힙니다. 그중에서도 특히 조직이나 기업 차원에서 나타나는 시간의 방울들은 더욱 심하다고 할 수 있지요. 시간의 방울들을 어떻게 관리할 것인지 주의를 기울여야 합니다.

아이러니한 것은 과학 기술의 발달로 시간이 그만큼 절감되어야 함에도 불구하고 실제로는 인간들에게 더 많은 시간적 부담이 주어지게 되었다는 점이다. 크리스틴 코머퍼드 린치는 최근의 이런 추세에 대해 다음과 같이 논평하며 시간의 노예가 되기보다는 시간을 지배하는 것이 무척 중요한 일임을 암시해 주고 있다.

> 과학 기술은 비즈니스의 세계에 어떤 영향을 미쳤습니까? 마음 같아서는 과학 기술의 덕택에 많은 도움을 얻게 되었다고 말하고 싶지만, 실제로는 과학 기술 때문에 오히려 사람들은 때와 장소를 가리지 않고 항상 일을

해야 하는 지경에 이르렀습니다. 아시는 바와 같이 바로 이런 점이 과학 기술의 실망스러운 부분이지요. 이제 우리는 업무적으로 개인 이메일을 가지게 되었고 PC를 가지고 퇴근하기 때문에 항상 일을 해야 하는 상황에 봉착하고 말았습니다. 물론 여기에는 장점도 존재합니다. 어느 정도는 과학 기술의 혜택을 보았다고 말할 수 있겠지요. 과학 기술은 사람들로 하여금 한편으로는 더욱 인간적인 존재가 되게 했지만 다른 한편으로는 취미나 사생활 없이 일에 대해서만 생각하는 존재가 되게 했습니다.

주의 집중의 경우에도 마찬가지라고 할 수 있겠지만, 우리는 스스로 즐길 수 있는 활동에 더 많은 시간을 할애하려는 경향을 갖고 있다. 일을 사랑하는 사람들은 일에 점점 더 많은 시간을 투입하게 되어 가족과 함께 시간을 보내거나 인생의 목적에 관해 사색에 잠기는 시간이 점차 줄어든다. 그중 대다수는 집에서 가족과 함께 오붓한 분위기를 즐기기에는 시간이 너무 부족하다고 불평한다. 그러나 실제로는 이들이 무의식적으로 스스로 그런 선택을 하는 것에 불과하다. 왜냐하면 이들의 입장에서는 일이 다른 어떤 것에 비해 더 많은 몰입 경험을 제공하기 때문이다. 오리트 개디시는 이렇게 고백한다.

저는 이따금 일이 너무 많다는 느낌을 가집니다. 하지만 사람들은 기본적으로 자신들이 좋아하는 방향을 선택하게 마련이지요. 따라서 제가 그런 느낌을 가질 때마다 이것이 제 스스로 선택한 것이라고 인정할 수밖에 없답니다. 이런 선택은 전적으로 제가 내린 것이라는 뜻입니다. 제가 좋아하는 또 다른 일을 할 수 없다는 단점이 있기는 하지만 그 일을 아마도 즐기고 있는지도 모릅니다.

여기에서 가장 중요한 것은 자신의 우선순위를 정하고 일단 정해진 우선순위는 철저히 고수하는 일이다. 마이크 머리는 자신이 세운 우선순위를 철저히 지키는 결단력을 지닌 인물이다.

저는 제 자신과 이런 계약을 맺었지요. 직장에서는 최선을 다해 열심히 일을 하지만 업무가 끝나면 집에 돌아가 가족과 함께하는 사생활로 돌아간다는 계약 말입니다. 만약 저의 이런 선택이 회사의 마음에 들지 않는다면 회사는 선택을 내려야 할 겁니다. 다시 말해서 회사를 그만두라는 지시를 내릴 수도 있겠지요. 하지만 저는 직장 업무에 가장 많은 시간을 투입하는 사람으로서 상을 받고 싶은 생각은 추호도 없습니다. 설령 회사에서 저를 해고한다 하더라도 저는 자존심이 상하지 않을 거라는 생각이 듭니다. 왜냐하면 그것은 제 스스로가 인생을 사는 다른 잣대를 선택한 것이니까요.

잭 그린버그는 다른 많은 경영인들과 마찬가지로, 직장 생활과 가정생활의 균형을 유지하는 나름대로의 전략을 수립하고자 노력해 온 인물이다. 그는 이렇게 말한다.

저와 함께 일하던 동료 한 사람은 제가 가족과 함께 보낼 시간이 별로 없다며 불평하자 이런 조언을 해 주더군요. 가족과 함께 유익한 시간을 보내고자 한다면 가족 역시 자신의 가장 귀한 고객으로 여기라는 것이었습니다. 그래야만 가족을 위해 시간을 낼 수 있다는 말이었습니다. 그리고 시간을 내더라도 알찬 시간이 되도록 유의하라는 조언을 주더군요. 그러니까 집에 돌아가면 신문이나 읽으며 방해하지 말라는 식의 태도를 보여서는 안 된다는 것이었습니다. 가급적 능동적으로 가족들과 함께 시간을 보내는 데 열중하되 고객에게 하듯이 하라는 것이 철칙이었습니다.

그러나 이런 전략에도 문제의 소지는 존재한다. 고객을 응대할 때는 모든 요소가 분명하게 정의되어 있다. 가령 목표도 분명하고 피드백도 즉각적으로 이루어질 뿐 아니라 일반적으로 주어진 기회와 실력 수준이 거의 비슷하다. 바꿔 말하면 몰입을 위한 제반 조건이 갖추어져 있다는 뜻이다. 그러나 가정에서의 상황은 이보다 훨씬 애매모호한 것이 사실이다. 가령 아내와 남편, 그리고 아이들이 저마다 추구하는 목적이나 갖고 있는 생각이 다를 수 있다. 더욱이 식구들 각각 연령이나 배경 등이 다르기 때문에 대화의 주제를 한 가지로 좁히기 어려운 편이다. 결과적으로 아무리 가족들 사이에서 공통된 관심사를 찾고 의도적으로 함께 시간을 보내고자 노력해도 결국에는 시간 낭비가 되기 십상이다. 당연한 결과이겠지만 바로 이런 이유 때문에 사람들은 좀 더 효과가 큰 영역에 더 많은 에너지를 투입하게 마련이다. 대부분의 경우, 더 높은 효과를 얻을 수 있는 영역은 다름 아닌 직장 업무가 된다. 그러나 만약 가정생활에 좀 더 진지한 관심을 지니고 있다면 가정생활을 통해 몰입 경험이 가능하도록 스스로 변화를 모색하는 노력을 기울여야 한다. 기업이라는 큰 조직을 움직이기 위해 정신력을 투입하는 것만큼 동일한 정도의 정신력을 가정생활에도 쏟아야 한다는 것이다.

몸은 비록 집에 있다 하더라도 마음만은 그렇지 않은 경우도 많은 편이다. 집에 있으면서도 정신은 회사 관련 업무에 팔려 있다면 가족들은 정신적으로나 정서적으로나 당신이 집에 없는 것과 다름없다는 느낌을 갖게 될 것이다. 애플 사의 마이크 매컬러는 이런 상황을 미연에 방지하기 위해 회사 업무가 모든 정신력을 독차지하지 않도록 나름대로의 전략을 세워 효과를 보고 있다고 한다.

저는 나름대로 요령을 개발해 활용하기 시작했습니다. 자동차 문을 닫고 퇴근길에 일단 오르게 되면 집안의 중요한 일만 생각하기 시작하지요. 사실상 의식적으로 그렇게 하려 한들 업무와 관련한 생각들이 계속해서 머리에 떠오르기 때문에 무척 어려움을 느낍니다. 하지만 귀갓길에 계속해서 삼십 분 동안 집중하다 보면 집에 도착해 현관문을 활짝 열 즈음에는 "여보, 오늘 당신이 간다던 거기 있잖아, 그 일은 잘 되었어?"라는 말이 튀어나오게 됩니다. 그것도 그냥 건성으로만 물어보는 것이 아니라 정말로 관심이 있어서 묻게 되지요. 이미 이때쯤에는 회사와는 동떨어진 딴 세상에 와 있게 되니까 말입니다.

데버러 베세머는 직장 생활과 가정생활의 균형을 유지하기 위한 또 다른 요령을 다음과 같이 제시한다.

저는 주말에는 일을 하지 않는다는 일종의 생활 원칙을 갖고 살고 있어요. 사실 신생 기업의 입장에서는 실천에 옮기기 무척 어려운 원칙이기는 합니다. 왜냐하면 신생 기업일수록 처리해야 할 일이 무척 많으니까 말입니다. 하지만 저는 주말에 회사에 오는 일은 결코 하지 않는답니다. 그 대신 차라리 컴퓨터를 집에 가지고 가는 편을 택하지요. 다른 식구들이 일어나기도 전인 이른 아침에 일어나서 컴퓨터로 업무 처리를 합니다. 그리고 아이들이 일어나면 그 일을 그만두는 식입니다. 원격지에서 회의를 하기 위해 비행기를 타고 출장을 가는 경우에 사람들은 저에게 그 전날 미리 비행기를 타고 가서 저녁 식사를 그곳에서 하라고 말합니다. 하지만 저는 사람들에게 그렇게 하지 않겠노라고 대답하지요. 대신에 저는 그날 새벽 4시에 일어나 그날 첫 비행기를 타고 가서 회의에 참석합니다. 이렇게 하면 적어도 아이들이 잠자리에 들도록 챙겨 줄 수는 있거든요.

일에 지나칠 정도로 연연하게 되면 또 다른 결과를 초래하게 되는데, 그것은 조금이라도 시간이 낭비되는 느낌이 들면 참을 수 없을 정도로 괴로운 심정이 된다는 것이다. 나는 지난 몇 년 간 중간 관리자급 임원들을 대상으로 상담을 실시한 바 있는데, 이때 깜짝 놀랐던 사실은 이들이 자신의 성격 중에서 가장 고치고 싶은 부분으로 인내심 부족을 들었다는 점이다. 나는 당시에 "이 사람들이 도대체 무슨 의미로 이런 얘기를 하는 걸까?" 하는 의구심을 가졌다. 사정을 들어보니 이런 식이었다. "저는 부하 직원의 말을 끝까지 못 들어주고 중간에서 끊어 버립니다. 직원들이 무슨 말을 하려는지 이미 알고 있기 때문에 횡설수설하는 모습을 지켜볼 수 없거든요. 우리 아이들에게 읽어 주던 시시한 동화들을 손자들에게 읽어 주는 것도 시간 낭비처럼 여겨져 견딜 수 없습니다. 저는 외식하러 나가는 것조차 싫어합니다. 프랑스식 고급 레스토랑에 두세 시간 동안 앉아 웨이터가 식탁에서 빵 부스러기를 치우는 모습을 지켜보노라면 답답하기 그지없거든요. 차라리 집에서 텔레비전 뉴스를 시청하면서 피자를 먹는 편이 훨씬 행복한 느낌이 듭니다. 속도를 제대로 못 내고 굼뜬 사람들을 보면 견디지 못하는 성격이 점점 심해지는 것 같습니다."

마이크 해크워스의 다음과 같은 견해는 경영인들 사이에서 흔히 볼 수 있는 전형적인 의견이다.

저는 회사에서 추진하려는 일을 금세 이해하지 못하는 사람들을 보면 참지를 못했습니다. 그래서 이런 직원들에게 화를 내기도 했고 극도의 흥분 상태에 빠지기도 했지요. 그러다가 이 세상에는 다양한 종류의 사람들이 존재하는구나 하는 깨달음을 얻게 되기 시작했습니다. 몇몇 사람들과 관계가 악화되지 않기 위해서는 다양한 태도와 관점을 받아들일 수 있어야 한다는 생각을 품게 되었던 겁니다. 좀 더 성숙한 인물이 되었다는 느낌이었지요.

윌리엄 폴러드 역시 이와 비슷한 경험담을 들려준다.

저는 이따금 무능력한 사람들을 보면 답답한 마음에 견딜 수 없습니다. 제가 개인적으로 실패한 부분을 지적한다면 대인관계를 들 수 있을 겁니다. 의사 결정을 내릴 때 제 결정이 옳을지도 모르지만 이런 결정을 내리는 과정에서 저와 다른 견해를 지닌 사람들에 대한 대처 방식은 옳지 않았을지도 모릅니다. 다른 사람들과의 관계에서, 특히 의사 결정을 내릴 때 다른 사람들의 반대 의견에 부딪히는 경우가 있습니다. 바로 그때 상대방이 끝까지 의견을 굽히지 않고 싸운다거나 아니면 아예 생각을 접는 식의 반응을 보인다면, 대인관계에서 일을 제대로 처리하지 못한 것이 됩니다.

이들 경영인들은 자신의 참을성 없는 성격이 업무 효과를 반감시키고 직원들의 사기를 떨어뜨릴 뿐 아니라 배우자나 아이들의 기분을 상하게 만든다는 사실을 잘 이해하고 있다. 이들은 업무 성과를 높이기 위해서는 다른 사람들을 개인적인 필요나 특성을 지닌 인물로서 인정해야 하며 회사 프로젝트에서 단기간 내에 성과를 내는 데에서만 의미를 찾을 수 있는 로봇과도 같은 미미한 존재로 여겨서는 안 된다는 점을 파악하게 되었다. 하지만 좀 더 참을성을 지닌 인물이 되는 것은 거의 불가능에 가까운 일이란 점 역시 깨닫게 되었다고 한다. 이것은 맥스 디프리가 말한 바와 같다. "사람들은 자기는 파악하고 있는데 다른 사람들은 미처 이해를 하지 못하는 경우가 있으면 답답해하며 견딜 수 없다는 반응을 보이는데, 이것은 대다수 사람들이 공통적으로 지닌 문제점 가운데 하나이지요. 이런 태도는 대인관계를 파괴시킵니다. 저 자신도 이런 점을 이해하기 위해 다른 사람으로부터 도움을 얻어야만 했답니다." 업무에 지나칠 정도로 많은 정신력을 쏟다 보면 업무에 너무 많은 가치를 둠으로써 다른 모든 것은 지엽적인 것으로 여기는 경우도 생긴다. 결국 만성적인 초조감은 기업의 의사 결정에 부정적인 영향을 미치게 된다. 크리스틴 코머퍼드 린치는 이에 대해 다음과 같이 설명한다.

업무상 지나칠 정도로 초조감을 갖다 보면 문제가 야기되기도 합니다. 저를 찾아오는 어떤 신생 기업들은 이렇게 반응하기도 하지요. 자기네 회사에 단기 대출금을 제공해 주지 않으면 다른 금융회사를 찾아가겠노라고 말입니다. 그러면 담당자들은 '이번 건은 정말로 굉장한 거래이니, 아무래도 상대방이 원하는 대로 해 주어야겠군.' 하는 심리가 됩니다. 이리하여 충분한 시간을 들이며 제대로 점검하지 않고 넘어가다 보면 사고가 나게 마련이지요. 다른 사람들의 관심사에 쫓기어 스스로 부담을 안아서는 곤란합니다. 저는 이런 기업들을 만나면 대처하는 법을 스스로 터득하게 되었습니다. 저는 이렇게 말하지요. "그렇다면 다른 회사에 가 보세요. 저는 좀 더 시간이 필요하거든요. 회사 업무상 이 정도의 시간은 확보되어야 합니다."라고 말입니다.

잭 그린버그 역시 이와 비슷한 지연책을 활용해 스스로 업무를 처리할 시간을 갖는다. 그는 창의성 개발 연구에서 말하는 이른바 '인큐베이션'이라는 개념을 중요하게 여긴다. 즉 문제 해결을 위해 의식적인 노력을 기울이고 있지 않는 동안에도 인간의 의식 속에서는 무의식 차원에서 당면 과제에 대한 병행 처리가 이루어지는 것을 말한다.

일을 어떻게 처리하면 좋을지 확신이 서지 않을 때 며칠 동안 생각할 시간 여유를 갖다 보면 의식적으로 고민하지 않더라도 문제의 핵심을 좀 더 명확하게 파악하게 되더군요. 그러니까 억지로 문제를 해결하기 위해 당장에 뭔가 결정을 내려야 한다는 생각을 갖지 않으면 되는 겁니다. 문제에 대한 해결책이 내부적으로 저절로 나타납니다. 이런 현상을 어떻게 설명해 드려야 할지 모르겠습니다만, 아무래도 제 생각에는 그중 일부는 무의식적으로 나타나는 것 같습니다. 의식적으로 심사숙고하지 않는 문제라 하더라도 사람의 두뇌는 그 문제에 대해 무의식 차원에서 작용하고 있는 게 분명합니다. 시간이 얼마 정도 흐른 뒤에 문제가 좀 더 분명하게 파악되는 경우가 많습니다.

최선의 시간 관리 방법에 대한 유용한 정보는 다양하게 존재하지만 내 자신의 개인적 경험에 비추어 볼 때 최선의 유일한 방법이란 없는 듯하다. 가령 방법에 따라 어떤 사람에게는 효과가 있지만 다른 사람들에게는 효과가 없는 경우가 있기 때문이다. 성공을 구가하는 리더들 중에서 어떤 사람들은 몇 달 전부터 자신의 일과 계획을 분 단위로 철저하게 짜는 사람이 있는 반면, 어떤 이들은 미리 예측하지 못한 온갖 기회를 활용하기 위해 일과 계획을 가급적 유동적이고 신축성 있게 유지하는 것을 좋아한다. 어떤 사람들은 일단 오전 중에 쉬운 일부터 해결한 다음에 좀 더 중요한 문제들에 주의를 집중하며 해결할 때 최적의 업무 성과를 낸다. 반면 어떤 사람들은 중요한 문제들을 먼저 해결한 다음에 쉬운 문제들은 나중에 서서히 여유 있게 처리하는 방식을 선호한다. 개인적으로 어떤 습관을 가지고 있든 간에 상관없이 자신의 리듬에 맞추어 일을 하는 것이 중요하다. 다시 말해, 어떤 방식이 자신에게 가장 적합한지 파악해야 하는 것이다. 만약 일과 계획을 빈틈없이 세우며 우선순위가 높은 문제들을 먼저 처리하기를 좋아하는 사람들은 그런 조건이나 상황에서 가장 좋은 성과를 나타낼 가능성이 많다. 따라서 직장에서 업무 시간을 활용함에 있어서 가장 몰입이 쉽게 일어날 수 있는 리듬을 개발하는 것이 바람직하다. 이러한 원칙은 부하 직원들에게 있어서도 마찬가지로 적용될 수 있다. 같은 팀에 속해 있다고 해서 모든 직원이 같은 리듬에 맞추어 일해야 할 필요는 전혀 없는 것이다.

3. 습관

동일한 행위나 활동에 지속적으로 주의를 집중하면 습관이 형성된다. 아리스토텔레스는 사람의 미덕은 오랜 시일에 걸쳐 형성된 습관의 결과로 나온다는 사실을 깨달았다. 미국의 저명한 심리학자 윌리엄 제임스는 습관이야말로 인간 심리의 가장 중요한 구성 요소라는 견해를 밝혔다. 우리가 오랜 기간에 걸쳐 어느 분야에 그리고 어떤 방법으로 주의를 집중하는가에 따라 결과적으로 우리의 인생이 달라진다는 점을 생각하면 이들의 지적에도 일리가 있음을 깨닫게 된다. 또한 이것은 우리가 인생의 초기 단계에 어디에 관심을 두는 법을 배웠는가에 그 바탕을 두고 있다. 이 책의 지면을 통해 습관이라는 엄청날 정도로 중요한 주제에 대해 충분히 논의할 수는 없는 노릇이지만, 적어도 이와 관련하여 몇 가지 사항은 고려해 볼 만한 가치가 있을 것이다.

사람들이 저마다 어떤 습관을 들이느냐 하는 것은 두 가지 요인에 달려 있다. 첫째 요인은 훈련과 인성이며, 이를 다른 말로 하면 근면이라 할 수 있다. 둘째 요인은 자신이 즐겨 하는 일이다. 이상적으로 볼 때, 개인은 복잡성의 증가를 유도하는 활동을 학습해야 한다.(이것이야말로 제4장에서 논의한 바 있는 심리적 자본의 형성 과정이다.) 만약 텔레비전을 보거나 파티에 참석하여 즐거운 시간을 갖거나 도박, 마약 등에 탐닉하는 활동을 즐기면서 성인이 된다면, 다른 분야에 있어서는 아무짝에도 쓸모없는 인물이 될 가능성이 높다. 인생의 초기 단계부터 정열을 어디에 투입하는가에 따라 개인의 인생이 크게 달라질 수 있다.

하지만 나이가 들어서도 새로운 습관을 형성하는 것이 가능하다. 특정 사고 방식이나 행동 양식이 상대적으로 바람직하지 않다는 생각이 든다면 좀 더 바람직하고 효과적인 전략을 자신의 행동으로 받아들일 수 있는 것이다. 잭 그린버그는 자신의 행동을 바꿈으로써 전략을 개선시켰던 경험담을 이렇게 밝힌다.

제가 인생에서 얻은 또 하나의 깨달음이 있습니다. 그건 정신적으로 건강하지 않은 상태에서는 중요한 결정을 내리면 안 된다는 것입니다. 그릇된 의사 결정을 내릴 수 있는 가능성이 있기 때문이지요. 너무 피곤하거나 의기소침 또는 우울한 상태에서는 유의해야 합니다. 이것이 자신의 생각이나 의사 결정에 영향을 미칠 수도 있거든요.

자신의 가치관에서 종교가 중추적인 위치를 차지하는 사람들도 상당히 많다. 그런 이유 때문에 기도는 자신의 영혼과 합일을 이루고 미래에 대한 목표를 세우도록 해 주는 중요한 습관이 될 수 있다. 존 템플턴 경은 일상적인 활동에 규칙적으로 기도를 포함시키는 자신의 생활 습관을 이렇게 묘사한다.

저는 기도를 많이 하는 편입니다. 앞서 말씀드렸던 것처럼 저는 기도하면서 다른 한두 가지의 일을 동시에 하려고 합니다. 예를 들어 운전을 하면서 기도하는 식이지요. 이때 완전히 새로운 기도를 생각해 내는 것이 아니라 전에 몇 번 반복했던 기도를 하는 것이 훨씬 쉽다는 생각이 듭니다. 그래서 저는 가급적이면 몇 년 전에 이미 정해 두었던 기도를 합니다. 하지만 아울러 저는 항상 좀 더 다른 방식 그리고 좀 더 바람직한 방식을 발견하고자 노력합니다.

몰든 밀스 사의 아론 포이어슈타인은 자신이 스스로 선택한 즐거운 습관은 인생의 말년에 힘과 열정을 되찾게 해 준다는 사실을 다음과 같이 생생하게 묘사한다. 다른 사람이 보기에는 무척 힘들고 고된 것처럼 보이더라도 이것을 즐기는 당사자에게는 전혀 그렇지 않다는 것이다.

저는 매일 아침 5시 15분에 일어납니다. 그리고 한 시간 동안 운동을 하지요. 격일로 운동의 종류를 달리하는데 하루는 달리기를 하고 다음날은 체조를 한답니다. 그것도 59분도 아닌 1분도 남김없이 한 시간을 꼬박 채웁니다. 매일 이렇게 한 시간씩 운동을 하는 거지요. 저는 운동을 하면서 동시에 정신 운동을 같이 합니다. 달리기를 하면서는 한 시간 분량의 히브리 시를 외우고 체조를 하면서는 한 시간 분량의 영시를 외웁니다. 육체 건강에만 신경을 쓰지 않고 정신 건강에도 관심을 기울이는 셈입니다. 운동을 끝내고 나면 기진맥진하여 피로감을 느끼지만 일단 회사에 도착하면 피로감이 싹 가시는 경지에 올랐습니다. 이미 이때쯤 되면 힘들고 어려운 일도 당당히 헤쳐 나갈 수 있는 자신감이 생기지요.

리처드 제이컵슨 역시 이와 비슷한 습관을 따른다. "저는 매일 아침 성경을 읽고 기도를 하며 한 시간이나 한 시간 반 동안 일기를 씁니다."

만약 습관이 위에서 열거한 사례처럼 완전히 일상화되지 않은 경우에는 사색을 위해 일정 시간을 할애해 두면 도움이 된다. 이 시간에는 자신이 지금까지 어떤 모습으로 살아왔으며 미래에는 어떤 모습으로 살아가고 싶은지 정리하는 것이다. 자신을 정리하는 이런 활동은 매일 할 수도 있으며 일 년에 두세 번 정도만 할 수도 있다.

크리스틴 코머퍼드 린치는 자신의 인생 계획 습관을 이렇게 묘사한다.

저는 제 인생의 모습을 정리할 때 일기장을 옆에 두고 자리에 앉습니다. 대개의 경우 7월이나 12월에 그렇게 하는데 대강 이런 식으로 묻습니다. "자, 내 인생은 제대로 이루어져 가고 있는가?" 이 질문에는 사실상 다양한 측면이 존재하지요. "직업상의 내 인생은 제대로 이루어져 가고 있는가? 내 사생활은 제대로 이루어져 가고 있는가? 나는 충분히 나 자신의 능력을 발휘하며 살아가고 있는가? 내가 두려워하는 것은 무엇인가? 다음 단계로 나가려면 어디로 가야 하는가? 나는 정신적으로 발전해 나가고 있는가? 나는 아직도 하느님과의 밀접한 관계를 느끼며 살아가는가 아니면 세상사에 휩쓸리며 넘어지고 있는가?" 정말이지 세상사에 휩쓸려 살아가다 보면 몇 년 후에 갑자기 정신이 번쩍 들며 이런 생각을 하게 될 거예요.

"이런, 내 인생이 어디로 가 버린 거지?" 이런 이유 때문에 저는 자신의 모습을 점검하는 게 중요하다는 생각이 듭니다. 무척이나 중요한 일이지요.

하지만 이런 질문에 대한 정확한 해답을 제시하기 위해서는 매일같이 나타나는 자신의 감정이나 행동에 주의를 기울이는 습관을 형성할 필요가 있다. 여기에서 우리는 이번 장의 첫머리에서 밝힌 주제로 돌아가게 된다. 즉 자신을 아는 것이야말로 몰입을 자신의 전체 삶 중의 일부로 만드는 첫 단계인 것이다. 그러나 물질주의가 지배하는 경제 체제에서는 점심을 공짜로 먹는 법이란 없는 것처럼, 정신 세계에서도 아무런 노력 없이 결실을 맺을 수는 없다. 만약 의식이라는 내적인 현실에 정신력을 투입하려는 의지도 없이 외부적인 보상만을 추구하며 정신력을 낭비하게 되면 자신의 삶에 대한 지배력을 상실하고 만다. 이리하여 결국은 자신이 처한 환경에 영향을 받는 꼭두각시가 될 뿐이다.

제9장
비즈니스의 미래

> 우리 시대의 가장 강력한 지배 계층은
> 비즈니스계에 종사하는 기업인들이다.
> 기업의 목표를 단순히 금전적 수익으로 제한하는 것은
> 기업의 엄청난 잠재 능력을 제대로 활용하지 못하는 것이다.
> 공공의 이익과 복지에 기여하는 것이 보다 가치 있으며
> 오히려 확실한 생존을 보장받는 길이다.

역사의 어느 시대이든 사회 내부에서 특정 역할을 담당한 부류는 나머지 군중들보다 우위를 점하며 지내 왔다. 당대의 생산 수단과 사회의 가치관에 따라 사냥꾼, 전사, 성직자, 지주, 상인 등이 이런 지배 계층을 형성하며 경제는 물론 정치와 문화를 주도했다. 이들은 부를 축적하고 법 체계에 영향력을 행사하며 심지어는 진리와 아름다움의 기준을 정하기도 했다. 우리 시대에 있어서 사회의 가장 강력한 지배 계층은 비즈니스계에 종사하는 기업인들이라는 점은 자명하다. 기업인들은 음식에서 석유에 이르기까지 각종 자원의 흐름을 통제할 뿐 아니라 국가의 통치 방법이나 통치 세력에 대해 그 어느 계층보다 강력한 발언권을 행사하고 있다.

비즈니스는 존속할 수 있는가?

기업의 이익은 국제 무대에서 미국의 개입에 지대한 영향력을 미치고 있다. 이것은 남미 제국의 바나나 농장에 대한 투자 보호든, 쿠웨이트 유정에 대한 투자 보호든 상관없이 광범위하게 이루어지고 있다. 예전에는 사회의 중요한 기능들이 시장과는 비교적 무관했지만 이제는 월스트리트의 하인이 되어 버린 상태이다. 의료 제도 관리에서 농업 경영에 이르기까지, 언론 매체에서 유전 공학 연구에 이르기까지, 교육에서 음악과 엔터테인먼트에 이르기까지, 이들 기관들의 내적인 가치는 시장의 가치관에 묻혀 버렸다. 언론이 유용한 정보를 제공하는지의 여부는 오늘날에는 더 이상 중요한 요인이 되지 못한다. 만약 특정 신문사가 기대한 수준만큼 현금을 벌어들이지 못한다면 이 신문사가 문을 닫게 되는 것은 시간문제라고 할 수 있다. 병원이 지역 공동체의 건강을 제대로 책임질 수 있는지의 여부도 더 이상 중요한 문제가 되지 못한다. 그 병원의 배당금이 투자자의 기대를 충족시키는지의 여부가 중요한 고려 사항일 뿐이다. 예전에는 수익 마진의 기대치가 백분율로 따져 보았을 때 한 자리에 머물렀을 따름이지만 이제는 20퍼센트대로 상승한 것이 현실이다.

물론 우리 사회가 이런 상황으로 치닫게 된 작금의 상황을 기업의 잘못으로만 돌릴 수는 없는 노릇이다. 가급적 단기간 내에 최고의 투자 수익률을 내는 데에만 급급하는 탐욕적 현상이 나타나게 된 것은 사회 전체의 책임이다. 과거에 사람들은 모든 행복이 시장에서 제공될 것으로 기대하지 않았다. 우리 선조들은 자신의 직업에 긍지를 지니고 있었을 뿐 아니라 토지와 가축으로부터 심리적 안정감을 찾았다. 또한 종교에 희망을 걸었으며 가족과 공동체에서 위안을 얻곤 했다. 재정적 투자를 통해 조금이나마 재산을 늘릴 수 있다면 이것을 다양한 축복 가운데 일부분으로 여겼다. 그러나 이제는 직업, 종교, 가족, 공동체를 유지하고 개발하기 위해서는 엄청난 노력이 요구되는 것처럼 느껴지는 시대가 되어 버렸다. 차라리 기적이라도 일어나서 대박이라도 터지기를 기다리는 게 더 쉬운 일이 되어 **버렸다**. 주식 시장에 상장된 기업들의 경영인들은 이런 추세를 도저히 거역할 수 없는 입장에 놓여 있다. 만약 무엇인가 가치 있는 일에서 최선의 결과를 도출하기 위해 불가피하게 기업의 수익이 줄어들게 되는 전략을 구사했다가는 차기 주주 총회에서 직위 박탈을 경험할지도 모르는 상황에 부딪힌다.

이러한 시장 여건에서 단순한 수익 창출을 초월한 좀 더 원대한 목표를 향해 정진하려는 기업인들은 곧 난관에 봉착하고 만다. 하지만 권한과 리더십에는 사회적 책임감이 따라오게 마련이다. 과거 한때 사람들은 교회가 자신들의 삶에 별다른 가치를 제공하지 않는다는 사실을 깨닫게 되었다. 그러자 교회의 정당성과 권위는 점차 추락하기 시작했다. 또한 유럽에서 토지를 보유한 귀족 계급이 서민들의 행복과 복지에 걸림돌이 된다는 인식이 확산되자 귀족 계급의 멸망은 피할 수 없는 운명이 되었다. 이와 마찬가지로 시장 경제가 극소수의 이익을 위한 편리한 도구에 불과하며 다수의 행복에 공헌하지 못한다는 인식이 널리 확산되기에 이르면 기업은 현재의 패권을 유지하는 데 실패하게 될 것이다.

우리의 연구 목적상 인터뷰 대상이 되었던 경영인들은 대체로 자신들의 역사적 역할에 대해 양면적인 태도를 보였다. 한편으로, 이들은 너 나 할 것 없이 자신의 일이 사회에 공헌한다는 점에 대해 긍정적 입장을 나타냈다. 이들 중에서 간혹 열의에 찬 태도를 보이는 사람들도 있었다. "성공적인 기업들은 실제로 국가 경제 발전에 도움을 줍니다. 우리의 꿈을 이루게 했던 것도 기업이었습니다. 이것이 바로 기업이 하는 일이니까요. 기업은 국가에 세금을 납부하고 사람들에게 일자리를 제공할 뿐 아니라 직원들에게 야망을 불어넣어 주지요. 기업 활동을 통해 주택이나 고속도로 건설이 이루어지기도 합니다. 이런 모든 활동들이 기업 차원에서 이루어지지요. 또한 기업 활동은 사람들을 모여들게 합니다. 기업은 교육과 기술의 발전과 건강 증진에 재정적 지원을 하기도 합니다. 기업 활동이야말로 현재의 세계를 만들어 낸 원동력입니다."

우리의 인터뷰 대상이 되었던 경영인들은 대체로 현재 기업 활동 또는 비즈니스가 가고 있는 방향에 대해서도 낙관적인 입장을 취했다. 이들은 비즈니스 관행이 예전보다 훨씬 좋아졌다는 데 의견을 모으고 있다. 기업의 투명성과 책임감이 높아졌음은 물론, 직원 및 공동체의 복지와 환경에 대한 관심이 예전에 비해 높아졌다는 평가를 내리고 있다. 물론 냉혹하고 비윤리적인 경영인들이 일부 존재하고 있다는 사실은 이들 모두가 인정하고 있지만, 이 인물들은 극소수의 예외적 존재들이라는 굳은 신념을 지니고 있다. 더욱이 비즈니스 세계에서 비양심적인 인물들은 학계나 종교계 못지않게 적다고 자부하고 있다.

물론 당사자인 기업인들에게 질문을 던졌으니 동료 의식 때문에라도 긍정적인 평가를 내렸을지도 모른다고 추측할 수도 있겠다. 자신들이 평가 대상이 되는 당사자라는 점에서 이해할 만도 하며, 어쩌면 제7장에서 살펴본 바와 같이 경영인들은 일반적으로 대부분의 문제에 있어서 낙관적인 성품을 나타내기 때문에 이런 결과가 도출되었는지도 모른다. 기업 활동과 비즈니스에 대해 비판적인 관점을 견지하면 기업의 이사회에서든 골프장에서든 오랫동안 살아남기 힘들다.

비전을 지닌 기업가들은 기업 활동이나 비즈니스에 대해 전반적으로 긍정적인 평가를 내리고 있지만, 한편으로 기업이 사회 내부에서 묵시적인 사회적 계약을 지속적으로 유지할 수 있으려면 해결해야 할 심각한 문제들이 몇 가지 존재함을 인식하고 있다. 가장 빈번하게 언급되고 있는 문제점 가운데 하나는 보상 체계의 불평등이 심화되고 있다는 점이다. 더글러스 이얼리는 이러한 딜레마의 특징을 다음과 같이 정리한다. "부정적인 측면을 언급한다면 최고 수준의 능력을 지닌 인물들과 최저 수준의 능력을 지닌 인물들 간에 점차 급여 격차가 커지고 있다는 사실을 들 수 있습니다. 지나칠 정도로 탐욕이 우리 사회를 지배하고 있습니다. 얼마나 많은 돈을 가지고 있으며 벌고 있는가 하는 것이 가치 판단의 기준이 되고 있는 실정입니다." J. 어윈 밀러 역시 동일한 문제점을 지적한다.

문제의 실례를 들자면 일반적으로 임금 수준이 동결되어 있는 마당에 일부 CEO들은 엄청날 정도로 높은 연봉을 받기 위해 혈안이 되어 있다는 점입니다. 제 생각에는 아무래도 이런 식으로 나가다간 일종의 사회 혼란이 조만간 나타날 것만 같습니다. 대부분의 기업 조직에서 최고 대우를 받는 사람과 최저 대우를 받는 사람 간의 격차가 더욱 커지고 있습니다.

경영 대학원을 갓 졸업한 젊은이들 중에서 상당수는 자신의 목표에 대한 질문을 받으면 이렇게 말하지요. "글쎄요, 서른 살이 되기 전에 백만 달러의 돈을 버는 인물이 되고 싶습니다." 이들은 "건전한 기업을 구축하는 데 힘쓴다거나 훌륭한 일을 해보고 싶습니다."라고 말하는 법이 결코 없지요. 이들의 태도 속에서는 자아를 벗어난 이타적인 모습을 별로 찾아볼 수 없습니다. 가치관 속에 이타적인 가치관이 높게 자리 잡지 못한 상태라면 인생에서 실패할 수밖에 없는 운명에 처하게 됩니다. 자신이 몸담고 있는 대학이나 기업 또는 조직의 목표와 가치관에 자신을 맞추지 않으면 실패의 고배를 마시게 되거든요. 오히려 "이 조직을 튼튼하게 견실하게 정립시키는 데 공헌하고 싶습니다."라고 말하는 이가 성공을 기대할 수 있습니다. 반면에 자신의 가치를 금전으로만 환산하는 것은 인생의 실패라고 할 수밖에 없습니다.

자신이 일을 해 온 평생 동안 비즈니스 관행들이 개선되었는지 악화되었는지에 관한 질문을 받자 허먼 밀러 사의 맥스 디프리는 점차 심화되어 가는 불공정 행위와 탐욕 등이 지평선 너머에 잔뜩 끼어 있는 먹구름 같다고 지적한다.

기업 활동에는 비윤리적 관행들이 어느 정도 항상 존재하게 마련이고 이를 통제하기도 어렵다는 생각이 듭니다. 그런데 만약 이런 부정적 관행들을 규제할 수 있는 법률이 있다면 그런대로 괜찮을 것 같기도 합니다.

제가 보기에 자유 시장 경제 체제에 더욱 위험한 요소는 통제가 불가능한 불공정하고 불합리한 관행들입니다. 가령 CEO가 기업으로부터 불합리할 정도로 엄청난 거액의 돈을 가져가는 것도 한 가지 예가 될 수 있습니다. 이런 문제를 고려하다 보면 고객에게 얼마의 가격을 요구해야 하는가 하는 문제에 봉착하게 되지요. 예를 들어 고객이 자동차나 의자만을 구매하고자 할 때 다른 비용들까지 포함해서 최종 가격을 지불할 필요는 없다는 뜻입니다. 가령 제가 만약 SUV 한 대를 구매한다고 할 때 자동차 제조업체의 CEO가 자기의 정부를 위해 스위스 취리히에 아파트를 한 채 사는 데 드는 비용까지 자동차 가격에 포함해서 지불해서는 안 된다는 것입니다. 다시 말해서 자동차 가격에 불필요한 비용까지 포함시켜 소비자로 하여금 지불하게 하는 것은 불합리하다는 뜻입니다.

성공을 이룩한 자본가들이 다음과 같은 의견을 피력하는 것을 들어보면 놀라움을 금치 못하게 된다. "일체의 구속과 제한이 없는 자유 시장 경제 체제가 아무런 문제도 일으키지 않을 것이라고는 생각되지 않습니다. 강력한 소비자들과 강력한 제조업체나 공급업체가 양 진영에 포진되어 있기 때문에 양자 가운데 한쪽이 다른 한쪽을 집어삼키지 못하도록 정부가 지혜로운 중재자가 되어 주어야 합니다." 일부 경영인들의 주장이다. 애니타 로딕은 탐욕에 대한 비난의 수위를 한 단계 높이며 세계화의 어두운 면을 지적한다. 그녀의 견해에 따르면 세계화는 250년 전 영국이나 독일의 산업혁명으로 인해 나타났던 일종의 사회적 단층 현상을 범세계적으로 파급시키고 있다고 한다.

CEO들이 급여로 받는 거액의 연봉, 바람직한 비즈니스 관행으로 여겨지는 다운사이징, 이로 인한 전체 공동체들의 소멸 등은 이런 현상을 여실히 보여 줍니다. 기업들은 급여 체계가 판이하게 다르기 때문에 좀 더 고분고분하며 다루기 쉽고 수동적인 노동자들을 찾아 해외에서 인력을 발굴하는 데 급급하고 있지요. 노동자들에 대한 보호 대책은 전혀 마련되어 있지 않고, 특히 여성 노동자들의 경우에는 더욱 그런 실정입니다. 저는 이 때문에 다각적인 차원에서 인류의 소외가 이루어지고 있다고 봅니다. 제가 전하고자 하는 메시지는 기독교나 불교, 그리고 위대한 철학자들의 바람직한 가치관들을 모두 취합해 비즈니스 언어의 일부분으로 포함시키자는 것입니다.

애니타 로딕은 권력이나 패권에 부수되는 다양한 위험성 중에서 한 가지를 지적하고 있다. 비즈니스의 성공에 힘입어 비즈니스의 위력이 확산되어 결국 우리의 전체 삶을 집어삼킬 수 있음을 암시하고 있는 것이다. 마치 건강한 신체 조직을 파괴하는 강력한 암세포처럼 말이다. 이러한 시나리오에서 가치를 측정할 수 있는 유일한 척도는 재정적인 성공뿐이며 유일한 선(善)이란 기업의 수익을 확대하는 것뿐이다. 의리나 애사심 등은 그때그때 형성되는 시장 가격에 매매되고 있을 따름이다. 공기, 물, 건강 등은 수요와 공급의 법칙에 따라 할당되는 것에 불과하다. 비즈니스 언어가 '기독교나 불교, 그리고 위대한 철학자들의 가치관'을 흡수해야 하는 이유는 바로 이러한 암울한 일차원적 미래를 미연에 방지하기 위해서이다.

안타깝게도 이러한 가치들은 일상적인 기업 활동이나 비즈니스 관행 속에서 너무나 쉽게 잊히곤 한다. 어차피 사람들은 끊임없는 도전에 부딪쳐야 하며 특정 기업의 일상적인 운영은 인류의 궁극적인 행복에 극히 미미한 영향밖에 줄 수 없는 것이 현실이다. 우리는 즉각적인 성공이라는 편협한 잣대로 모든 것을 평가하는 데 익숙해져 있는데, 실제로 이런 잣대를 적용하면 특정 행위로 인해 나타나는 장기적인 결과를 무시할 가능성이 높다. 하지만 기업이 사회 내부에서 획득한 권력에 뒤따르는 책임을 계속해서 등한시할 경우에는 머지않아 사회의 면역 체계 자체가 자유 시장 경제 체제를 거부하게 될 것이다.

이러한 딜레마에 대한 한 가지 해결책은 순수한 시장 경제 원칙에서만 움직이는 세계관이 앞으로 가져다줄 폐해에 대해 좀 더 분명하게 직시하는 것이다. 또한 이렇게 하기 위해서는 약간의 안내와 지도를 받아 사색에 잠기는 훈련을 해야 한다. 윌리엄 폴러드는 다음과 같이 논평한다.

우리 사회는 지금까지 경영인들에게 사색을 하도록 권고하지 않았다는 생각이 듭니다. 오히려 경영인들에게 행동만을 권유했을 따름이지요. 사색에 잠기도록 유도하려면 우선적으로 교육이라는 과정이 필요합니다. 저는 『기업의 영혼(The Soul of the Firm)』이라는 책에서 제가 개인적으로 어느 상장기업에서 겪은 경험에 대해 언급한 바 있습니다. 당시에 이 회사는 차기 CEO를 영입하는 과정에 있었는데, 저는 후보자의 면접을 담당하는 인사 위원회에 소속되어 있었습니다. 당시에 우리는 무척 많은 CEO 후보자들의 면접을 실시했습니다. 우리는 그때 각 후보자의 생활 철학이 무엇인지, 과연 그 후보자가 사색적인 인물인지를 어떤 방법으로든 파악하고 싶었지요. 사실 그것을 파악하는 데는 다양한 방법이 있을 수 있었습니다. 가령 어떤 책을 주로 읽고 어떤 책을 읽지 않는지 물어볼 수도 있고 그 밖에 여러 가지 방법이 있을 수 있었거든요. 그런데 우리는 다른 방법을 채택하지 않고 단순히 각 후보자에게 "당신은 어떤 것이 옳고 그르다는 것을 어떻게 결정합니까?"라는 것은 던져 보았지요. 그러자 실로 다양한 답변이 나오더군요. 우선적으로, 대부분의 후보자들은 우리의 질문이 "회사 경영에 있어서 특정 사안의 옳고 그름을 어떻게 결정하는가?"라는 질문으로 생각하더군요. 경영상의 문제를 어떻게 예측하고 대처하는가의 질문과 같은 수준으로 생각했던 것이었습니다. 그것이 바로 우리의 질문에 대한 후보자들의 첫 번째 반응이었던 것이죠. 그래서 우리는 이렇게 말했습니다. "아니요, 우리가 드리는 질문은 그것이 아닙니다. 우리가 여쭤보고 싶은 것은 도덕적인 문제에 대한 것이었습니다."라고 정정했지요. 가령 정직한 언행은 왜 옳은 것인가요? 20년 전만 하더라도 여성들은 특정 유형의 일만을 할 수 있었던 반면 남성들은 다른 모든 다양한 직업을 얻을 수 있었던 적이 있었는데, 왜 당시에는 그런 사고방식이 옳은 것이었는지요? 그런데 동일한 사고방식이 오늘날에 와서는 왜 그릇된 것일까요? 오늘날에 와서는 법 자체가 이런 사고방식을 금지하기 때문에 옳지 않은 것일까요? 아니면 그런 사고방식 자체가 근본적으로 그릇된 것이었는데 과거에는 미처 그것을 깨닫지 못했던 것일까요? 우리가 현재 당면한 문제들 중에서 우리가 심사숙고해야 할 문제들은 과연 무엇인가요? 우리가 기업을 경영하고 대인 관계를 형성하는 방식에서 무엇이 옳은 일이며, 무엇이 그릇된 일일까요? 이렇게 실로 다양한 측면을 생각할 수 있습니다. 가령 이와 관련해서 환경 문제를 생각할 수도 있고 다른 다양한 문제들을 고려 대상에

넣을 수도 있습니다. 경영인으로 하여금 이런 문제들을 예측하고 대처하도록 이끄는 원동력은 과연 무엇일까요? 기업은 과연 재화와 용역의 생산에 더하여 인력 개발을 위한 도덕 공동체가 될 수 있을까요? 이것이야말로 근본적인 질문이라 할 수 있습니다. 만약 기업이 도덕 공동체가 될 수 있다면 이런 기준에 관한 문제점을 고려해 나갈 때 리더십의 위치는 과연 어디일까요?

기업의 모든 CEO 후보자들이 옳고 그름을 판단하는 기준이라든지 도덕 공동체의 기반을 조성하는 요소들을 나름대로 자기 판단에 의거하여 이야기한다고 하자. 하지만 그렇다고 해서 과연 전반적인 기업 환경에 변화가 생기겠는가? 물론 이것은 아마도 귀중한 첫 단계가 될 수는 있겠지만, 이런 도덕적 의무를 고려한 보상, 승진, 성공 등의 인센티브를 개발함으로써 이것을 강화하고 뒷받침할 필요가 있다. 안타깝게도 사회적 책임감을 입으로는 공언하면서도 실제로 이것을 행동으로 옮기지 않는 우를 범하기 십상이다. 과거에 교황들은 '하느님의 종들의 종'이라 자처하면서도 한편으로는 사회 전반에 빈곤이 만연해 있는 와중에 엄청난 재산을 긁어모으곤 했었다. 마찬가지로 중세의 봉건 영주들은 스스로 과부와 고아를 보호하는 사람이라고 말하면서도 영주로서의 권력을 휘두르곤 했다. 위선은 단순한 무지나 망각보다 부패하는 힘이 더욱 강하다.

여유를 갖고 사색에 잠기는 사람들이라면 맥스 디프리가 도달한 다음과 같은 결론에 공감을 표시하는 경향이 있다.

직업으로서의 제 생활은 일종의 순례였다는 생각이 듭니다. 어떤 순례인가 하면 어떻게 하면 회사의 수익을 증진하고 주당 소득액을 높일 수 있는가 하는 사고방식으로부터 과감하게 벗어나서, 민주주의 사회에서 자유 시장 경제 체제를 존속시키는 원칙들이 과연 무엇인가 고찰해 보는 그런 순례이지요. 자유 시장 경제 체제이든 민주주의 사회이든 상관없이 우리가 이것들을 존속시킬 수 있는 원칙들을 이해하고 실천해 나가야 합니다. 그렇지 않으면 자유 시장 경제 체제나 민주주의 사회는 명맥을 유지할 수 없게 되거든요. 역사적으로 볼 때 기업이라는 조직은 탄생한 지 얼마 되지 않은 체제라고 할 수 있습니다. 그런데도 우리는 자유 시장 경제 체제 내에서 이것들의 존속을 뒷받침하지 못하는 태도나 관행의 흔적을 도처에서 보고 있는 실정입니다.

우량 기업의 원칙들

비전을 지닌 경영인들로부터 우리는 어떻게 하면 우량 기업을 경영할 수 있는가에 대한 구체적인 아이디어를 배우게 되었다. 바꿔 말하면, 적절한 수익을 내면서 무엇보다도 인류 행복과 복지에 공헌하는 기업 조직을 구축하는 방법을 배운 것이다. 경영인들이 쌓은 다년간의 실무 경험으로부터 우리는 견실한 우량 기업을 세울 수 있는 토대에 대해 대강이나마 윤곽을 잡을 수 있었다. 사실상 따지고 보면 경영인들의 실무 경험은 중세 또는 그보다 더 이전으로까지 거슬러 올라갈 수 있을지도 모른다. 나는 경영인들이 지닌 다양한 아이디어들 중에서도 특히 세 가지 중요한 사항을 지적하고자 한다. 이 세 가지 사항은 기실 가장 필요하면서도 가장 폭넓게 인정을 받는 요소들이라 할 수 있다.

비전을 지녀라

앞에서 우리는 비전을 지닌 경영가들에게서 보이는 가장 중요하면서 독특한 속성이 있다는 사실을 살펴보았다. 이것은 자기 자신은 물론, 다른 사람들에게도 이득을 가져다주는 것을 중요한 목표로 삼는 태도라 할 수 있다. 이러한 비전은 사람들로 하여금 열정을 불러일으키도록 유도할 뿐 아니라 자신이 속한 기업의 직무 그 이상을 해보겠다는 의욕을 가지게 한다. 제7장에서 나는 이런 종류의 비전을 '영혼'이라고 불렀었다. 왜냐하면 이런 비전은 자기 중심적이고 수동적인 직원들을 변화시켜, 발전을 희구하고 대인 관계를 중시하는 그런 인물들이 되도록 하기 때문이다.

하지만 '비전'이라는 단어는 여기에서 별로 적절하지 않은 듯하다. 비전이라 함은 일반적으로 경영인이 기업 차원에서 향후에 성취하고자 하는 시각적, 정신적 이미지를 내포하기 때문이다. 정작 인터뷰를 통해 나타난 결과에 비추어 볼 때, 경영인들이 적극적인 활동을 전개하도록 유도하는 원동력은 단순한 정신적 이미지보다 훨씬 실질적인 요소라고 할 수 있다. 이러한 원동력은 그 개인 자신이 어떤 힘의 영역에 물리적인 뿌리를 두고 있다는 느낌과 신념을 포함하기도 한다.

이런 영역은 그 개인을 포함하는 더 큰 실체로 볼 수 있다. 마치 자신은 이 세상에 잠깐 왔다가 사라지는 덧없는 존재가 아니라 우주 속에 영원한 처소를 마련해 두고 있다는 느낌을 가지는 것이다. 자신만이 접하는 이런 독특한 공간은 구체적인 의무와 책임을 포함한다. 달리 말하면 사람들은 저마다 이런 자신만의 처소 또는 공간 속에서 개인적인 운명, 즉 소명감을 느끼는 것이다.

이러한 비전은 막강한 힘을 지닌 장치라고 할 수 있다. 적어도 비전을 가지고 있는 사람은 개인적으로 엄청난 정신력 낭비를 막을 수 있다. 가치 기준이 분명하므로 적어도 자기가 취하는 행동의 옳고 그름을 고민하지 않아도 되기 때문이다. 위기의 순간에 부딪히면 다른 사람들은 불안과 회의로 아무런 행동도 취할 수 없게 되지만, 강력한 비전을 지닌 사람은 주어진 과제를 수행하는 데 조금도 주저하지 않는다.

이런 리더들에게 동기를 부여하는 소명의 주요 유형에는 세 가지가 존재한다. 한마디로 말해서, 이 중에서 첫 번째 소명은 최선을 다하는 것이다. 이본 쉬나르처럼 튼튼해서 찢어지지 않는 셔츠를 만들고 싶다는 생각이든 노먼 오거스틴처럼 세계 최고의 항공 기업을 만들고야 말겠다는 각오든 간에, 탁월한 능력을 발휘하고자 하는 열망은 강력한 힘이며 다른 사람들에게도 쉽게 전달이 되어 조직 전체가 흔들리지 않는 뚜렷한 목적 의식을 갖도록 해 준다. 또한 최선을 다하는 자세는 창의성을 유도하는 자극제이며 가능성의 한계를 뛰어넘고자 도전하는 열정이기도 하다. 다시 말해 최선을 다하는 자세는 발전을 유도하는 선구적 역할을 한다.

여기에서 반드시 인식해야 할 사항은 어느 누구든지 최선을 다할 수 있는 선택권을 지니고 있다는 것이다. 탁월함이란 수십 억 달러 수준의 기업들만 꿈꿀 수 있는 목표가 결코 아니다. 쉬나르가 세계에서 가장 뛰어난 품질의 등산 장비를 만들겠다는 비전을 품었을 당시에 그는 사업을 꿈꾸는 제철공이었지만 정작 가진 것이라곤 낡아빠진 스테이션왜건 한 대뿐이었다. 애니타 로딕이 당초에 인체에 해가 없는 천연 화장품을 제조하여 마케팅을 시작하려고 결정했을 때 그녀는 돈이나 신용은 물론, 경험도 없는 가정주부였다. 아무런 물질적 수단도 지니지 않았지만 강력한 비전 하나로 사업을 시작한 사업가들은 헨리 포드, 휴렛과 패커드, 로스 페로, 빌 게이츠 등을 비롯해 무궁무진하다 싶을 정도로 많다. 이들을 성공으로 이끈 것은 엄청난 자본 능력이 아니라 어떻게 하면 일을 기존 방식보다 더 효과적으로 할 수 있는가 하는 아이디어에 있었다.

사실상 창의성은 새로운 변혁을 위한 끊임없는 원천이라 할 수 있다. 세상에는 일을 보다 효과적으로 처리할 수 있는 방법들이 언제나 무궁무진하다. 또한 이것은 무척 민주적인 과정이기도 하다. 재산이 많거나 인맥이 잘 형성되어 있거나 아니면 훌륭한 교육을 받지 않았다 하더라도 새롭고 훌륭한 아이디어를 낼 수 있게 마련이다. 피자 프랜차이즈를 운영하든 바이오테크 기업을 경영하든 간에 개선의 여지는 얼마든지 있는 법이다. 탁월함을 추구하며 비전을 구축하는 기회는 우량 기업을 설립하고자 하는 사람들이라면 누구에게나 문이 열려져 있는 것이다.

두 번째 형태의 소명은 다른 사람들을 돕는 것에 그 바탕을 두고 있다. 여기에서 리더의 책임감은 더 좋은 상품이나 용역을 제공하는 데에 주로 집중되어 있는 것이 아니다. 오히려 이것은 직원, 고객, 납품업자는 물론 전체 공동체로 하여금 보다 양질의 삶을 영위할 수 있도록 도움을 제공하는 과업에 있는 것이다. 물론, 이러한 목표는 최선을 다하고자 하는 열망과 반드시 상충되는 것은 아니다. 이 두 가지는 동시에 존재하는 경우가 많지만, 대체로 우선순위는 두 가지 가운데 한 가지 방향으로 이루어진다.

기술적인 능력을 갖추고 있다면 상당히 유리해지는 것은 사실이지만, 조직 내에서 인간관계를 형성하고 활성화하는 능력은 더욱 중요하다고 경영인들은 입을 모은다. 이것은 티머시 로가 다음과 같이 지적하는 바와 마찬가지다. "장기적인 관점에서 성공을 추구하는 사람들은 인간관계에 더욱 집중합니다. 이들은 다른 사람들에게 신뢰감을 주며 자신이 목표하고 약속한 사항을 끝까지 지켜나가느라 주의를 집중합니다. 대부분의 인간관계는 정직성에 바탕을 두고 있거든요." 리더들 중에서 어떤 이들은 자신의 행동이 다른 사람들에게 유익을 주는 것만큼 중요한 것이 없다고 생각한다. 이러한 이타주의야말로 효과적인 리더십을 가능하게 하는 요인이다. 잭 그린버그는 이렇게 말한다. "저는 사람들에 대해 관심을 갖고 인간관계를 형성하는 것을 즐거워할 뿐 아니라 인간관계의 가치를 무척 중요하게 생각합니다. 따라서 어떻게 하면 직원들 한 사람 한 사람에게 적절한 대우를 할 수 있는지 나름대로의 안목을 지니게 되지요. 저의 이런 특성은 경영인으로서의 사회생활에 전반적으로 도움이 되더군요. 관리자이자 리더로서 좀 더 효과적으로 능력을 발휘하는 데 도움이 되더란 말입니다."

최선을 다함으로써 탁월함의 경지에 오르는 것과 마찬가지로, 다른 사람들에게 도움이 되는 사람이 되겠다는 목표는 그 개인에게 끊임없는 영감의 원천이 되어 준다. 자신이 제공하는 재화나 용역을 활용하는 고객들은 물론, 같은 직장에서 일하는 동료들의 삶을 향상시킬 수 있는 기회는 언제나 존재하게 마련이다. 하느님의 사랑 때문이든 부처님의 자비 때문이든 혹은 인류 전체에 대한 근본적인 믿음 때문이든 간에 다른 사람들의 삶을 풍요롭게 하는 행위는 그런 행위를 하는 당사자 개인에게 끊임없는 만족감을 제공한다.

세 번째로, 좀 더 살기 좋은 세상을 만들고자 하는 소명감이 있을 수 있다. 인터뷰에 협조해 준 사람들 가운데 일부는 자신의 직장에 대해 일종의 책임감을 갖고 있었을 뿐 아니라, 민간 단체나 조직을 가장 훌륭하게 뒷받침하는 제도로써 민주주의 체제를 신봉하며 인류에게 생존과 번영을 가져다주는 환경을 존중한다. 이들 대부분은 이런 소명감을 직장 생활을 벗어난 외부 환경에서 추구하는 경향이 있다. 온갖 비영리 단체의 다양한 활동에 혼신을 다해 참여하기도 하고 재정 지원을 하는 경우도 있다. 그러나 일부 리더들은 범세계적인 차원의 원대한 사명 의식을 가슴에 품고 이것을 자신이 이끄는 조직이나 기업의 전략적 목표로 삼기도 한다. 이런 경우라면 진정한 의미의 영혼이 조직이나 기업 차원에서 승화된다고 할 수 있다.

이와 같이 비전을 이루는 구성 요소로는 탁월성의 추구, 인간에 대한 존중, 보다 넓은 환경에 대한 관심 이렇게 세 가지가 있다고 할 수 있다. 세 가지 요소가 갖추어진 기업은 더 이상 수익 창출의 도구로 머물지 않고, 삶을 개선시키는 창조적이고 인간적인 단체로 거듭나게 된다. 물론 수익 창출은 주주들에게 재정적인 혜택을 제공한다는 의미에서 인간의 삶을 향상시킨다고 말할 수도 있을 것이다. 하지만 기업 활동의 목표를 단순한 금전적 수익으로 제한하는 것은 기업의 엄청난 잠재 능력을 제대로 활용하지 못하는 것이다. 우리가 이미 잘 알고 있는 바와 같이 단순한 금전적 수익은 삶의 질을 충분히 향상시키지 못할 뿐 아니라 극히 일부의 선택된 개인들에게만 이득을 제공한다. 특히 기업 활동을 전개함에 있어서 최소한의 법적인 요건을 충족시키는 데 급급하게 된다. 기업은 진정으로 공공의 이익과 복지에 기여함으로써 사회의 지원을 통해 확실한 생존을 보장받게 된다. 이를 위해서 기업들은 비전을 가진 경영인들을 양성하는 데 더욱 박차를 가해야 한다. 경영인들은 조직 내에 영혼을 불어넣을 뿐 아니라, 금전적 수익은 기대 수준에 못 미치더라도 사회적 책임을 다하는 것이 더욱 가치 있는 일이라는 사실을 모두에게 확신시켜 줄 수 있어야 한다.

우량 기업은 어떻게 움직이는가?

비전을 지니고 있다 하더라도 이것만 갖고는 충분하지 않다. 비전은 조직의 경영 차원에서 실천에 옮겨져야 한다. 궁극적으로 실행에 옮겨지지 않는 숭고한 목표들이란 기껏해야 냉소주의와 위선으로 이어질 뿐이다. 우량 기업 경영에 있어서 '정도를 걷는 법'에 대해 우리가 이들 경영인들로부터 배운 것은 과연 무엇인가?

인터뷰를 진행하는 과정에서 도출된 조직 행동의 가장 중요한 원칙은 상호 존중을 통해 나타나는 신뢰였다. 공동의 목표를 향해 일하는 사람들은 두 가지 동기를 통해 결합된다. 그것은 바로 개인의 이익과 공동의 이익이다. 전자는 급여, 승진, 권위 등 외부적인 유인으로부터 나온다. 후자인 공동의 이익은 모든 팀원들의 가치를 존중하는 태도로부터 얻을 수 있다. 만약 기업 내부에서 원칙들이 공정하게 적용되지 않거나 직원들의 기여도가 인정받지 못하거나 직원들의 성실성이 존중되지 않는다면 직원들은 경영인의 비전 성취에 도움을 주려 하지 않을 것이다.

경영인이 기업 차원에서 비전을 실현하기 위해서는 전체 직원들의 복지에 신경을 쓰고 향상시키는 데 상당히 많은 열정을 투입해야 한다. 경영인들은 무엇보다 우선적으로 자신을 파악한 후 이것을 기반으로 인내와 극기를 훈련해야 한다. 이와 같은 인격 수련을 통해 경영인들은 이기적으로 또는 자신의 마음 내키는 대로 행동하는 것을 자제하게 된다. 만약 조직의 리더가 일을 건성으로 적당히 처리하거나 직원들을 편파적으로 대하고 적절한 배려를 하지 않는다면, 전체 조직의 공동 이익을 손상시키게 된다. 경영인이 이런 실수를 너무 자주 범하다 보면 개인적 이익만이 조직의 명맥을 유지하기 위한 유일한 동기가 될 것이다. 이렇게 되면 직원들의 사기는 저하될 뿐 아니라 조직의 운영 비용은 그만큼 올라가게 될 것이다. 직원들이 업무 수행을 계속 유지시키는 데 엄청난 양의 외부적 유인이 필요하게 될 게 분명하기 때문이다. 로버트 샤피로는 리더가 신뢰라는 공동의 기반을 조성하는 데 필요한 요인들에 대해 다음과 같이 잘 설명하고 있다.

저는 대규모 조직의 전통적인 권위를 별로 바람직하다고 생각하지 않습니다. 권위는 그다지 효과가 없기 때문입니다. 가령 회사에서 어떤 직원을 만났는데 이렇게 말했다고 가정해 보시죠. "이봐, 난 자네가 저번에 터무니없는 거짓말을 하는 걸 봤네. 자넨 이제 해고야!" 이렇게 해서는 안 되지요. 경영인은 직원들과 대화를 나누어야 할 위치에 있는 사람입니다. 직원들의 사고나 행동 양식에 영향을 줄 수 있는 위치에 놓여 있는 겁니다. 일단 대화가 시작되면 그 효과는 경영인이 시작한 대화의 질에 따라 결과가 직접적으로 달라집니다. 이런 대화는 직원들의 공감을 불러일으키며 때로는 그 직원들이 중요하게 생각하는 문제들에 영향을 줄 수도 있습니다. 물론 그렇지 않을 경우도 있습니다. 직원들 스스로가 그 대화를 값진 것으로 판단하여 적극적으로 참여할 수도 있고 그렇지 않을 경우도 있을 수 있습니다. 직원들에게 대화를 강요할 수는 없는 법입니다. 상대방에게 대화를 하도록 자연스럽게 청하는 것이거든요.

샤피로가 묘사한 '대화를 하도록 자연스럽게 청하는 것'이란 무척 시간이 걸리는 일이며 주제나 시간 등에 아무런 제한도 존재하지 않는다. 또한 이런 과정에는 기존의 '명령과 통제' 경영 방식이 지닌 분명한 기준도 마련되어 있지 않다. 가령 징기스칸 같은 인물이라면 이런 방식에 대해 혐오감을 표명했을 게 분명하다. 하지만 이런 방식이야말로 다수로 이루어진 조직을 유기적인 단결과 공동의 목표로 결집시키는 유일한 방식이다. 이런 조직은 대체로 자율적으로 조직력을 갖추고 있을 뿐 아니라 미래에 대해 개방적인 태도를 가지고 있다. 바꿔 말하면 이런 조직은 폐쇄적인 체제가 아닌 변화하고 발전하는 유기체라고 할 수 있다. 이런 조직의 직원들이 공동의 과제 해결을 위해 자유롭게 협력할 때 나타나는 유대감은 공동체의 만족감을 극대화할 수 있다. 로버트 샤피로는 이런 상태를 '사랑'으로 부르는 데 주저하지 않는다.

직원들 사이에는 실속과 의미를 지닌 일, 다른 사람들에게 도움이 되는 '진정한 일'을 하고 싶다는 폭넓은 공감대가 형성되어 있는 것 같습니다. 또한 주변의 동료들을 아끼고 보살피며, 다른 한편으로는 동료들의 아낌없는 사랑을 받으며 살아가고 싶다는 열망이 팽배해 있습니다. 이런 태도는 정말로 열망이라고 할 수 있을 겁니다. 그리고 어떤 경우에는 이런 것을 공공연하게 언급하는 것이 금기라도 되는 것 같습니다. 실제로 기업 내부에서 직원들이 서로 사랑을 나누는 상황들이 있거든요. 사랑이라고 말하는 것은 다소 어폐가 있을 수는 있지만, 다른 말로 표현하기는 어려울 것 같습니다. 직원들 사이에 사랑이 존재하는 상황에서는 재정적으로나 영업적으로나 탁월한 성과가 도출되는 경우가 많은데, 제가 보는 견지에서는 이건 결코 우연이라고 할 수 없을 것 같습니다.

바람직한 기업 활동을 영위하는 기업 조직은 직원들을 존중하고 공동의 목적의식을 고취할 뿐 아니라 직원 개개인의 발전에도 관심을 가진다. 발전하는 기업은 정적인 조직으로 남아 있지 않고, 보다 높은 수준의 복잡성을 추구하는 경향을 띤다. 이러한 관심이 가장 분명하게 표현된 것은 평생 교육에 대한 기회 제공이다. 윌리엄 폴러드는 이렇게 지적하고 있다.

다른 현상 한 가지가 더 있습니다. 비즈니스는 지속적인 학습을 위한 1차적인 수단을 제공하게 마련이지요. 예전에는 우리 인생의 일부는 학교에 가서 공부를 하는 데 할애하고, 나머지 인생 가운데 일부는 직장에 가서 일을 한다는 생각이 지배적이었습니다. 그런데 학교와 직장 사이에 존재하는 이런 차이는 점차 모호해지고 있습니다.

그런데 여기에서 논의하고자 하는 학습이란 기술적인 학습만을 의미하는 것은 아니다. 성인들이 자기 삶의 상당 부분을 직장에서 보낸다는 사실을 감안해 볼 때, 직원들이 인격체로 발전할 수 있도록 기회를 제공하지 않는 직장은 직원들에 대한 충분한 배려가 이루어지지 않는 곳이라 할 수 있다. 즉 직원들로 하여금 자기 인식, 지혜, 대인 관계 능력을 양성하도록 하지 못하는 직장은 문제가 있다는 뜻이다. 로버트 샤피로는 바람직한 직장에 대해 이렇게 논한다. "직원들이 바람직한 환경에서 함께 화합할 수 있으며 스스로에 대해서 배울 수 있는 직장, 직원들이 인격체로서 발전하고 성장하며 영리 추구를 기본으로 하는 기업 조직 내에서도 서로 교감할 수 있는 직장, 이런 직장이야말로 정말 좋은 직장이라 할 수 있습니다." 이와는 대조적으로 직원들의 발전이나 실력 향상에 무관심하며 직원들을 한낱 생산 라인에 필요한 기계의 부속품처럼 취급하는 기업의 직원 수는 점차 줄어들게 마련이다.

직원들이 공동의 목표를 추구하고 이런 과정에서 발전할 수 있도록 동기를 유발시키는 가장 좋은 방법은 기업 차원에서 몰입 경험의 기회를 제공하는 것이다. 호소력 있는 비전을 직원들에게 제시하고 일단 신뢰가 구축되면, 남은 일은 기업 차원에서 직원들이 최선을 다 함으로써 자연스럽게 나타나는 업무상의 즐거움을 박탈하지 않도록 주의하는 것이다. 몰입을 가능케 하는 데 필요한 조건들을 간단하게 요약하면 환경 변화에 적절하고 유연하게 대처할 수 있는 분명한 목표, 행동에 대한 즉각적인 피드백, 직원의 실력 수준에 맞는 적절한 난이도의 과제 등이다. 이같이 방금 제시한 세 가지의 간단한 요건들은 이미 이 책의 제3장과 제4장에서 상세하게 논의한 바 있지만, 이 요건들 하나하나에 대해서 책 한 권 정도씩은 쓸 수 있을 법하다. 목표가 분명하고 과제의 난이도가 높더라도 성취 가능하다면, 직장은 월드시리즈의 결승전이나 종교적 부활만큼이나 흥미진진한 것이 될 수 있을 것이다. 샤피로는 그런 감정을 다음과 같이 설명한다.

제 전임자는 사무실을 돌아다니며 직원들에게 "우리 회사에서 일하는 동안 가장 좋았던 경험은 무엇이었습니까?"라는 질문을 던지곤 했지요. 그런데 뜻밖에도 직원들은 언제나 이런 질문에 대해 회사의 위기 상황을 떠올리며 그것이 가장 좋은 경험이었다고 입을 모았습니다. 가령 대규모 홍수 때문에 공장을 지키느라 안간힘을 썼던 경험이라든지, 고객이 대뜸 전화를 해서는 우리가 그때까지 성취할 수 없었던 일정 수준의 요건을 충족시키지 못하면 발주를 취소하겠다고 으름장을 놓아 곤란을 겪었던 경험 등이지요. 어떤 문제들은 정말로 극복하기 어려운 것들이었고, 어떤 문제들은 해결이 도저히 불가능했던 것들이었습니다. 더욱이 대개 시간적 제한 때문에 대응하기 어려웠을 뿐 아니라 직원들이 예상했던 난이도보다 훨씬 높은 문제들이었답니다. 이런 경우에 직원들은 한동안 모든 규칙을 잊어버리고 맙니다. 그때에 대해 모두 똑같은 말을 하지요. 어떤 위기였는지는 상관없이 모두 똑같은 말을 한다는 뜻입니다. 다들 이렇게 말하거든요. "그땐 정말로 열심히 일했어요. 그 일의 담당자가 누구라는 것조차 잊어버리게 될 정도였습니다. 우리 모두가 동참해서 일을 해낸 겁니다. 평소에 회사 차원에서는 예상하지도 않았던 인물이나 장소에서 정말로 번뜩이는 최고의 아이디어가 탄생하곤 했지요. 정말로 우리는 힘을 합쳐 멋진 일을 해낸 거랍니다." 그것도 직원들이 너 나 할 것 없이 정말로 기분 좋은 경험을 했다는 겁니다.

몰입에 대해 이보다 멋진 묘사를 발견하기란 어려울 것이다. 사람들이 흔히 겪는 '최고의 경험들', 달리 말하면 사람들이 가장 긍정적으로 생각하는 경험들은 이러한 위기의 순간에서 나온다. 이런 상황에서 사람들은 능력의 한계를 극복할 뿐 아니라 창의성을 발휘하고자 하는 도전 의식을 가지며 운이 좋은 경우에는 성공을 거둔다. 이러한 깊은 몰입의 순간이야말로 앞서 내가 설명한 '영혼'의 표현이라 할 것이다. 스스로의 노력을 통해 예전보다 향상되고 변화된 인격체로 승화되는 것이다.

앞에서 살펴본 바와 같이, 몰입의 조건들이 갖추어지면 한정된 과제에 주의를 집중할 뿐 아니라 자신의 정체성과 개인적인 문제점들을 잊어버리게 된다. 또한 주변의 상황이나 대상을 통제할 수 있는 자신감을 얻게 되며 시간을 전혀 의식하지 않게 된다. 이것들이야말로 인간 내면의 의식 상태를 구성하는 요소들이며, 이런 요소들을 통해 우리가 하는 일은 그 자체로도 가치를 지닌 일로 변화될 수 있다. 경영층이 만약 원활한 몰입 경험을 이룰 수 있는 환경을 제공할 수 있다면 그 조직이나 기업은 효과적으로 운영될 것이며, 직원들은 업무가 자신들의 발전을 방해하는 것이 아니라 뒷받침한다는 사실을 인식하게 될 것이다.

만약 몰입을 경험하지 못하면 회사의 업무는 따분하고 재미없는 일이 되며, 직원은 창의적이고 능동적인 태도를 잃고 만다. 다우캐미컬의 윌리엄 스타브로폴로스는 다음과 같이 말한다. "저는 사람들이 자신이 좋아하는 일을 해야 한다고 생각합니다. 그래야만 아침에 일어나서 이렇게 기분 좋게 말할 수 있는 것 아니겠습니까. '우와, 오늘은 정말로 기대가 되는군. 오늘 만만찮은 일들이 기다리고 있는데 정말로 기대가 돼. 나는 이런 게 마음에 들거든.' 이렇게 말입니다." 더글러스 이얼리 역시 여기에 공감을 표시한다. "제가 직원들에게 가장 먼저 하는 말은 자신의 일을 좋아하라는 것입니다. 자신이 맡은 업무를 좋아하지 않으면 일이 너무 따분하고 지루해지거든요. 이런 경우에는 차라리 딴 곳에 가서 다른 일을 하는 게 낫다는 겁니다. 업무를 떠났을 때에는 언제나 유머 감각과 균형감을 잃지 않아야 합니다. 업무에 너무 집착하다 보면 주변에서 일어나는 상황에 대한 인식 자체를 잃어버리기 십상이니까요. 열심히 일하고 도덕적으로 처신하되, 가장 중요한 것은 즐거운 마음을 가지라는 겁니다. 듣기에 따라서는 무척 진부하고 케케묵은 이야기 같습니다만, 그건 정말로 제 경험상 느끼고 있는 겁니다."

새롭게 사업을 시작하는 경영자나 복잡한 프로젝트에 참여하게 된 조직의 리더의 경우에는 대체로 업무를 통해 몰입을 경험할 수 있는 기회가 많은 편이다. 당면한 과제 자체가 지나치게 어렵거나 아니면 너무 진부해져서 일상적인 일이 되어 버리는 경우는 예외로 볼 수 있다. 우리와 인터뷰를 했던 리더 가운데 대부분은 매일 아침 회사에 빨리 출근하고 싶어서 안달이 날 지경이라고 한다. 크리스틴 코머퍼드 린치가 자기의 업무에 대해 설명할 때 보여 주는 열정이야말로 이러한 전형적인 예라고 할 수 있다. "말하자면 '와, 이거 정말로 신나는 걸!' 하며 경탄해 마지않는 식입니다. 다양한 아이디어를 발굴하여 무엇인가 새로운 것을 창조하고 좋은 사람들과 교류하는 것은 그야말로 멋진 일이거든요. 회사의 투자가들을 행복하게 하는 것 역시 기분 좋은 일이지요. 정말로 재미가 있습니다. 그중에서도 엄청난 위험을 떠안으며 초기에 자금을 투자했던 사람들을 기쁘게 하는 것이야말로 정말 기분 좋은 일이랍니다."

기업의 중역들은 직장에서 업무를 통해 다양한 몰입의 원천을 발견할지도 모른다. 하지만 사무직 직원들과 영업 사원들, 고객 서비스 담당 직원들의 경우에는 과연 어떠한가? 사무실을 청소하거나 트럭 화물의 적재와 배달을 담당한 사람들, 또는 하루 종일 화가 잔뜩 난 고객들을 전화로 일일이 응대해야만 하는 직원들의 경우에는 어떠한가? 이들은 과연 자신에게 주어진 업무에서 얼마만큼의 몰입을 경험할까? 대다수 업체의 경영진은 이런 질문이 별로 중요하지 않은 것으로 생각한다. 모든 직원이 그 자체로서 가치 있는 일들을 하거나 좀 더 복잡성이 높은 단계로 발전하도록 배려하는 것은 회사의 책임이 아니라는 것이 대다수 기업에 속한 경영진의 생각이다. '하기 싫으면 나가라'는 식의 태도는 시장형 대인 관계의 틀 속에서 어느 정도 효과를 발휘할지도 모른다. 하지만 우리가 지금까지 논의했던 모든 측면에서 관찰해 볼 때, 이런 태도는 결코 바람직한 우량 기업의 모습이 될 수 없다.

인류에 도움이 되는 제품

강력한 비전을 지니고 있고 직원들에게 몰입과 발전을 제공하는 기업은 이미 특성상 너무나 훌륭하고 멋진 조직이라 말할 수 있을 것이다. 그러나 이런 기업을 우량 기업으로 정의 내릴 수 있으려면 또 한 가지의 기준이 충족되어야만 한다. 그것은 바로 해당 기업이 수행하는 업무 자체의 속성이다. 바꿔 말하면 이 기업의 제품이나 서비스가 현재뿐만 아니라 장기적인 관점에서 인류의 행복을 증진시켜 주는가 하는 것이다. 아니면 인류 복지 향상의 측면에서 볼 때 중립적인 위치에 있는지 또는 '차라리 이 세상에 이런 것이 나오지 않았더라면 좋았을 텐데.'라는 후회를 남길 만한 것인지 고려해 보아야 한다. 이러한 질문들은 간단히 답변하기 어려운 것들이다. 특히 현재의 행동이 미래에 미칠 영향을 고려해 본다면 더욱 답변하기 어려울 것이다.

하지만 이와 대조적으로 명확한 답변을 내릴 수 있는 사례들도 일부 존재한다. 가령 최근에 비판의 표적으로 자주 등장하는 담배 산업을 예로 들 수 있겠다. 흡연의 폐해에 대한 명백한 증거 자료들이 점차 쌓이고 있는 현실을 감안해 볼 때, 담배 산업에 종사하는 사람들이 자신의 업무를 가치 있는 일로 여기려면 정신적으로 엄청난 노력을 감수해야 할 것이다. 50년 전, 또는 20년 전만 하더라도 아무런 양심의 거리낌 없이 담배를 제조, 판매하는 일이 가능했다. 하지만 이제는 아무리 지속적인 수익이 창출되더라도 담배 산업은 점차 바람직하지 않은 업종으로 인식되고 있다.

물론 사람들이 이미 담배의 해악을 인식하고 있는데도 위험을 무릅쓰고 흡연을 즐기고 있는 상황인 만큼, 해로운 제품을 판매하는 일 그 자체에는 아무런 잘못도 없다는 입장을 취할 수 있을지도 모른다. 그러나 '개인의 자유의지로 선택했다.'는 식의 주장은 청소년을 비롯하여 경험이 적거나 담배의 위험성에 대해 무지한 사람들의 경우에는 먹혀들지 않는다. 위험천만한 제품이더라도 판매 자체는 합법적일 수도 있으며, 사회 부적응자는 도태되고 제거되어야 한다는 입장을 취하는 일부 왜곡된 사회적 진화론자의 입장에서 볼 때 이런 제품의 판매가 그 나름의 의미를 지니고 있는지도 모른다. 하지만 어느 측면에서 보더라도 이것은 바람직한 기업 활동이라 하기 힘들다.

이번에는 긍정적인 사례를 들어보도록 하자. 나는 최근에 인공심장 및 기타 호흡 보조 장치의 제조업체에서 근무하는 엔지니어를 만난 적이 있었다. 이 회사 제품들은 호흡기 관련 질병에 시달리는 환자들의 고통을 덜어 주기 위해 개발된 것들이었다. 그런데 이 제조업체는 시장에서의 치열한 경쟁 때문에 근무 시간도 길고 스트레스도 심할 뿐 아니라 직원들의 사기도 상당히 떨어진 상태였다. 그런 상황에서 그 엔지니어는 문제를 타개하기 위한 대책의 일환으로 자사 제품을 사용하고 있는 환자들을 생산 현장으로 초청하자는 아이디어를 생각하게 되었다고 한다. 제품 사용자들로 하여금 직원들 앞에서 그 제품들로 인해 자신의 인생에 얼마나 큰 변화가 일어났는지 경험담을 이야기하도록 한 것이다. 어찌된 영문인지 그때까지 이 제조업체의 직원들은 자신의 업무로 인해 어떤 긍정적인 결과가 나타나는지 한 번도 생각해 본 적이 없었다고 한다. 다시 말해, 업무에 임할 때 당장 해결해야 할 기술적인 어려움이라든지 일상화되어 버린 과제에 대해서만 신경을 썼을 뿐, 자사 제품들이 궁극적으로 어떤 소비자에게 전달되어 어떤 용도로 사용되는지에 대해서는 별로 고려해 본 적이 없었던 것이다. 자사 제품이 지뢰든 고기를 저미는 기계든 아니면 환자들의 고통을 경감시키는 장비든 간에 별로 의미를 두지 않았다는 말이다. 그러다가 이 회사 제품을 사용하는 어린아이들이 가족과 함께 공장을 방문하게 되었고 이 아이들은 이 회사 제품을 사용하고 난 다음부터 비로소 자유롭게 호흡도 할 수 있게 되었고 휴식을 취하거나 공부를 하는 등 인생을 즐길 수 있게 되었다고 이야기했다. 그 이후에 이 회사 직원들의 태도는 놀랍게도 완전히 바뀌게 되었다. 자신들의 노력을 통해 다른 사람들이 더 나은 삶을 살게 된다는 구체적인 사실을 접한 뒤부터 직원들은 활기에 넘쳐 일을 하게 된 것이다. 아울러 직장 분위기도 훨씬 좋아져 직원들의 사기 역시 월등하게 높아졌다.

하지만 대다수 기업에서 일어나고 있는 업무의 대부분은 앞에서 제시한 두 개의 사례처럼 분명하게 구분되지 않는다. 기업 활동을 통해 나타나는 결과들은 일반적으로 객관적인 평가를 내리기 어려울 뿐 아니라 그 기업의 업무 특성에 대한 의견들은 저마다 다를 수 있다. 대다수 제품들은 적절한 수준에서 사용되면 생활에 편리함을 제공하지만 지나칠 정도로 남용되면 해로울 수도 있다. 좋은 제품이라도 소비자들이 과용함으로써 결국에 부정적인 결과가 나타난다면 이것은 과연 누구의 책임인가? 텔레비전의 경우를 예로 들어보도록 하자. 담배의 경우와 마찬가지로 텔레비전을 너무 많이 시청하면 어린이의 완전한 성장 발달에 저해가 될 수 있다는 점은 자명한 사실이 되었다. 물론 총기류나 술의 경우와 마찬가지로, 어린이들의 과도한 텔레비전 시청을 통제할 책임은 부모나 공동체에 있다고 주장할 법도 하다. 그럼에도 불구하고 지적인 발달을 저해할지도 모르는 수단을 제공하는 것이 바람직한 기업 활동이라는 주장은 설득력을 얻기 어려울 것이다.

궁극적으로 우리 사회는 특정 제품의 생산, 판매, 사용을 통해 예측되는 피해들을 미연에 방지할 수 있도록 해결책을 마련해야 한다. 물론 현재에도 개별적인 사안에서 해결책이 마련되고 있다. 가령 주유소나 세차장으로 인해 발생하는 화학성 오염 물질을 제거하고 청소할 책임은 바로 주유소나 세차장으로 인식되고 있다. 하지만 핵폐기물 처리에 소요되는 엄청난 비용은 결국 누가 책임져야 할 것인가? 또한 무차별적인 광고 때문에 청소년들이 무분별한 소비주의에 중독되는 현상은 누가 책임져야 할 것인가? 만약 인류가 지속적인 성장과 발전을 이룩하고자 한다면 그런 문제들을 곧 해결해야 할 것이다.

한편 사람들은 저마다 바람직한 기업 활동이 기존의 시장 경제 패러다임에서 더 빈번하게 이루어질 수 있도록 나름대로 작은 노력을 기울일 수 있다. 직원들이라면 누구나 기업 활동의 결과에 대해 생각해 보아야 한다. 다만 그 기업 활동의 합법성 여부만을 고려하는 것이 아니라 인류의 행복과 복지에 미칠 장기적인 효과들까지 생각해야 하는 것이다. 정직하게 판단했을 때 자신이 속한 기업이 사회에 이득을 주기보다는 오히려 해악을 끼치는 편이라는 결과가 나온다면, 이를 개선하도록 노력해야 한다. 만약 개선이 도저히 불가능하다면 차라리 자신의 사회적 양심을 만족시켜 줄 수 있는 다른 직장을 찾아보는 게 현명한 일이 아니겠는가?

바람직한 기업 활동을 지원하는 또 한 가지 방법은 투자 대상 기업을 선정할 때 좀 더 신중한 태도를 취하는 것이다. 최근에 등장하는 펀드 중에서 상당수는 일정 수준의 환경 기준이나 정책 기준을 통과한 기업에만 투자하겠다는 이른바 '사회적 선택'이라는 옵션을 제공하고 있다. 하지만 여기에서 제시하는 통과 기준은 대체로 매우 낮은 편이며, 기껏해야 해당 기업이 무기류를 개발도상국에 판매한다든지 노동력 착취를 일삼는 공장을 운영한다든지 어린 물개를 살육한다든지 하는 악덕 행위를 하지 않는다는 사실을 나타낼 따름이다. 그러나 이런 문제들을 둘러싼 의식 수준이 높아짐에 따라 사회적 책임을 반영한 투자 정책은 우리 사회에 팽배해 있는 일방적인 탐욕의 논리에 강력한 견제 세력으로 작용하기 시작했다.

마지막으로 바람직한 기업 활동 지원을 위한 좀 더 직접적인 정치적·경제적 접근 방식을 들 수 있다. 파타고니아, 바디샵, 벤&제리스, L. L. 빈, 블랙 다이아몬드를 비롯한 일부 기업들은 천연유기 제품만을 사용하고 직원의 발전과 성장에 책임을 지며, 환경 윤리의 활성화를 촉진하고 소득의 일부를 인류 복지 향상에 투자하는 것을 자사 경영 전략의 일부로 채택하고 있다.

다른 일부 기업들과 개인들은 기업 차원의 수익을 삶의 질 향상에 활용하고 있다. 이들은 상당한 자금과 시간을 건강·교육·예술·문화·범죄 예방 등에 투입하고 있다. 이러한 노력들은 사회를 윤택하게 하는 데 있어서 중요한 요소이지만, 이것들은 일반적인 기업 행위 자체보다는 오히려 특정 당사자들의 책임감에 의존하고 있다. 과거의 경우에도 자신의 개인 재산 가운데 일부를 사용하여 빈민을 위해 수로, 고아원, 병원 등을 건설했던 교황이나 귀족들이 상당수 있었다. 이들은 개인적으로 예술을 진흥하고 불후의 기념물들을 건립했던 반면, 정작 종교계나 귀족 계층 등 조직 차원에서는 사회 발전을 저해하는 역할을 수행했다. 앞으로 우리에게 주어진 과제는 기업의 경영 활동 자체가 삶의 질을 향상시키는 데 책임을 다하도록 유도하는 일이다.

바람직한 기업 원칙의 기원

비전을 지닌 대다수 경영인들은 자신들의 행동을 결정하는 가치관들이 너무나 당연하고 명백한 것들이어서 구태여 그 이유를 설명할 필요조차 없다고 말한다. 가령 정직하고 믿음직스러운 인물이 되어야 하며 다른 사람들의 행복과 복지에 관심을 기울이는 일은 당연한 이치라는 것이다. 또한 수익을 많이 내는 기업을 경영함에 있어서 정직이야말로 최선의 정책이라는 게 이들의 주장이다. 이런 원칙들이 실제로 이토록 명백하고 분명하다면 정말로 바람직한 일일 것이다. 그러나 실상은 그렇지 않은 것이 현실이다. 우리의 인터뷰에 응해 주었던 상당수 경영인들이 인식했던 바와 같이, 동료 경영인들 가운데 상당수는 이런 사회적 책임이나 도덕성에 대해서 별로 중요하게 생각하지 않고 있다. 법을 준수하고 개인적으로 큰 성공을 거둔 경영인들 가운데 상당수는 개인적으로 다른 사람들을 배려하고 자선을 베푸는 인물임에도 불구하고, 회사 차원에서는 기업 수익 이외의 사회적 책임은 자신의 업무와 무관한 것으로 여긴다.

우리의 가치관은 우연히 성립되는 것이 아니며 신의 섭리에 의해 나타난 결과도 아니다. 그렇다고 해서 우리가 처음부터 끝까지 자체적으로 만들어서 정한 것도 아니다. 우리는 언어와 수학, 음악 등을 배우는 것처럼 가치관도 배우며 익힌다. 가치관을 구성하는 가치들은 한 세대에서 다음 세대로 전달되는 정보나 문화의 단위들로 볼 수 있으며, 이것들은 우리의 사고방식과 행동 양식의 틀을 형성해 준다. 문화의 발전이란 상당 부분 점차 더 넓은 것을 포용하는 가치관을 형성하는 데에 있다고 할 수 있다. 동부 아프리카 지역에서 흔히 사용되는 서글픈 격언이 하나 있어 소개하고자 한다. 그 내용은 다음과 같다. "나와 소말리아는 세계와 적대적이다. 나와 내 부족은 소말리아에 적대적이다. 나와 내 가족은 내 부족에 적대적이다. 나와 내 형제는 내 가족에 적대적이다. 나는 내 형제에 적대적이다." 그러나 우리의 미래는 이와 정반대의 신념에 의존한다. 그 신념이란 "나와 모든 사람은 우주에 대해 친화적이다."라는 것이다.

친화적인 방향으로 우리를 인도하는 가치관들은 전통적으로 종교를 통해 보존되고 전수되어 왔다. 우리의 인터뷰에 응해 주었던 경영인들 가운데 상당수의 경우에도 바람직한 기업 활동의 원칙들은 유대교 · 불교 · 가톨릭 · 기독교 · 모르몬교 등을 통해 전수되어 왔다고 말한다. 종교적 신앙 교육을 통해 획득된 가치관은 수많은 사람들에게 확실한 행동 기반을 제공해 주었으며, 종교는 우리가 기대했던 것보다 훨씬 큰 영향을 이들에게 준 것으로 나타났다. 이런 인물들 중에는 항공 산업에서 소프트웨어 개발에 이르기까지 최첨단 산업 분야에 종사하는 이들이 포함된다.

　우리의 문화가 점차 세속화되어 가는 경향을 띠고 있음에도 불구하고 종교적 전통들은 아직도 문화 발전과 인류 복지 향상에 필수적인 가치들을 유지하고 있는 것으로 보인다. 그렇다고 해서 종교 자체가 이런 가치들을 창출했다거나 혹은 우리의 가치들이 특히 종교에 뿌리를 두고 있다는 뜻은 아니다. 오히려 인간은 바람직한 삶을 유지하는 데 반드시 필요한 핵심 가치들을 시행착오를 통해 발견하며, 종교들은 이런 핵심 가치들을 바탕으로 형성되는 것들이다. 우리의 조상들은 일부 행위가 인간 개인의 복지를 향상시키지도 않으며 조화로운 사회 질서를 파괴한다는 사실을 경험을 통해 깨닫게 되었다. 이런 행위에는 가령 부모나 어른을 공경하지 않는다든지 문란한 성생활을 한다든지 탐욕스러운 생활을 영위하는 행위 등이 포함된다. 하지만 조상들은 이런 행위들이 왜 해로운가 하는 원인을 진정으로 이해하지는 못했다. 종교는 발전을 거듭하여 급기야 인간은 왜 특정한 가치들을 채택해야 하는지 그 의미를 부여하기에 이르렀다. 이런 가치들이 뿌리를 두고 있는 신화적 틀을 창조함으로써 이것이 가능해진 것이다. 위대한 종교가 지닌 핵심적인 문화 요소들 가운데 많은 것들이 유사성을 지닌 이유는 바로 그런 까닭이다. 다만 이들 문화 요소들을 둘러싼 설화 형식의 틀은 종교에 따라 다양한 차이를 나타낸다.

바람직한 기업 활동은 주요 종교적 전통을 뒷받침하는 동일한 가치들에 상당 부분 의존한다. 대부분의 사람들이 이러한 가치들을 배우게 되는 구체적인 방식에는 두 가지가 존재한다. 첫 번째 방식의 경우, 리더들은 직접적인 경험을 통해 또는 다양한 전통에 뿌리를 두고 있는 사상과의 개인적인 투쟁을 통해 이런 원칙들을 채택하게 된다. 두 번째 방식은 첫 번째 방식보다 좀 더 전형적인 경우라 할 수 있는데, 이는 부모의 본보기를 따르는 방식이다. 어렵게 배우고 익힌 지식이나 경험을 부모로부터 그대로 전수받게 되면 새로운 가치관을 아예 처음부터 스스로의 노력을 통해 정립하는 것보다 훨씬 더 효과적이라 할 수 있겠다. 바퀴라는 물건을 세대가 바뀔 때마다 다시 사롭게 발명해야 한다면 얼마나 많은 정신력이 낭비될지 상상해 보라. 이와 마찬가지로 세대가 바뀔 때마다 인생을 살기 좋게 만드는 특정 가치들을 새롭게 발견해 내야 한다면 여기에 따른 손실 역시 엄청나다 할 수 있다.

그러나 이미 검증된 가치관을 채택함으로써 얻는 효율성에는 일부 부정적인 측면이 내포될 가능성이 있다. 아무리 훌륭한 종교나 철학 또는 생활 방식이라 하더라도 세월이 흐름에 따라 당초의 의력이나 목적의식을 상실하게 마련이다. 따라서 이따금 처음에 의도했던 것과는 정반대의 결과를 초래하기도 한다. 만약 마호메트가 현재 탈리반이 추구하는 이슬람교 전통을 볼 수 있다면 이런 이슬람 문화를 인정하리라 생각되지 않는다. 또한 현재 텔레비전을 통해 복음을 전파한다는 영상 설교가들의 메시지, 또는 아일랜드를 비롯한 일부 지역에서 기독교를 앞세우며 전쟁을 벌이는 데 혈안이 되어 있는 정치 집단들의 명분 속에서 예수가 당초에 설파했던 기독교적 복음은 찾아보기 힘들 것이다. 독일 나치 돌격대원들의 혁대 고리에 "하느님이 우리와 함께 하신다."라는 문장이 새겨져 있다고 하니 어처구니없는 노릇이 아닐 수 없다. 이런 이유 때문에 바로 앞장에서 살펴본 바와 같이 자신을 파악하기 위해서는 자신이 배우고 익힌 가치들 가운데 어떤 것들이 근본적인 것이며, 어떤 것들이 실체가 없는 역사적 우연의 산물인지 살펴보아야 한다. 이러한 질문을 던지기 위해 시간을 들이다 보면 결국에는 기존의 신념 체계를 그대로 받아들임으로써 얻을 수 있는 효율성에 그만큼 손실을 입게 된다. 그러나 이러한 노력은 시간을 투입할 만한 가치가 있다.

종교적 전통에 기인하든 세속적 전통에 기인하든, 바람직한 기업 활동의 핵심 원칙들은 인생의 초기 단계에 획득된다. 가령 가정이나 교회, 또는 학교나 수업 외 활동, 스포츠 팀 활동 등 대인 관계가 가능한 환경에서 이루어지는 것이다. 이러한 원칙들을 진정으로 체득하기 위해서는 실제로 이런 원칙들을 실천하며 생활하는 사람들과의 접촉이 가능해야 한다. 왜냐하면 이것들은 다른 사람들의 본보기나 대인 관계를 통해 효과적으로 전수되기 때문이다. 자신의 일을 사랑하고 정직하며 신실하기 때문에 다른 사람들로부터 존경을 받는 부모 밑에서 양육된 아이들은 부모의 생활 방식이야말로 당연히 최선의 것이라는 믿음을 지니게 된다. 독서 역시 유익하기는 하지만 독서만으로 이것이 쉽게 이루어지지는 않는다. 훌륭한 부모나 강력한 역할 모델이 없어도 인생에서 성공할 수는 있다. 하지만 이런 경우에 공동의 이익을 위해 기울이는 노력의 중요성을 깨닫게 될 가능성은 그만큼 적어진다.

　우리가 이 책에서 제시했던 비전을 지닌 기업들과 경영인들의 본보기 역시 없어서는 안 될 중요한 요인이다. 물론 우리가 이 책에서 사례로 들지 못했지만 더 좋은 세상을 창조하는 데 노력하는 경영인과 기업은 이밖에도 얼마든지 있다. 메르크, 존슨앤드존슨, 모토롤라, 휴렛패커드, 소니, 갤럽 등의 기업들은 탐욕의 험난한 파도 속에서 바람직한 기업 활동을 추구하는 우리에게 등대처럼 빛나고 있다. 중소기업 창업자로부터 중간 관리자와 대기업의 중역에 이르기까지 이들의 안내를 따르는 기업인들이 점차 늘어날수록 만인의 행복 증진을 위해 잠재력을 십분 발휘하는 기업들은 그만큼 늘어나게 될 것이다.

옮긴이 | 심현식

서울대학교 영문학과를 졸업하고, KOTRA(대한무역투자진흥공사)에서 7년 동안 근무했다. 현재 경제 경영 전문 번역가로 활동 중이며 옮긴 책으로는 『미국 문화의 몰락』, 『세잎 클로버』, 『마케팅 반란』, 『The CEO: Who Are They?』, 『자본주의 철학자들』 등이 있다.

몰입의 경영

1판 1쇄 펴냄 2006년 9월 18일
1판 17쇄 펴냄 2020년 4월 24일

지은이 | 미하이 칙센트미하이
옮긴이 | 심현식
발행인 | 박근섭
펴낸곳 | ㈜민음인

출판등록 | 2009. 10. 8 (제2009-000273호)
주소 | 135-887 서울 강남구 신사동 506 강남출판문화센터 5층
전화 | 영업부 515-2000 편집부 3446-8774 팩시밀리 515-2007
홈페이지 | minumin.minumsa.com

도서 파본 등의 이유로 반송이 필요할 경우에는 구매처에서 교환하시고
출판사 교환이 필요할 경우에는 아래 주소로 반송 사유를 적어 도서와 함께 보내주셔요.
135-887 서울 강남구 신사동 506 강남출판문화센터 6층 민음인 마케팅부

© ㈜민음인, 2006. Printed in Seoul, Korea
ISBN 978-89-8273-183-9 03320

㈜민음인은 민음사 출판 그룹의 자회사입니다.